PETITS CLASSIQUES

LAROUSSE

Collection fondée par Félix Guirand, Agrégé des Lettres

W9-BKM-443

Cyrano de Bergerac

ROSTAND

comédie héroïque

Édition présentée,
annotée et commentée
par
Patrice PAVIS
Agrégé de l'Université
Professeur à l'université Paris-VIII

www.petitsclassiques.com

SOMMAIRE

Avant d'aborder le texte

Cyrano de Bergerac
ROSTAND

© Larousse VUEF 2001
© Larousse/HER, Paris, 2000   ISBN 2-03-871730-3

Comment lire l'œuvre

Avant d'aborder le texte

Cyrano de Bergerac

Genre : théâtre, comédie héroïque en vers.

Auteur : Edmond Rostand.

Structure : cinq actes.

Principaux personnages : Cyrano de Bergerac, Roxane, Christian de Neuvillette, le comte de Guiche, le pâtissier Ragueneau, Le Bret.

Sujet : à l'Hôtel de Bourgogne, Cyrano interrompt la représentation ; il est amoureux de sa cousine Roxane (acte I).

Dans la pâtisserie de Ragueneau, il rencontre Roxane, mais celle-ci lui confie son amour… pour Christian. Cyrano s'engage à protéger ce dernier et l'aide à séduire Roxane (acte II).

Sous le balcon de celle-ci, il souffle à Christian les mots, puis les dit à sa place, pour déclarer « son » amour (acte III).

Au siège d'Arras, malgré le danger, Cyrano ne cesse d'écrire à Roxane. Pressé par Christian, il s'apprête à avouer à Roxane qu'il est en fait l'auteur des lettres et des émotions qu'elles provoquent chez elle, mais la mort de son « associé » l'en empêche et il se jette dans la bataille, la mort dans l'âme (acte IV).

Au couvent des Dames de la Croix, quinze ans plus tard, Cyrano, blessé mortellement, révèle involontairement à Roxane qu'il était l'auteur des lettres et qu'il a passé sa vie à l'aimer (acte V).

Première représentation : créée le 28 décembre 1897 au théâtre de la Porte-Saint-Martin, la pièce connut un succès considérable, tant auprès du public que de la critique.

Constant Coquelin (1841-1909) dans le rôle de Cyrano.

EDMOND
ROSTAND
(1868-1918)

1868
Naissance d'Edmond Rostand à Marseille, le 1er avril, dans une famille très cultivée de la bourgeoisie bancaire. Son père, Eugène Rostand, est économiste et poète.

1878
Il entre au lycée à Marseille. Il lit *Les Grotesques* de Théophile Gautier.

1884
Il entre au collège Stanislas à Paris.

1887
Edmond Rostand reçoit le prix de l'académie de Marseille pour une étude sur *Deux Romanciers de Provence, Honoré d'Urfé et Émile Zola*. Il s'agit d'une contribution au débat sur le naturalisme : « *C'est le grand renouveau : le mot "je t'aime" paraissait avoir été oublié, mais voilà que les amants se le murmurent encore lèvre à lèvre [...] Et la France entière est amoureuse. Tout le monde est gagné de mollesse.* »

1889
Il écrit *Le Gant rouge* avec Henry Lee. La pièce est jouée quinze fois au théâtre de Cluny. C'est un échec.

1890
Rostand épouse, le 8 avril, la poétesse Rosemonde Gérard. Il publie un *Essai sur le roman sentimental et le roman naturaliste* et un recueil de poésie, *Les Musardises*.

Il écrit une *Ode à la musique* pour un chœur de femmes, avec accompagnement de piano, sur une musique composée par Emmanuel Chabrier (1841-1894).

1891

Il présente à la Comédie-Française une pièce en un acte, *Les Deux Pierrot*, qui est refusée. Naissance d'un fils, Maurice.

1893

Rostand écrit et présente sa pièce à Le Bargy, de la Comédie-Française, qui l'accepte. Elle sera représentée le 21 mai 1894. Cette comédie met aux prises des personnages fantasques dans des dialogues fins, mais artificiels, dans le style d'un Musset. Allant à contre-courant du naturalisme, la pièce eut du succès auprès du public.

1894

Naissance d'un second fils, Jean, le futur biologiste.

1895

Il porte à Sarah Bernhardt sa pièce *La Princesse lointaine*, écrite spécialement pour elle. Créée le 5 avril 1895 au théâtre de la Renaissance, cette pièce en quatre actes en vers raconte l'histoire du poète provençal Rudel, qui part à la recherche de Mélissinde, princesse orientale. Après de nombreuses péripéties, le poète peut la voir se présenter à lui de la manière idéalisée dont il veut la créer. Ainsi apaisé, ayant vu sa « princesse lointaine », il meurt sans regret. La pièce, dans le courant contemporain du théâtre biblique, réunit Sarah Bernhardt, Max et Lucien Guitry, mais n'obtient pas le succès escompté.

1896

Affaire Dreyfus ; Rostand est « dreyfusard ».

1897

Création de *La Samaritaine*, écrite pour Sarah Bernhardt, le 14 avril, au théâtre de la Renaissance. Cette pièce en trois tableaux est construite autour de Photine, la Samaritaine, pécheresse qui se convertit et recrute des adeptes pour aller écouter Jésus. Inspiré de l'Évangile, le drame est surtout une construction formelle, souvent brillante.

Rostand publie des poésies dans la *Revue de Paris*.

Le 28 décembre, *Cyrano de Bergerac* est créé et connaît un succès éclatant et durable. La direction du théâtre avait pourtant hésité à faire représenter la pièce, et Rostand était persuadé de son échec. L'œuvre est jouée à guichets fermés pendant plus d'un an (quatre cents représentations de décembre 1897 à mars 1899). Rostand est fait chevalier de la Légion d'honneur.

1898

Élection à l'Académie des sciences morales et politiques. Dans une lettre-préface au livre d'Émile Magne, *Les Erreurs de documentation de « Cyrano de Bergerac »*, Rostand s'efforce, non sans humour, de prouver l'exactitude historique de son personnage.

1900

Création de *L'Aiglon*, drame en six actes, le 15 mars, avec Sarah Bernhardt et Lucien Guitry. Le succès est grand, mais n'égale pas celui de *Cyrano*. L'Aiglon, le fils de Napoléon et de Marie-Louise d'Autriche, est une figure hamletienne et tragique, qui désire la mort par peur de ne pas être à la hauteur de son personnage.

Malade et neurasthénique, Rostand se retire à Cambo-les-Bains (Pyrénées-Atlantiques). Il s'installera dans une villa d'une architecture extravagante et démesurée, à l'image de la virtuosité folle de son personnage de Cyrano.

1901

Élection, le 30 mai, à l'Académie française, au fauteuil d'Henri de Bornier. Malade, Rostand ne sera reçu sous la Coupole que le 4 mai 1903. Dans son discours de réception, il fait notamment l'éloge du panache.

1903

Admiré et adulé par beaucoup, il est aussi la victime de critiques très violentes, comme celle de Jehan Rictus dans *Un bluff littéraire, le cas Edmond Rostand*.

1904-1905

Rostand travaille à *Chantecler*.

1909

Coquelin, le créateur du rôle de Cyrano, qui devait jouer *Chantecler*, meurt subitement.

1910

Chantecler est créé le 7 février, avec Lucien Guitry, au théâtre de la Porte-Saint-Martin. C'est une déception pour le public, après *Cyrano*.

1911

Rostand écrit *La Dernière Nuit de Don Juan*.

1912

Il rencontre le poète italien Gabriele d'Annunzio.

1913

Reprise triomphale de *Cyrano de Bergerac*, avec Le Bargy, à la Porte-Saint-Martin. Millième représentation de la pièce.

1914

Rostand ne peut s'engager pour des raisons de santé, mais manifeste sa solidarité avec l'armée française.

1915

Mort du père de Rostand.

1916

Mort de sa mère. Il écrit des poèmes de guerre, *Le Vol de la Marseillaise* (publiés en 1919).

1918

Edmond Rostand meurt à Paris, le 2 décembre, des suites de la grippe espagnole.

1921-1922

Publication et représentation de *La Dernière Nuit de Don Juan*, à la Porte-Saint-Martin. Publication du *Cantique de l'aile*.

Le cadre historique et politique

Le XIXe siècle avait deux ans encore à vivre, mais il se termina par un succès théâtral comme l'Histoire en a peu connu. Comme si toute une époque, une *belle époque*, touchait à son terme et fêtait la fin du siècle par un événement théâtral susceptible de racheter la morosité et la décadence d'une civilisation en proie au doute, d'une société française encore humiliée par la défaite de 1870 et rêvant de prendre sa revanche : cette pièce, écrivait le critique Faguet, en 1897, « *ouvre le XXe siècle d'une manière éclatante et triomphale* ». L'œuvre de Rostand venait à point nommé pour exprimer cette mélancolie et cette exaltation ; Cyrano de Bergerac suscite une identification collective, une catharsis de masse.

Apparemment la situation en France est pourtant très calme. Félix Faure (1841-1899) est président de la République (de 1895 à 1899). Les « modérés », au pouvoir de 1892 à 1898, s'opposent aux partisans du « socialisme parlementaire », recherchent une stabilité politique et prônent une économie libérale et, pour gagner les suffrages des paysans victimes de la crise, restaurent un régime douanier protectionniste, alors que la conjoncture mondiale voudrait l'ouverture aux échanges mondiaux, refusent une législation qui réglemente-rait les nombreux conflits ouvriers. Mais cette période de relative stabilité du gouvernement des modérés cesse avec l'affaire Dreyfus qui, de 1896 à 1900, va déchirer la France. Rostand est dreyfusard, il fait partie de ces intellectuels qui commencent à intervenir dans la vie publique. Cela ne veut toutefois pas dire qu'il ait des idées politiques bien arrêtées et qu'il les professe à toute occasion.

Le cadre culturel

En littérature, au théâtre et dans les arts plastiques, règne une atmosphère assez pessimiste et lourde, une « névrose fin de siècle » : comme le dit le personnage de Zola dans *L'Œuvre*, « *c'est une faillite du siècle, le pessimisme tord les entrailles, le mysticisme embrume les cervelles* ».

Sans prétendre donner un message – autre que celui, assez touffu, du panache sans tache –, Rostand raconte une histoire simple et populaire, centrée sur un héros sans peur et sans reproche. En flattant ce qu'on pourrait appeler – avec quelque anticipation – le complexe d'Astérix des Français, la pièce revigore un peuple et un public en proie au doute, auxquels elle donne l'impression de faire revivre la glorieuse histoire de France, alors qu'ils sont en fait touchés par un mythe personnel plus ou moins inconscient : celui de l'individu brillant, mais impuissant et écrasé par une société oppressante, celui du résistant héroïque à la normalisation et à la standardisation de la société de cette fin du XIXe siècle qui s'identifia parfaitement à « son » auteur. On se croit transporté au début du XVIIe, alors qu'on baigne en plein dans l'atmosphère à la fois glorieuse et morbide de cette Belle Époque. Le succès de *Cyrano de Bergerac* ne s'explique pas uniquement par le seul talent d'historien du dramaturge, mais aussi par son art de faire de ce climat culturel une toile de fond plaisante et rassurante qui rappelle au spectateur ses souvenirs d'école. Cyrano est un être exceptionnel par ses mérites littéraires et physiques, un poète escrimeur courageux et subtil, mais c'est aussi un raté génial auquel le lecteur moyen s'identifie avec le plus grand plaisir. Le goût du public pour l'Histoire et les costumes d'époque, l'assimilation du romantisme devenu la littérature officielle et souvent brandi contre le naturalisme, expliquent, entre autres, le succès de l'œuvre. Il repose, comme l'a bien vu Gaëtan Picon (*Histoire des littératures*), sur une opportunité sociale et littéraire : « *Après la défaite de 1870 et l'écroulement de l'Empire, on constate une renaissance du théâtre en vers [...] Ébranlée, déroutée, inquiète, la société bourgeoise, pour reprendre son équilibre, exige plus qu'un miroir complaisant. Il lui faut, par exemple, l'excitation d'un passé de gloire qui lui permette de retrouver confiance en elle-même. Elle rêve d'héroïsme – et l'alexan-*

drin est l'expression naturelle de son rêve [...] Les chefs-d'œuvre de ce sentimentalisme cocardier, de cet héroïsme historique et de cette poésie publique sont évidemment les pièces d'Edmond Rostand... »

Le cadre littéraire et théâtral

Cyrano de Bergerac doit aussi son succès considérable au contexte théâtral tout à fait différent dans lequel l'œuvre s'inscrit en 1897. Au moment où le théâtre de recherche est dominé par la mise en scène naturaliste et par le symbolisme (comme le théâtre d'Art de Paul Fort ou le théâtre de l'Œuvre de Lugné-Poe), ce théâtre de cape et d'épée, sans problème métaphysique, sans prétention philosophique, sans volonté de reproduire exactement le monde et encore moins de le transformer, paraît une surprise agréable, un moment euphorique dans la grisaille de cette fin de siècle. La coupure entre l'avant-garde, théâtre de recherche et de création, et le théâtre de boulevard et de consommation date aussi de ces dernières années. 1896-1898 sont d'ailleurs capitales pour le théâtre moderne et les débuts de la mise en scène. En 1896, Anton Tchekhov écrit *La Mouette* qui, après un échec retentissant à sa création, sera mise en scène triomphalement en 1898 par Constantin Stanislavski au théâtre d'Art de Moscou. Ceci marque les débuts de la mise en scène à la fois naturaliste et symboliste. En 1897, c'est, à Paris, l'ouverture du Théâtre-Antoine qui proposera des mises en scène naturalistes. La même année, mais dans la veine symboliste, Lugné-Poe met en scène, au théâtre de l'Œuvre, *J.-G. Borkman* d'Ibsen. La pièce de Jarry, *Ubu roi*, est publiée au Mercure de France. Sarah Bernhardt assure la création scénique de *Lorenzaccio*, de Musset, tandis que les salles parisiennes restent encombrées par les comédies, les vaudevilles et les œuvres classiques.

Rostand ne s'inscrit pas dans ce moment de renouveau de la dramaturgie ni de l'invention de la mise en scène. Il appartient plutôt à la fin d'une époque, tournée vers elle-même, au lieu de regarder vers l'avenir, une époque qui est l'aboutissement d'une longue tradition dramaturgique, classique dans la forme, romantique dans sa tonalité, mais pas encore moderne, n'ayant pas accompli ce « *change-ment stylistique* » dont parle Peter Szondi (*Théorie du drame moderne*, voir p. 340). Il n'a pas été gagné par cette frénésie de la mise en scène qui commence tout juste à confier à un metteur en scène la responsabilité du sens de l'œuvre entière, en lui donnant les clés de la maison litté-raire et les moyens de la reconstruire à sa guise. *Cyrano de Bergerac* n'est pas encore aux mains du metteur en scène : il reste placé sous l'autorité de l'auteur, de l'acteur-vedette Coquelin, qui n'hésite pas à s'attribuer des répliques qui lui plaisent, et du régisseur de plateau, chargé du déroulement matériel du spectacle. *Cyrano de Bergerac* est donc une œuvre d'avant la mise en scène, la dernière peut-être, c'est une « *pièce pour acteur* », cabotin si possible. Il y a encore un accord entre l'auteur, l'acteur-vedette, le décorateur et le public qui, avec Cyrano, n'est ni surpris ni choqué par les inventions « arbitraires » de l'avant-garde, naturaliste ou symboliste. Rostand a pris soin de tout prévoir et noter dans de longues didascalies qui décrivent très précisément les jeux de scène.

Cette précision, pour utile qu'elle ait été lors de la création de la pièce, en 1897, se révèle plutôt malencontreuse pour les mises en scène ultérieures. Il est remarquable que la pièce n'ait donné lieu, au cours de son siècle d'existence, à aucune mise en scène sortant des sentiers battus. Deux rai-sons, au moins, à cet état de fait : le livret de mise en scène est à tel point intégré au texte de la pièce que nul ne s'aven-ture à la « récrire » et à proposer une interprétation radi-calement différente ; les metteurs en scène d'avant-garde se sont détournés de l'œuvre de Rostand, jugée trop confor-miste, et n'ont pas osé déboulonner la statue du comman-deur. On regrette que la pièce n'ait jamais été suffisamment prise au sérieux pour bénéficier d'une relecture iconoclaste et d'une mise en scène renouvelée.

VIE	ŒUVRES
1868 Naissance d'Edmond Rostand à Marseille, le 1ᵉʳ avril.	
1884 Entrée au collège Stanislas, à Paris.	
	1887 *Deux Romanciers de Provence.*
	1889 *Le Gant rouge.*
1890 Mariage avec Rosemonde Gérard (1871-1953).	**1890** *Les Musardiers.*
1891 Naissance de son premier fils, Maurice.	
	1893 *Les Romanesques*, comédie en trois actes acceptée à la Comédie-Française.
1894 Naissance de Jean, son deuxième fils.	**1894** *La Princesse lointaine*, créée par Sarah Bernhardt.

ÉVÉNEMENTS CULTURELS ET ARTISTIQUES	ÉVÉNEMENTS HISTORIQUES ET POLITIQUES
1868 Charles Baudelaire : *Art romantique*. Naissance de Paul Claudel.	
	1869 Inauguration du canal de Suez. **1870** Guerre franco-allemande.
1884 Joris-Karl Huysmans : *À rebours*.	**1884** Expédition d'Indochine. Loi Waldeck-Rousseau sur les syndicats.
1887 Stéphane Mallarmé : *Poésies*. André Antoine crée le Théâtre-Libre.	**1887-1889** Le boulangisme.
1889 Paul Bourget : *Le Disciple*. Henri Bergson : *Essai sur les données immédiates de la conscience*.	**1889** Fondation de la II Internationale. Exposition universelle à Paris (tour Eiffel).
1890 Paul Claudel : *Tête d'or*. Émile Zola : *La Bête humaine*. Paul Valéry : *Narcisse*.	**1890** Premier vol en aéroplane de Clément Ader.
	1891-1893 Scandale de Panama.
1893 P.-A. Brun : *Savinien de Bergerac, sa vie et ses œuvres*. Maurice Maeterlinck : *Pelléas et Mélisande*. Lugné-Poe fonde le théâtre de l'Œuvre.	
1894 Jules Renard : *Poil de Carotte*. August Strindberg : *Père*, dans la mise en scène de Lugné-Poe. Auguste Rodin : *Les Bourgeois de Calais*. Claude Debussy : *Prélude à l'après-midi d'un faune*.	**1894** Alliance franco-russe. Première condamnation de l'officier Alfred Dreyfus. Début de l'affaire Dreyfus.

VIE	ŒUVRES
1896 Rostand soutient Dreyfus. État dépressif.	
	1897 Création de *Cyrano*, le 28 décembre. *La Samaritaine*.
1898 Rostand reçoit la Légion d'honneur. Élection à l'Académie des sciences morales et politiques.	
	1900 *L'Aiglon*.
1901 Élection à l'Académie française.	
1903 Pamphlet de Jehan Rictus contre *Cyrano*.	
	1904 Écriture de *Chantecler*.
	1906 Rostand projette un *Faust* et une *Jeanne d'Arc*.

ÉVÉNEMENTS CULTURELS ET ARTISTIQUES	ÉVÉNEMENTS HISTORIQUES ET POLITIQUES
1896	
Anton Tchekhov : *La Mouette.* Jule Renard : *Histoires naturelles.* Henri Bergson : *Matière et Mémoire.*	
1897	**1897**
Alfred Jarry : *Ubu roi.* Henry de Régnier : *Jeux rustiques et divins.* Maurice Barrès : *Les Déracinés.* André Gide : *Les Nourritures terrestres.* August Strindberg : *Inferno* (en français).	Premier film : *Une partie de cartes,* de Georges Méliès.
1898	**1898**
Mort de Stéphane Mallarmé.	*J'accuse,* d'Émile Zola (13 janvier).
1900	**1900**
Maurice Barrès : *L'Appel au soldat.*	Loi Millerand sur la durée du travail. Deuxième condamnation de Dreyfus. Exposition universelle à Paris.
1901	
Romain Rolland : *Danton.* Anton Tchekhov : *Les Trois Sœurs.* Maurice Ravel : *Jeux d'eau.*	**1902-1905** Ministère Combes.
1903	
Exposition des arts orientaux. Romain Rolland : *Le Théâtre du peuple.*	
1904	**1904**
Colette : *Dialogues de bêtes.* Anton Tchekhov : *La Cerisaie.*	Guerre russo-japonaise. Entente cordiale.
1905	
Paul Claudel : *Partage de midi.* Frank Wedekind : *L'Éveil du printemps.*	**1906** Révolte des vignerons du Midi. Réhabilitation d'Alfred Dreyfus.
	1906-1909 Ministère Clemenceau.

Vie	Œuvres
1909 Mort de l'acteur Constant Coquelin.	
	1910 Création de *Chantecler*.
1911 Fin de son activité littéraire.	**1911** *La Dernière Nuit de Don Juan*.
1914 Rostand ne peut s'engager dans l'armée. **1915** Mort de son père.	
1916 Mort de sa mère.	**1916** *Le Vol de la Marseillaise*.
1918 Mort d'Edmond Rostand, le 2 décembre.	

ÉVÉNEMENTS CULTURELS ET ARTISTIQUES	ÉVÉNEMENTS HISTORIQUES ET POLITIQUES
1909	**1909**
Marinetti : Premier manifeste futuriste. Maurice Maeterlinck : *L'Oiseau bleu*.	Béatification de Jeanne d'Arc. Aristide Briand succède à Georges Clemenceau.
1910	**1910**
Paul Claudel : *L'Otage*, *Cinq Grandes Odes*. Ballets russes à Paris. Charles Péguy : *Le Mystère de la charité de Jeanne d'Arc*.	Grève des cheminots.
1911	**1911**
Émile Verhaeren : *Toute la Flandre*.	Guerre balkanique. Incident diplomatique d'Agadir.
1913	
Jacques Copeau au théâtre du Vieux-Colombier.	
	1914-1918
	Première Guerre mondiale.
1915	**1915**
Romain Rolland : *Au-dessus de la mêlée*.	Entrée en guerre de l'Italie.
1916	**1916**
Henri Barbusse : *Le Feu*.	Bataille de Verdun (février-décembre)
1918	**1918**
Mort de Guillaume Apollinaire, de Claude Debussy.	Armistice (11 novembre).

GENÈSE
DE L'ŒUVRE

Les sources

Faut-il croire l'auteur et la critique lorsqu'ils prétendent expliquer la genèse de la pièce par quelques anecdotes ? Rostand se serait inspiré d'un personnage réel, « Pifluisant », surveillant de lycée au nez long et à l'esprit acéré. Il aurait joué à la fois le rôle de Cyrano en écrivant des lettres d'amour pour un camarade d'école et celui de Christian en passant commande d'un poème pour séduire une jeune fille. Dans son interview des *Annales*, Rostand a signalé d'autres influences qu'on aurait peut-être tort de mettre en doute, mais qui n'expliquent en rien le processus de la création littéraire. Mieux vaut analyser le travail de l'écrivain.

L'autre source, elle évidente, est l'histoire politique et littéraire du XVIIᵉ siècle et l'œuvre du poète Cyrano de Bergerac. Rostand a consulté de nombreux ouvrages du XVIIᵉ, le *Dictionnaire des précieuses* de Somaize ou le *Théâtre français* de Chappuzeau. Il a également compulsé des ouvrages d'érudition du XIXᵉ sur les théâtres, les cabarets, les restaurants, les campagnes militaires du Grand Siècle. Rostand s'est surtout inspiré du « vrai » Cyrano de Bergerac. Il a lu très attentivement les *États et Empires de la Lune* (1657), avec la préface de Le Bret où est relatée la vie de Cyrano. Né à Paris (et non à Bergerac) en 1619, il fut l'ami d'Henri Le Bret, étudia très jeune, en compagnie de Molière, la philosophie de Gassendi, fut un admirateur de Descartes. Entré en 1638 dans la compagnie des cadets de Carbon de Castel-Jaloux, « *Bergerac était un grand ferrailleur. Son nez, qui l'avait défiguré, lui a fait tuer plus de dix personnes. Il ne pouvait souffrir qu'on le regardât, et il faisait mettre aussitôt l'épée à la main* » (La Monnoye). Blessé en 1639, dans des combats contre l'Allemagne, puis en 1640 à Arras, il fréquenta ensuite la bohème parisienne, entrant en 1653 au service du duc d'Arpajon et mourant en 1655, probablement assassiné.

Le souci d'exactitude historique de Rostand est constant, sa connaissance du Grand Siècle excellente, ses allusions à des faits historiques et culturels sont fréquentes. Malgré cette obsession du détail vrai et le didactisme parfois pesant de la fresque sociale (acte I), l'originalité de la pièce et son succès ne s'expliquent pas par ce seul talent d'historien, mais plutôt par l'art de Rostand de faire de ce climat culturel une toile de fond plaisante et rassurante.

L'inspiration

Si les propres confidences de Rostand (à Paul Faure) ne sont guère éclairantes, du moins indiquent-elles son sens de la composition et du fragment : « *Comment l'idée m'est venue ? pas d'un seul coup. J'entends par là que ma pièce ne s'est pas présentée à mon esprit dans ses grandes lignes, dans son plan essentiel. C'est peu à peu, morceau par morceau, qu'elle s'est construite.* »

Une quinzaine d'années après la création, Rostand a accordé une interview à André Arnyvelde, publiée dans les *Annales* du 9 mars 1913 : « *L'idée toute première de Cyrano germa dans mon esprit en rhétorique, aussitôt après la lecture de la préface qu'avait écrite le bibliophile Jacob aux œuvres de Cyrano de Bergerac. "Ah ! faire Cyrano !..." pensai-je. Mais il n'y avait absolument rien autour de ce souhait. Faire Cyrano !... Comment ? Le jour où je lus à Sarah Bernhardt et à ses comédiens La Samaritaine, Coquelin était là. Il jouait alors à la Renaissance, et avait demandé à Sarah Bernhardt la permission d'assister à la lecture, alors qu'il ne dût point prendre part à la représentation. Après la séance, il sortit avec moi. Nous nous connaissions à peine. Je nous vois encore, rue de Bondy. Coquelin m'avait pris le bras. Il était très "emballé". "Vous devriez me faire un rôle", me dit-il. "J'en ai un", répondis-je immédiatement. Cyrano avait sursauté sous mon front. Mais cela ne faisait point du tout que je susse le moins du monde ce que serait ce rôle. [...] Je ne veux pas être méchant... Combien d'écrivains, de drama-*

turges, qui faisaient alors profession de ce naturalisme et ce scepticisme, sont, à présent, de fougueux exalteurs des vertus traditionnelles, du – mon Dieu, disons le mot, ce mot qui fit fortune au lendemain de Cyrano –, du "panache" ! Combien d'eux, qui devaient, somme toute, subir l'influence de Cyrano, eussent alors plaisanté le "Cyranisme" ! J'écrivis Cyrano *par goût, avec amour, avec plaisir, et aussi, je l'affirme, dans l'idée de lutter contre les tendances du temps. Tendances, au vrai, qui m'agaçaient..., me révoltaient. J'écrivis* Cyrano. »

La création de la pièce

Créée le 28 décembre 1897 au théâtre de la Porte Saint-Martin, la pièce connut un succès immédiat et considérable – un des plus grands de l'histoire du théâtre, tant auprès du public que de la critique. Peu avant la première, Rostand lui-même se disait persuadé de l'échec de sa pièce, se jetant même, comme le rapporte son épouse, Rosemonde Gérard, « *pâle et tout en larmes dans les bras de Coquelin, en s'écriant : "Pardon ! Ah ! pardonnez-moi, mon ami, de vous avoir entraîné dans cette désastreuse aventure !"* ». Mais c'était sans compter avec la générosité de Cyrano.

Le triomphe, quoique imprévisible dans ses dimensions et surtout dans sa durée, n'était pas au rendez-vous tout à fait par hasard. Outre le moment historique très sombre, mais favorable à une éclaircie héroïque, Rostand s'était donné toutes les chances de succès. L'acteur comique Coquelin, longtemps sociétaire de la Comédie-Française, lui avait spécialement commandé le rôle, et Rostand le lui écrivit sur mesure, non pas tant, comme on l'a cru, en fonction de son nez, mais en tenant compte de son aisance dans les longues tirades et en satisfaisant son appétit de monstre sacré (qui n'hésita pas à s'attribuer des répliques originellement prévues pour d'autres personnages). Coquelin assura la mise en scène et, pourrait-on dire, la mise en valeur maximale de son rôle, non sans le contrôle de Rostand qui, assistant aux répétitions, aimait à formuler des « *exigences imbéciles* ». Aidé financièrement par Rostand, Coquelin avait loué la salle du théâtre de la Porte-Saint-Martin, où l'on jouait des mélodrames et des pièces historiques : le public était donc surtout populaire, se démarquant à la fois d'un théâtre de pur boulevard et d'une institution très élégante, comme la Comédie-Française, ou très avant-gardiste, comme le Théâtre-Libre ou le théâtre de l'Œuvre. Et, de fait, la dramaturgie de la pièce refuse les facilités du boulevard, tout en transposant et en sublimant dans le registre héroïque, noble et culturel, des ingrédients de base du théâtre bourgeois : le trio, l'amoureux incompris, le ton mélodramatique du déchirement final, l'esprit et la vivacité des formulations, les allusions culturelles à l'histoire de France pour un public assez cultivé.

Toutes les reprises, en France et à l'étranger, ont connu un succès identique, quel que soit l'interprète du rôle de Cyrano. Le texte a l'art d'intéresser tout nouveau public aux aventures de son héros, semblant interdire d'en faire une mise en scène outrageusement parodique et qui tenterait d'éclairer les fondements de l'héroïsme. C'est que la pièce est suffisamment retorse pour contenir déjà sa propre parodie – notamment grâce au personnage très théâtralisé de Cyrano – et qu'elle prévient tout « détournement » radical de ses effets par une mise en scène critique : on le voit bien avec celles de Jérôme Savary (1983 et 1997), qui s'inscrivent dans la tradition de ses prédécesseurs, malgré son art très éprouvé pour déboulonner les mythes français et laisser voir l'envers du décor.

La maîtrise de la théâtralité

Quelle maîtrise dans l'écriture scénique et l'usage de la théâtralité ! En amont de la réalisation scénique, le texte est déjà composé de manière à produire immanquablement un effet dramatique. Le dramaturge veille à l'alternance et à l'équilibre des scènes de foule et des scènes plus restreintes ; il manie les masses des personnages et des tirades avec le même souci architectural de contraste et d'harmonie ; il centre discours et actions sur le personnage de Cyrano, lequel provoque et subit tour à tour le mouvement et l'animation des groupes. Leurs discours sont toujours énoncés en contre-point à ses pointes spirituelles. Le découpage classique en scènes à l'intérieur des actes est totalement anachronique et contraire à la progression des actions, non pas en fonction de l'entrée ou de la sortie des protagonistes, mais selon une progression continue et épique des motifs centrés sur le sort de Cyrano.

La pièce raconte une histoire à épisodes sans jamais perdre de vue le rôle central du héros, elle accumule les preuves de son panache. Or, déjà en 1897, raconter une histoire poignante n'allait plus de soi, car la mode était aux pièces à thèse ou aux pièces « épiques » sans début ni fin (Tchekhov, Strindberg). Rompant avec l'idée de l'avant-garde d'alors que le théâtre doit contenir un message, Rostand ne craint pas de s'aliéner le jugement des doctes et des nouveaux maîtres de la vie théâtrale : les metteurs en scène. En même temps, il profite parfaitement de « l'invention » récente de la mise en scène, quelque dix ans plus tôt. Au naturalisme, il emprunte les indications scéniques d'une grande précision : psychologie, intonations, déplacements, tout est noté en détail. L'écriture est plus scénique que littéraire ou drama-tique : elle prévoit tous les effets, limite la parole à un des systèmes de la scène, organise un écho sonore entre le texte et le geste. Au metteur en scène Hertz qui se plaignait de ses « *exigences imbéciles* », Rostand répondit par une longue liste de directives pour les acteurs (« *Que l'on ait l'air de s'intéresser au duel* », « *que des gens grimpent sur les marches d'escalier* », etc.).

Le souci maniaque du petit détail vrai n'exclut pas une styli-sation et une abstraction des lieux, des milieux, des groupes et des motivations. On le remarque lorsqu'on examine la composition de chaque acte, la progression toujours préala-blement motivée et régulière de l'action, la simplification de chaque nouveau groupe ou épisode qui confirme la grandeur d'âme de Cyrano et la série de ses échecs sentimentaux. Le sens de la fable et de la mise en scène sort renforcé par le

Savinien de Cyrano de Bergerac (1619-1655).
Estampe, Paris, musée Carnavalet.

choix de situations paroxystiques, paradoxales, parabo-
liques du personnage hors du commun qu'est Cyrano : lui et
Rostand sont tous deux, chacun à sa manière, en quête de la
« scène à faire ».

Le texte de *Cyrano* tient autant d'une partition que d'un dialogue dramatique : les masses verbales sont réparties en
fonction d'un mouvement continu de la fable et d'une ponctuation du double désir de Cyrano (se battre avec les
hommes/écrire ou parler à une femme). Les stichomythies
organisent l'orchestration tant phonique et visuelle des
sources de la parole. Ainsi sertis (et non servis) dans le jeu
scénique, les échanges verbaux prennent une coloration dramatique qui doit beaucoup au jeu de l'acteur et à l'occupation de l'espace par le drame romantique. Ils anticipent
sur l'écriture purement scénique de la toute nouvelle mise
en scène.

Si Rostand pose ainsi au metteur en scène, témoignant dans
son travail d'écrivain de ses préoccupations d'homme de
théâtre, il n'en arrive pourtant pas à l'étape suivante où le
regard du metteur en scène se dissocie totalement de celui de
l'auteur, pour donner son sens, par la scène et l'acteur, au
texte resté jusqu'ici lettre morte. Et, curieusement, la pièce
n'a guère inspiré de discours critique et parodique de la mise
en scène. Les choses sont-elles pour autant si claires et
immuables que la mise en scène doive nécessairement s'incli-
ner devant la dépouille mortelle du texte ? En tout cas, la tradition de l'interprétation de la pièce est étrangement figée (et
ce jusqu'au *Cyrano* de Jacques Weber dans la mise en scène
de Jérôme Savary, et à celui de Gérard Depardieu dans le
film de Jean-Paul Rappeneau). Il est vrai qu'une mise en
scène parodique ou simplement critique anéantirait le
charme de la construction verbale et héroïque.

La partition théâtrale est thématiquement renforcée par un
redoublement de la théâtralité à l'intérieur de chaque situation. La scène est déjà l'enjeu d'un théâtre dans le théâtre,
conformément à la vision baroque du *theatrum mundi*, mais
aussi à une anticipation de Pirandello, Genet, voire Beckett.

Conscient de l'ironie tragique de l'Histoire, comme le *Lorenzaccio* de Musset ou *La Mort de Danton* de Büchner, Cyrano ne cesse de jouer son rôle, « *d'être le vieil ami qui vient pour être drôle* » (Roxane, acte V, scène 5). Au premier acte, il bat les acteurs de l'Hôtel de Bourgogne sur leur propre terrain. Les poètes se restaurent après l'effort, tandis que Ragueneau rimaille et que Cyrano s'enivre de ses propres déclarations (acte II). Cyrano souffle son rôle à Christian, s'identifie au personnage au point de faire « *monter l'animal* » de force au balcon de la précieuse (acte III). Les cadets jouent à la guéguerre (acte IV). Seul l'acte final, jetant bas les masques, remplace la théâtralité du bouffon par la ferveur bigote ou la résignation mondaine : le mélodrame nous fait prendre en pitié un héros autrefois si valeureux.

Un tel sens de la théâtralité, sensible déjà à la lecture, est encore renforcé dans la représentation. La pièce exige une scène, des corps, des éclairages pour incarner la sensualité et la matérialité verbale du texte. Si l'acteur de ce monodrame aux cent personnages ne l'a pas magistralement en bouche, elle dévie rapidement vers une construction sans vie. Car l'histoire et la philosophie de *Cyrano* n'ont en elles-mêmes rien d'original. Seuls le travail scénique, la récitation, l'escrime des dialogues restituent le caractère physique, concret et oral du texte. Peu importe l'absence d'*originalité* littéraire, puisque la pièce retrouve l'*oralité* d'un art populaire. Et l'on connaît l'équation de la tradition populaire : originalité = ci-gît l'oralité.

Edmond Rostand.

Cyrano de Bergerac

ROSTAND

comédie héroïque

*représentée pour la première fois
le 28 décembre 1897*

Personnages

CYRANO DE BERGERAC
CHRISTIAN DE NEUVILLETTE
COMTE DE GUICHE
RAGUENEAU
LE BRET
CARBON DE CASTEL-JALOUX
LES CADETS
LIGNIÈRE
DE VALVERT
UN MARQUIS
DEUXIÈME MARQUIS
TROISIÈME MARQUIS
MONTFLEURY
BELLEROSE
JODELET
CUIGY
D'ARTAGNAN
BRISSAILLE
UN FÂCHEUX
UN MOUSQUETAIRE
UN AUTRE
UN OFFICIER ESPAGNOL
UN CHEVAU-LÉGER
LE PORTIER
UN BOURGEOIS

SON FILS
UN TIRE-LAINE
UN SPECTATEUR
UN GARDE
BERTRANDON LE FIFRE
LE CAPUCIN
DEUX MUSICIENS
LES POÈTES
LES PÂTISSIERS
ROXANE
SŒUR MARTHE
LISE
LA DISTRIBUTRICE
MÈRE MARGUERITE DE JÉSUS
LA DUÈGNE
SŒUR CLAIRE
UNE COMÉDIENNE
LA SOUBRETTE
LES PAGES
LA BOUQUETIÈRE
UNE DAME
UNE PRÉCIEUSE
UNE SŒUR

La foule, bourgeois, marquis, mousquetaires, tire-laine, pâtissiers, poètes, cadets, Gascons, comédiens, violons, pages, enfants, soldats espagnols, spectateurs, spectatrices, précieuses, comédiennes, bourgeoises, religieuses, etc.

Les quatre premiers actes ont lieu en 1640, le cinquième, en 1655.

ACTE PREMIER

Une représentation à l'Hôtel de Bourgogne

La salle de l'Hôtel de Bourgogne[1], en 1640. Sorte de hangar de jeu de paume aménagé et embelli pour des représentations. La salle est un carré long : on la voit en biais, de sorte qu'un de ses côtés forme le fond qui part du premier plan, à droite, et va au dernier plan, à gauche, faire angle avec la scène, qu'on aperçoit en pan coupé.

Cette scène est encombrée[2], des deux côtés, le long des coulisses, par des banquettes. Le rideau est formé par deux tapisseries qui peuvent s'écarter. Au-dessus du manteau d'Arlequin[3], les armes royales. On descend de l'estrade dans la salle par de larges marches. De chaque côté de ces marches, la place des violons. Rampe de chandelles[4].

Deux rangs superposés de galeries latérales : le rang supérieur est divisé en loges. Pas de sièges au parterre, qui est la scène même du théâtre ; au fond de ce parterre, c'est-à-dire à droite, premier plan, quelques bancs formant gradins et, sous un escalier qui monte vers des places supérieures, et dont on ne voit que le départ, une sorte de buffet orné de petits lustres, de vases fleuris, de verres de cristal, d'assiettes de gâteaux, de flacons, etc.

Au fond, au milieu, sous la galerie de loges, l'entrée du théâtre. Grande porte qui s'entrebâille pour laisser passer

---

1. L'Hôtel de Bourgogne, dans l'ancien palais des ducs de Bourgogne, est l'« ancêtre » de la Comédie-Française, fondée en 1680.

2. Au XVIIe siècle et jusqu'à la moitié du XVIIIe, la scène était encombrée de banquettes disposées de deux côtés de l'espace scénique et occupées notamment par les « petits marquis ».

3 **Manteau d'Arlequin** : dispositif qui délimite le cadre de scène et s'adapte aux dimensions choisies pour l'ouverture de scène.

4. Autre détail historiquement exact, même si la description de Rostand n'a rien d'une reconstitution archéologique du théâtre de Bourgogne.

les spectateurs. Sur les battants de cette porte, ainsi que dans plusieurs coins et au-dessus du buffet, des affiches rouges sur lesquelles on lit : La Clorise.
Au lever du rideau, la salle est dans une demi-obscurité, vide encore. Les lustres sont baissés au milieu du parterre, attendant d'être allumés.

SCÈNE PREMIÈRE. LE PUBLIC, *qui arrive peu à peu.*
CAVALIER, BOURGEOIS, LAQUAIS,
PAGES, TIRE-LAINE[1], LE PORTIER, *etc.,*
puis LES MARQUIS, CUIGNY, BRISSAILLE,
LA DISTRIBUTRICE[2], LES VIOLONS, *etc.*
On entend derrière la porte un tumulte de voix,
puis un cavalier entre brusquement.

LE PORTIER, *le poursuivant.*
Holà ! vos quinze sols !

LE CAVALIER
J'entre gratis[3] !

LE PORTIER
Pourquoi ?

LE CAVALIER
Je suis chevau-léger de la maison du Roi !

LE PORTIER, *à un autre cavalier qui vient d'entrer.*
Vous ?

DEUXIÈME CAVALIER
Je ne paye pas

---

1. **Tire-laine :** voleurs. Le théâtre est alors un lieu qui n'est pas toujours très sûr et fréquentable. Rostand exagère pourtant quelque peu la diversité extrême de ses spectateurs.
2. **La distributrice :** ancêtre de nos ouvreuses, mais elle sert avant tout de « douces liqueurs ».
3. **J'entre gratis :** certaines catégories de la noblesse avaient en effet le privilège de ne pas payer leur place au théâtre.

LE PORTIER

Mais...

DEUXIÈME CAVALIER

Je suis mousquetaire.

PREMIER CAVALIER, *au deuxième.*

On ne commence qu'à deux heures. Le parterre[1]
5 Est vide. Exerçons-nous au fleuret.
Ils font des armes avec des fleurets qu'ils ont apportés.

UN LAQUAIS, *entrant.*

Pst... Flanquin ?...

UN AUTRE, *déjà arrivé.*

Champagne ?...

LE PREMIER, *lui montrant des jeux qu'il sort*
de son pourpoint.

Cartes. Dés.
Il s'assied par terre.

Jouons.

LE DEUXIÈME, *même jeu.*

Oui, mon coquin.

PREMIER LAQUAIS, *tirant de sa poche un bout*
de chandelle qu'il allume et colle par terre.

J'ai soustrait à mon maître un peu de luminaire.

UN GARDE, *à une bouquetière qui s'avance.*

C'est gentil de venir avant que l'on n'éclaire !...
Il lui prend la taille.

UN DES BRETTEURS, *recevant un coup de fleuret.*

Touche !

UN DES JOUEURS

Trèfle !

LE GARDE, *poursuivant la fille.*

Un baiser !

---

1. **Le parterre** : l'espace face à la scène, où le public se tenait debout. Ces
« places » les moins chères sont celles de la bourgeoisie, des laquais, parfois
du peuple.

LA BOUQUETIÈRE, *se dégageant.*
On voit !...
LE GARDE, *l'entraînant dans les coins sombres.*
Pas de danger !
UN HOMME, *s'asseyant par terre avec d'autres porteurs
de provisions de bouche.*
10 Lorsqu'on vient en avance, on est bien pour manger.
UN BOURGEOIS, *conduisant son fils.*
Plaçons-nous là, mon fils.

UN JOUEUR
Brelan d'as !
UN HOMME, *tirant une bouteille de sous son manteau
et s'asseyant aussi.*
Un ivrogne
Doit boire son bourgogne...
Il boit.
à l'Hôtel de Bourgogne !
LE BOURGEOIS, *à son fils.*
Ne se croirait-on pas en quelque mauvais lieu ?
Il montre l'ivrogne du bout de sa canne.
Buveurs...
En rompant, un des cavaliers le bouscule.
Bretteurs !
Il tombe au milieu des joueurs.
Joueurs !
LE GARDE, *derrière lui, lutinant*[1] *toujours la femme.*
Un baiser !
LE BOURGEOIS, *éloignant vivement son fils.*
Jour de Dieu[2] !
15 Et penser que c'est dans une salle pareille
Qu'on joua du Rotrou[3], mon fils !

_____

1. **Lutinant** : taquinant, poursuivant de ses assiduités une jeune personne.
2. **Jour de Dieu** : exclamation populaire pour « mon Dieu ».
3. **Rotrou** : 1609-1650, auteur de comédies et de tragédies *(Saint Genest).*

LE JEUNE HOMME

Et du Corneille !

UNE BANDE DE PAGES, *se tenant par la main,*
entre en farandole[1] et chante.

Tra la la la la la la la la la lalère...

LE PORTIER, *sévèrement aux pages.*

Les pages, pas de farce !...

PREMIER PAGE, *avec une dignité blessée.*

Oh ! Monsieur ! ce soupçon !...

Vivement au deuxième, dès que le portier a tourné le dos.

As-tu de la ficelle ?

LE DEUXIÈME

Avec un hameçon.

PREMIER PAGE

20 On pourra de là-haut pêcher quelque perruque.

UN TIRE-LAINE, *groupant autour de lui plusieurs hommes*
de mauvaise mine.

Or çà, jeunes escrocs, venez qu'on vous éduque :

Puis donc que[2] vous volez pour la première fois...

DEUXIÈME PAGE, *criant à d'autres pages déjà placés*
aux galeries supérieures.

Hep ! Avez-vous des sarbacanes ?

TROISIÈME PAGE, *d'en haut.*

Et des pois !

Il souffle et les crible de pois.

LE JEUNE HOMME, *à son père.*

Que va-t-on nous jouer ?

LE BOURGEOIS

Clorise.

LE JEUNE HOMME

De qui est-ce ?

---

1. **Farandole** : cortège dansant.
2. **Puis donc que** : forme archaïque pour « puisque ».

LE BOURGEOIS
25 De monsieur Balthazar Baro[1]. C'est une pièce !...
Il remonte au bras de son fils.

LE TIRE-LAINE, *à ses acolytes.*
... La dentelle surtout des canons, coupez-la !

UN SPECTATEUR, *à un autre, lui montrant
une encoignure élevée.*
Tenez, à la première du *Cid*[2], j'étais là !

LE TIRE-LAINE, *faisant avec ses doigts le geste
de subtiliser.*
Les montres...

LE BOURGEOIS, *redescendant, à son fils.*
Vous verrez des acteurs très illustres...

LE TIRE-LAINE, *faisant le geste de tirer
par petites secousses furtives.*
Les mouchoirs...

LE BOURGEOIS
Montfleury...

QUELQU'UN, *criant de la galerie supérieure.*
Allumez donc les lustres !

LE BOURGEOIS
30 ... Bellerose, l'Épy, la Beaupré, Jodelet !

UN PAGE, *au parterre.*
Ah ! voici la distributrice !...

LA DISTRIBUTRICE, *paraissant derrière le buffet.*
Oranges, lait,
Eau de framboise, aigre de cèdre[3]...
Brouhaha à la porte.

---

1. **Balthazar Baro** : *La Clorise*, pièce de Balthazar Baro (v. 1585-1650), fut créée en 1631 à l'Hôtel de Bourgogne.
2. **Cid** : la première du *Cid* eut lieu en réalité au théâtre du Marais, en 1636.
3. **Aigre de cèdre** : citronnade.

UNE VOIX DE FAUSSET
                    Places, brutes !

UN LAQUAIS, *s'étonnant.*
Les marquis !... au parterre ?...

UN AUTRE LAQUAIS
                    Oh ! pour quelques minutes.
Entre une bande de petits marquis.

UN MARQUIS, *voyant la salle à moitié vide.*
Hé quoi ! Nous arrivons ainsi que les drapiers,
35 Sans déranger les gens ? sans marcher sur les pieds ?
Ah fi ! fi ! fi !
Il se trouve devant d'autres gentilshommes entrés peu avant.
                    Cuigy ! Brissaille !
Grandes embrassades.

CUIGY
                    Des fidèles !
Mais oui, nous arrivons devant que[1] les chandelles...

LE MARQUIS
Ah ! ne m'en parlez pas ! Je suis dans une humeur...

UN AUTRE
Console-toi, marquis, car voici l'allumeur !

LA SALLE, *saluant l'entrée de l'allumeur.*
40 Ah !...
On se groupe autour des lustres qu'il allume. Quelques personnes ont pris place aux galeries. Lignière entre au parterre, donnant le bras à Christian de Neuvillette. Lignière, un peu débraillé, figure d'ivrogne distingué. Christian, vêtu élégamment, mais d'une façon un peu démodée, paraît préoccupé et regarde les loges.

_____

1. **Devant que :** avant que.

REPÈRES

1. Que penser de la longueur de la liste des personnages ? Quels sont les principaux personnages qui ressortent de l'ensemble ?

2. Pourquoi Roxane est-elle nommée entre les pâtissiers et sœur Marthe ?

3. Quels groupes sont représentés par un ou plusieurs personnages ?

4. Pourquoi commencer ainsi la pièce en pleine action *(in medias res)* ?

OBSERVATION

5. Qu'est-ce que la liste des personnages révèle de l'univers dramatique de la pièce ?

6. Plusieurs groupes conversent simultanément, chacun poursuivant son idée : quelle impression en résulte pour le spectateur ?

7. Les jeux de mots et les jeux de rimes sont-ils de même valeur chez tous les personnages ? Comment ceux-ci se distinguent-ils selon leur habileté oratoire ?

8. Pourquoi l'installation de quelques-uns des futurs protagonistes a-t-elle lieu en fin de scène ? Pourquoi restent-ils silencieux ?

9. En quoi cette scène diffère-t-elle d'une exposition de pièce classique (Racine, Corneille, etc.) ?

INTERPRÉTATIONS

10. La reconstitution de Rostand s'approche-t-elle de la réalité historique ?

11. Ce dispositif scénique est celui d'un théâtre dans le théâtre, puisque la pièce de Rostand se joue dans un lieu déjà théâtralisé : quelles en sont les conséquences pour l'atmosphère et pour la métaphore du monde comme théâtre ?

12. En quoi la rhétorique des mots et le duel des fleurets s'organisent-ils sur le même mode ?

13. Quels problèmes se posent au metteur en scène pour établir sa distribution ?

Scène 2. Les mêmes, Christian, Lignière, *puis* Ragueneau *et* Le Bret.

Cuigy

Lignière !

Brissaille, *riant.*

Pas encor gris !...

Lignière, *bas à Christian.*

Je vous présente ?

Signe d'assentiment de Christian.
Baron de Neuvillette.
Saluts.

La salle, *acclamant l'ascension du premier lustre allumé.*

Ah !

Cuigy, *à Brissaille, en regardant Christian.*

La tête est charmante.

Premier marquis, *qui a entendu.*

Peuh !...

Lignière, *présentant à Christian.*

Messieurs de Cuigy, de Brissaille...

Christian, *s'inclinant.*

Enchanté !...

Premier marquis, *au deuxième.*

Il est assez joli, mais n'est pas ajusté
Au dernier goût.

Lignière, *à Cuigy.*

Monsieur débarque de Touraine.

Christian

45 Oui, je suis à Paris depuis vingt jours à peine.
J'entre aux gardes demain, dans les Cadets.

Premier marquis, *regardant les personnes qui entrent dans les loges.*

Voilà
La présidente Aubry !

LA DISTRIBUTRICE
Oranges, lait...

LES VIOLONS, *s'accordant.*
La... la...

CUIGY, *à Christian, lui désignant la salle qui se garnit.*
Du monde !

CHRISTIAN
Eh ! oui, beaucoup.

PREMIER MARQUIS
Tout le bel air !

Ils nomment les femmes à mesure qu'elles entrent, très parées, dans les loges. Envois de saluts, réponses de sourires.

DEUXIÈME MARQUIS
Mesdames

De Guéméné...

CUIGY
De Bois-Dauphin...

PREMIER MARQUIS
Que nous aimâmes !

BRISSAILLE
50 De Chavigny[1]...

DEUXIÈME MARQUIS
Qui de nos cœurs va se jouant !

LIGNIÈRE
Tiens, monsieur de Corneille est arrivé de Rouen.

LE JEUNE HOMME, *à son père.*
L'Académie[2] est là ?

---

1. **De Guéméné [...] de Chavigny** : figures importantes de la préciosité historiquement attestées, même si elles ont en réalité été actives une vingtaine d'années plus tard.
2. **L'Académie** : on sait l'importance de l'Académie, créée par Richelieu, pour régenter la vie littéraire. Rostand souligne son activité « sur le terrain ».

LE BOURGEOIS
     Mais... J'en vois plus d'un membre ;
Voici Boudu, Boissat, et Cureau de la Chambre ;
Porchères, Colomby, Bourzeys, Bourdon, Arbaud...
55 Tous ces noms dont pas un ne mourra, que c'est beau !

PREMIER MARQUIS
Attention ! nos précieuses[1] prennent place :
Barthénoïde, Urimédonte, Cassandace,
Félixérie...

DEUXIÈME MARQUIS, *se pâmant.*
     Ah ! Dieu ! leurs surnoms sont exquis !
Marquis, tu les sais tous ?

PREMIER MARQUIS
          Je les sais tous, marquis !

LIGNIÈRE, *prenant Christian à part.*
60 Mon cher, je suis entré pour vous rendre service :
La dame ne vient pas. Je retourne à mon vice !

CHRISTIAN, *suppliant.*
Non ! vous qui chansonnez[2] et la ville et la cour,
Restez : Vous me direz pour qui je meurs d'amour.

LE CHEF DES VIOLONS, *frappant sur son pupitre,*
avec son archet.
Messieurs les violons !...
Il lève son archet.

LA DISTRIBUTRICE
     Macarons, citronnée...
Les violons commencent à jouer.

CHRISTIAN
65 J'ai peur qu'elle ne soit coquette et raffinée,

---

1. **Nos précieuses** : pour comprendre l'importance de la préciosité dans la vie littéraire de l'époque, on consultera le *Dictionnaire des précieuses* de Somaize (1660) ou le *Cercle des femmes savantes* de La Forge (1663).
2. **Chansonnez** : raillez par une chanson satirique à la manière des chansonniers d'à présent.

Je n'ose lui parler, car je n'ai pas d'esprit.
Le langage aujourd'hui qu'on parle et qu'on écrit,
Me trouble. Je ne suis qu'un bon soldat timide.
– Elle est toujours à droite, au fond : la loge vide.

LIGNIÈRE, *faisant mine de sortir.*

70 Je pars.

CHRISTIAN, *le retenant encore.*

Oh ! non, restez !

LIGNIÈRE

Je ne peux. D'Assoucy[1]

M'attend au cabaret. On meurt de soif, ici.

LA DISTRIBUTRICE, *passant devant lui avec un plateau.*
Orangeade ?

LIGNIÈRE

Fi !

LA DISTRIBUTRICE

Lait ?

LIGNIÈRE

Pouah !

LA DISTRIBUTRICE

Rivesalte[2] ?

LIGNIÈRE

Halte !

À *Christian.*
Je reste encore un peu. – Voyons ce rivesalte.
Il s'assied près du buffet. La distributrice lui verse du rivesalte.

---

1. **D'Assoucy** : poète (1605-1677) et éditeur, notamment des œuvres de Cyrano de Bergerac. (Nous emploierons désormais « Cyrano de Bergerac » pour le personnage historique, « Cyrano » pour le personnage de Rostand, afin d'éviter de fâcheuses interférences.)
2. **Rivesalte** : vin doux des Pyrénées-Orientales.

CRIS, *dans le public à l'entrée d'un petit homme*
grassouillet et réjoui.

Ah ! Ragueneau !...

LIGNIÈRE, *à Christian.*

Le grand rôtisseur Ragueneau.

RAGUENEAU, *costume de pâtissier endimanché, s'avançant*
vivement vers Lignière.

75 Monsieur, avez-vous vu monsieur de Cyrano ?

LIGNIÈRE, *présentant Ragueneau à Christian.*

Le pâtissier des comédiens et des poètes !

RAGUENEAU, *se confondant.*

Trop d'honneur...

LIGNIÈRE

Taisez-vous, Mécène que vous êtes !

RAGUENEAU

Oui, ces messieurs chez moi se servent...

LIGNIÈRE

À crédit.

Poète de talent lui-même...

RAGUENEAU

Ils me l'ont dit.

LIGNIÈRE

80 Fou de vers !

RAGUENEAU

Il est vrai que pour une odelette...

LIGNIÈRE

Vous donnez une tarte...

RAGUENEAU

Oh ! une tartelette !

LIGNIÈRE

Brave homme, il s'en excuse !... Et pour un triolet
Ne donnâtes-vous pas ?...

RAGUENEAU
Des petits pains !

LIGNIÈRE, *sévèrement.*

Au lait.

– Et le théâtre ! vous l'aimez ?

RAGUENEAU
Je l'idolâtre.

LIGNIÈRE
85 Vous payez en gâteaux vos billets de théâtre !
Votre place, aujourd'hui, là, voyons, entre nous,
Vous a coûté combien ?

RAGUENEAU
Quatre flans. Quinze choux.
Il regarde de tous côtés.
Monsieur de Cyrano n'est pas là ? Je m'étonne.

LIGNIÈRE
Pourquoi ?

RAGUENEAU
Montfleury joue !

LIGNIÈRE
En effet, cette tonne [1]
90 Va nous jouer ce soir le rôle de Phédon [2].
Qu'importe à Cyrano ?

RAGUENEAU
Mais vous ignorez donc ?
Il fit à Montfleury [3], messieurs, qu'il prit en haine,
Défense, pour un mois, de reparaître en scène.

LIGNIÈRE, *qui en est à son quatrième petit verre.*
Eh bien ?

---

1. **Tonne :** au sens à la fois de tonneau et d'unité de poids.
2. **Phédon :** personnage de *La Clorise.* Le nom rappelle le titre d'un dialogue de Platon où il est question de l'immortalité de l'âme : d'où le caractère ironique de cette appellation.
3. **Montfleury :** comédien réputé pour son embonpoint.

RAGUENEAU

Montfleury joue !

CUIGY, *qui s'est rapproché de son groupe.*

Il n'y peut rien.

RAGUENEAU

Oh ! Oh !

95 Moi, je suis venu voir !

PREMIER MARQUIS

Quel est ce Cyrano ?

CUIGY

C'est un garçon versé dans les colichemardes[1].

DEUXIÈME MARQUIS

Noble ?

CUIGY

Suffisamment. Il est cadet aux gardes.

Montrant un gentilhomme qui va et vient dans la salle comme s'il cherchait quelqu'un.

Mais son ami Le Bret peut vous dire...

Il appelle.

Le Bret !

Le Bret descend vers eux.

Vous cherchez Bergerac ?

LE BRET

Oui, je suis inquiet !...

CUIGY

100 N'est-ce pas que cet homme est des moins ordinaires ?

LE BRET, *avec tendresse.*

Ah ! c'est le plus exquis des êtres sublunaires[2] !

RAGUENEAU

Rimeur !

---

1. **Colichemardes** : rapières à large lame.
2. **Sublunaires** : situés sous la lune, autrement dit sur terre. Cette caractérisation renvoie aux écrits lunaires du véritable Cyrano.

CUIGY

Bretteur[1] !

BRISSAILLE

Physicien !

LE BRET

Musicien !

LIGNIÈRE

Et quel aspect hétéroclite que le sien !

RAGUENEAU

Certes, je ne crois pas que jamais nous le peigne
105 Le solennel monsieur Philippe de Champaigne[2] ;
Mais bizarre, excessif, extravagant, falot,
Il eût fourni, je pense, à feu Jacques Callot[3]
Le plus fol spadassin à mettre entre ses masques :
Feutre à panache[4] triple et pourpoint à six basques,
110 Cape que par-derrière, avec pompe, l'estoc[5]
Lève, comme une queue insolente de coq,
Plus fier que tous les Artabans[6] dont la Gascogne
Fut et sera toujours l'alme Mère Gigogne[7],

---

1. **Bretteur** : qui aime se battre à l'épée. Synonyme : ferrailleur.
2. **Philippe de Champaigne** : 1602-1674, peintre presque officiel d'hommes politiques (Richelieu) ou de jansénistes de Port-Royal.
3. **Jacques Callot** : maître de l'eau-forte (1592-1635), il peignit des types de la commedia dell'arte ou *masques* (d'où ce terme au vers suivant).
4. **Panache** : première occurrence d'un mot qui revient plusieurs fois comme un leitmotiv du caractère de Cyrano et culmine dans le dernier vers de la pièce.
5. **Estoc** : grande épée droite.
6. **Artabans** : allusion à Artaban, un personnage du poète précieux La Calprenède dans *Cléopâtre* (1647-1658), dont la fierté est devenue proverbiale (« fier comme Artaban »).
7. **Alme Mère Gigogne** : du latin *almus*, fécond. L'adjectif semble se rapporter au groupe « Mère Gigogne » (la Gigogne est un personnage du théâtre forain du XVIIe siècle, femme géante qui accouche d'une foule d'enfants). On peut également entendre la traduction française du latin *alma mater* qui signifie « mère nourricière » et, par métaphore, la patrie ou l'université.

Il promène en sa fraise à la Pulcinella[1],
115 Un nez !... Ah ! messeigneurs, quel nez que ce nez-là !...
On ne peut voir passer un pareil nasigère[2]
Sans s'écrier : « Oh ! non, vraiment, il exagère ! »
Puis on sourit, on dit : « Il va l'enlever... » Mais
Monsieur de Bergerac ne l'enlève jamais.

LE BRET, *hochant la tête.*
120 Il le porte, – et pourfend quiconque le remarque !

RAGUENEAU, *fièrement.*
Son glaive est la moitié des ciseaux de la Parque[3] !

PREMIER MARQUIS, *haussant les épaules.*
Il ne viendra pas !

RAGUENEAU
Si !... Je parie un poulet
À la Ragueneau !

LE MARQUIS, *riant.*
Soit !

Rumeurs d'admiration dans la salle. Roxane vient de paraître dans sa loge. Elle s'assied sur le devant, sa duègne prend place au fond. Christian, occupé à payer la distributrice, ne regarde pas.

DEUXIÈME MARQUIS, *avec des petits cris.*
Ah ! messieurs ! mais elle est
Épouvantablement ravissante !

PREMIER MARQUIS
Une pêche
125 Qui sourirait avec une fraise !

---

1. **Pulcinella** : nom italien de *Polichinelle*, personnage de la commedia dell'arte italienne.
2. **Nasigère** : forme argotique pour « nez ».
3. **Parque** : les Parques étaient des déesses infernales grecques qui filaient et coupaient la trame de la vie humaine.

DEUXIÈME MARQUIS
Et si fraîche
Qu'on pourrait, l'approchant, prendre un rhume de cœur !

CHRISTIAN, *lève la tête, aperçoit Roxane,*
et saisit vivement Lignière par le bras.
C'est elle !

LIGNIÈRE, *regardant.*
Ah ! c'est elle ?...

CHRISTIAN
Oui. Dites vite. J'ai peur.

LIGNIÈRE, *dégustant son rivesalte à petits coups.*
Magdeleine Robin, dite Roxane. – Fine.
Précieuse.

CHRISTIAN
Hélas !

LIGNIÈRE
Libre. Orpheline. Cousine.
130 De Cyrano, – dont on parlait...
À ce moment un seigneur très élégant, le cordon bleu[1] en
sautoir, entre dans la loge et, debout, cause un instant avec
Roxane.

CHRISTIAN, *tressaillant.*
Cet homme ?...

LIGNIÈRE, *qui commence à être gris, clignant de l'œil.*
Hé ! Hé !...
– Comte de Guiche. Épris d'elle. Mais marié
À la nièce d'Armand de Richelieu. Désire
Faire épouser Roxane à certain triste sire,
Un monsieur de Valvert, vicomte... et complaisant.
135 Elle n'y souscrit pas, mais de Guiche est puissant :
Il peut persécuter une simple bourgeoise.

---

1. **Cordon bleu** : insigne des chevaliers de l'ordre du Saint-Esprit, le plus
illustre des ordres de chevalerie de l'ancienne France.

D'ailleurs j'ai dévoilé sa manœuvre sournoise
Dans une chanson qui... Ho ! il doit m'en vouloir !
– La fin était méchante... Écoutez...
Il se lève en titubant, le verre haut, prêt à chanter.

C<small>HRISTIAN</small>

Non. Bonsoir.

L<small>IGNIÈRE</small>

140 Vous allez ?

C<small>HRISTIAN</small>

Chez monsieur de Valvert !

L<small>IGNIÈRE</small>

Prenez garde :

C'est lui qui vous tuera !
Lui désignant du coin de l'œil Roxane.

Restez. On vous regarde.

C<small>HRISTIAN</small>

C'est vrai !
Il reste en contemplation. Le groupe de tire-laine, à partir de ce moment, le voyant la tête en l'air et la bouche bée, se rapproche de lui.

L<small>IGNIÈRE</small>

C'est moi qui pars. J'ai soif ! Et l'on m'attend

Dans des tavernes !
Il sort en zigzaguant.

L<small>E</small> B<small>RET</small>, *qui a fait le tour de la salle, revenant vers
Ragueneau, d'une voix rassurée.*

Pas de Cyrano.

R<small>AGUENEAU</small>, *incrédule.*

Pourtant...

L<small>E</small> B<small>RET</small>

Ah ! je veux espérer qu'il n'a pas vu l'affiche !

L<small>A</small> S<small>ALLE</small>, *trépignante.*

145 Commencez ! Commencez !

SCÈNE 3. LES MÊMES, *moins* LIGNIÈRE ; DE GUICHE, VALVERT, *puis* MONTFLEURY.

UN MARQUIS, *voyant de Guiche, qui descend de la loge de Roxane, traverse le parterre, entouré de seigneurs obséquieux, parmi lesquels le vicomte de Valvert.*

Quelle cour, ce de Guiche !

UN AUTRE

Fi !... Encore un Gascon !

LE PREMIER

Le Gascon souple et froid,

Celui qui réussit !... Saluons-le, crois-moi.
Ils vont vers de Guiche.

DEUXIÈME MARQUIS

Les beaux rubans ! Quelle couleur, comte de Guiche ?
« Baise-moi-ma-mignonne » ou bien « Ventre-de-Biche »[1] ?

DE GUICHE

150 C'est couleur « Espagnol malade ».

PREMIER MARQUIS

La couleur

Ne ment pas, car bientôt, grâce à votre valeur,
L'Espagnol ira mal, dans les Flandres !

DE GUICHE

Je monte

Sur scène. Venez-vous ?
Il se dirige, suivi de tous les marquis et gentilshommes, vers le théâtre. Il se retourne et appelle.

Viens, Valvert !

---

1. Les gentilshommes portaient beaucoup de rubans : même le Misanthrope est un « homme aux rubans verts » (Molière, *Le Misanthrope*, acte V, scène 4). Ces noms, très alambiqués et suggérant un costume et une couleur très efféminés, semblent avoir été employés à l'époque.

De Guiche (Jacques Weber) dans Cyrano de Bergerac,
film de Jean-Paul Rappeneau, 1990.

CHRISTIAN, *qui les écoute et les observe,*
tressaille en entendant ce nom.

Le vicomte !

Ah ! je vais lui jeter à la face mon...
Il met la main dans sa poche, et y rencontre celle d'un tire-
laine en train de le dévaliser. Il se retourne.

Hein ?

LE TIRE-LAINE

155 Ay !...

CHRISTIAN, *sans le lâcher.*
Je cherchais un gant !

LE TIRE-LAINE, *avec un sourire piteux.*

Vous trouvez une main.

Changeant de ton, bas et vite.

Lâchez-moi. Je vous livre un secret.

CHRISTIAN, *le tenant toujours.*

Quel ?

LE TIRE-LAINE

Lignière...

Qui vous quitte...

CHRISTIAN, *de même.*

Eh bien ?

LE TIRE-LAINE

... touche à son heure dernière.

Une chanson qu'il fit blessa quelqu'un de grand,
Et cent hommes – j'en suis – ce soir sont postés !...

CHRISTIAN

Cent !

160 Par qui ?

LE TIRE-LAINE

Discrétion...

CHRISTIAN, *haussant les épaules.*

Oh !

LE TIRE-LAINE, *avec beaucoup de dignité.*

Professionnelle !

CHRISTIAN

Où seront-ils postés ?

LE TIRE-LAINE

À la porte de Nesle,

Sur son chemin. Prévenez-le !

CHRISTIAN, *qui lui lâche enfin le poignet.*

Mais où le voir ?

LE TIRE-LAINE

Allez courir tous les cabarets : *le Pressoir*

D'Or, la Pomme de Pin, la Ceinture qui craque,
165 Les Deux Torches, les Trois Entonnoirs, – et dans chaque,
Laissez un petit mot d'écrit l'avertissant.

CHRISTIAN

Oui, je cours ! Ah ! les gueux ! Contre un seul homme, cent !
Regardant Roxane avec amour.
La quitter... elle !
Regardant avec fureur Valvert.
                    Et lui !... – Mais il faut que je sauve
Lignière !...
Il sort en courant. De Guiche, le vicomte, les marquis, tous les gentilshommes ont disparu derrière le rideau pour prendre place sur les banquettes de la scène. Le parterre est complètement rempli. Plus une place vide aux galeries et aux loges.

LA SALLE

Commencez !

UN BOURGEOIS, *dont la perruque s'envole au bout d'une ficelle, pêchée par un page de la galerie supérieure.*
                    Ma perruque !

CRIS DE JOIE

                              Il est chauve !
170 Bravo, les pages !... Ha ! ha ! ha !...

LE BOURGEOIS, *furieux, montrant le poing.*
                              Petit gredin !

RIRES ET CRIS, *qui commencent très fort et vont décroissant.*
Ha ! ha ! ha ! ha ! ha ! ha !
Silence complet.

LE BRET, *étonné.*
                    Ce silence soudain ?...
Un spectateur lui parle bas.
Ah ?...

LE SPECTATEUR
La chose me vient d'être certifiée.

MURMURES, *qui courent.*
Chut ! – Il paraît ?... – Non !... – Si ! – Dans la loge grillée. –
Le Cardinal ! – Le Cardinal ? – Le Cardinal[1] !

UN PAGE

175 Ah ! diable, on ne va pas pouvoir se tenir mal !
On frappe sur la scène. Tout le monde s'immobilise.
Attente.

LA VOIX D'UN MARQUIS, *dans le silence,*
derrière le rideau.
Mouchez cette chandelle[2] !

UN AUTRE MARQUIS, *passant la tête par la fente*
du rideau.
Une chaise !
Une chaise est passée, de main en main, au-dessus des têtes.
Le marquis la prend et disparaît, non sans avoir envoyé
quelques baisers aux loges.

UN SPECTATEUR

Silence !
On refrappe les trois coups. Le rideau s'ouvre. Tableau. Les
marquis assis sur les côtés, dans des poses insolentes. Toile
de fond représentant un décor bleuâtre de pastorale. Quatre
petits lustres de cristal éclairent la scène. Les violons jouent
doucement.

LE BRET, *à Ragueneau, bas.*
Montfleury entre en scène ?

RAGUENEAU, *bas aussi.*
Oui, c'est lui qui commence.

LE BRET

Cyrano n'est pas là.

---

1. **Le Cardinal** : Richelieu, éminence de la politique et des lettres, assistait
parfois *incognito* au spectacle.
2. **Mouchez cette chandelle** : il fallait en effet moucher et remplacer
régulièrement les chandelles, entre les actes notamment.

RAGUENEAU

J'ai perdu mon pari.

LE BRET

Tant mieux ! tant mieux !

*On entend un air de musette, et Montfleury paraît en scène,
énorme, dans un costume de berger de pastorale, un chapeau garni de roses penché sur l'oreille, et soufflant dans
une cornemuse enrubannée.*

LE PARTERRE, *applaudissant.*

Bravo, Montfleury ! Montfleury !

MONTFLEURY, *après avoir salué,
jouant le rôle de Phédon.*

180 « Heureux qui loin des cours, dans un lieu solitaire,
Se prescrit à soi-même un exil volontaire[1],
Et qui, lorsque Zéphire[2] a soufflé sur les bois... »

UNE VOIX, *au milieu du parterre.*

Coquin, ne t'ai-je pas interdit pour un mois ?

Stupeur. Tout le monde se retourne. Murmures.

VOIX DIVERSES

Hein ? – Quoi ? – Qu'est-ce ?...

On se lève dans les loges, pour voir.

CUIGY

C'est lui !

LE BRET, *terrifié.*

Cyrano !

LA VOIX

Roi des
[pitres,

185 Hors de scène à l'instant !

---

1. Les deux premiers vers reprennent le début de *La Clorise*.
2. **Zéphire** : (ou Zéphyr) nom du vent léger dans la mythologie grecque,
devenu nom commun dans la langue courante.

TOUTE LA SALLE, *indignée.*

Oh !

MONTFLEURY

Mais...

LA VOIX

Tu récalcitres[1] ?

VOIX DIVERSES, *du parterre, des loges.*

Chut ! – Assez ! – Montfleury, jouez ! – Ne craignez rien !...

MONTFLEURY, *d'une voix mal assurée.*

« Heureux qui loin des cours dans un lieu sol... »

LA VOIX, *plus menaçante.*

Eh bien ?

Faudra-t-il que je fasse, ô Monarque des drôles,
Une plantation de bois sur vos épaules[2] ?
Une canne au bout d'un bras jaillit au-dessus des têtes.

MONTFLEURY, *d'une voix de plus en plus faible.*

190 « Heureux qui... »
La canne s'agite.

LA VOIX

Sortez !

LE PARTERRE

Oh !

MONTFLEURY, *s'étranglant.*

« Heureux qui loin des cours... »

CYRANO, *surgissant du parterre, debout sur une chaise,
les bras croisés, le feutre en bataille, la moustache
hérissée, le nez terrible.*

Ah ! je vais me fâcher !...
Sensation à sa vue.

---

1. **Récalcitres** : résistes avec opiniâtreté. Rostand a utilisé un verbe qui n'est plus guère employé qu'au participe présent (récalcitrant : insoumis, rebelle).
2. Le type de rime identique renforce le caractère grotesque et paradoxal de la situation. Réécriture probable du passage de la *Lettre satirique* de Cyrano de Bergerac.

Repères

1. Distinguez les mouvements de ces deux scènes : arrivée des marquis, incident du tire-laine, préparatifs, début de la représentation, duel vocal entre Montfleury et Cyrano.
2. Montrez comment l'entrée en scène de Cyrano a été soigneusement préparée par tout ce qui précède.

Observation

3. Scène 2 : montrez comment l'intrigue amoureuse entre Christian et Roxane est progressivement mise en place.
4. En quoi l'évocation fragmentée de Cyrano (v. 96-103) insiste-t-elle sur son aspect hétéroclite ?
5. Le portrait de Cyrano par Ragueneau (v. 106-119) est-il plutôt sympathique ou négatif ? Quelles sont les qualités fondamentales de Cyrano ?
6. Montrez comment l'exposition se poursuit en focalisant de plus en plus l'intérêt sur les personnages principaux.
7. Déterminez le ton de la scène 3 : est-il ironique, satirique ou bien parodique ?

Interprétations

8. Quelle image du personnage de Cyrano se fait le spectateur, avant son apparition ?
9. Le nez de Cyrano apparaît-il comme une exagération physique ? Que pourrait-il représenter dans les domaines psychologique et moral ? Relevez et expliquez toutes les métaphores désignant l'« extrémité » et l'extrémisme du personnage.
10. Remarquez la précision des indications scéniques. Ce foisonnement d'indications risque-t-il d'entraver la liberté du metteur en scène ?

SCÈNE 4. LES MÊMES, CYRANO,
puis BELLEROSE, JODELET.

MONTFLEURY, *aux marquis.*
Venez à mon secours,
Messieurs !

UN MARQUIS, *nonchalamment.*
Mais jouez donc !

CYRANO
Gros homme, si tu joues
Je vais être obligé de te fesser les joues !

Cyrano (Jacques Weber). Mise en scène de Jérôme Savary.
Théâtre Mogador, 1983.

LE MARQUIS

Assez !

CYRANO

Que les marquis se taisent sur leurs bancs,
195 Ou bien je fais tâter ma canne à leurs rubans !

TOUS LES MARQUIS, *debout.*

C'en est trop !... Montfleury...

CYRANO

Que Montfleury s'en aille,

Ou bien je l'essorille[1] et le désentripaille[2] !

UNE VOIX

Mais...

CYRANO

Qu'il sorte !

UNE AUTRE VOIX
Pourtant...

CYRANO

Ce n'est pas encor fait ?

Avec le geste de retrousser ses manches.

Bon ! je vais sur la scène, en guise de buffet,
200 Découper cette mortadelle d'Italie !

MONTFLEURY, *rassemblant toute sa dignité.*

En m'insultant, Monsieur, vous insultez Thalie[3] !

CYRANO, *très poli.*

Si cette Muse, à qui, Monsieur, vous n'êtes rien,
Avait l'honneur de vous connaître, croyez bien
Qu'en vous voyant si gros et bête comme une urne,
205 Elle vous flanquerait quelque part son cothurne.

---

1. **Essorille** : coupe les oreilles ; le mot existe bien.
2. **Désentripaille** : semble être par contre une création pour signifier enlever (dés-) les tripes ou les entrailles.
3. **Thalie** : muse de la comédie.

LE PARTERRE

Montfleury ! – Montfleury ! – La pièce de Baro ! –

CYRANO, *à ceux qui crient autour de lui.*

Je vous en prie, ayez pitié de mon fourreau :
Si vous continuez, il va rendre sa lame !
Le cercle s'élargit.

LA FOULE, *reculant.*

Hé ! là !...

CYRANO, *à Montfleury.*

Sortez de scène !

LA FOULE, *se rapprochant et grondant.*

Oh ! oh !

CYRANO, *se retournant vivement.*

Quelqu'un réclame ?

Nouveau recul.

UNE VOIX, *chantant au fond.*

210   Monsieur de Cyrano
Vraiment nous tyrannise,
Malgré ce tyranneau
On jouera *La Clorise.*

TOUTE LA SALLE, *chantant.*

La Clorise ! La Clorise !...

CYRANO

215 Si j'entends une fois encor cette chanson,
Je vous assomme tous.

UN BOURGEOIS

Vous n'êtes pas Samson !

CYRANO

Voulez-vous me prêter, Monsieur, votre mâchoire[1] ?

UNE DAME, *dans les loges.*

C'est inouï !

---

1. Allusion à Samson qui assomma les Philistins à coups de mâchoire d'âne.

Un seigneur

C'est scandaleux !

Un bourgeois

C'est vexatoire[1] !

Un page

Ce qu'on s'amuse !

Le parterre

Kss ! – Montfleury ! – Cyrano !

Cyrano

220 Silence !

Le parterre, *en délire.*

Hi han ! Bêê ! – Ouah, ouah ! – Cocorico !

Cyrano

Je vous...

Un page

Miâou !

Cyrano

Je vous ordonne de vous taire !
Et j'adresse un défi collectif au parterre !
– J'inscris les noms ! – Approchez-vous, jeunes héros !
Chacun son tour ! – Je vais donner des numéros ! –
225 Allons, quel est celui qui veut ouvrir la liste ?
Vous, Monsieur ? Non ! Vous ? Non ! Le premier duelliste,
Je l'expédie avec les honneurs qu'on lui doit !
– Que tous ceux qui veulent mourir lèvent le doigt.
Silence.
La pudeur vous défend de voir ma lame nue ?
230 Pas un nom ? Pas un doigt ? – C'est bien. Je continue.
Se retournant vers la scène où Montfleury attend avec angoisse.
Donc, je désire voir le théâtre guéri

---

1. **Vexatoire** : humiliant. Le jargon juridique contemporain affleure dans un tel terme.

De cette fluxion. Sinon...
La main à son épée.

le bistouri !

MONTFLEURY

Je...

CYRANO *descend de sa chaise, s'assied au milieu du rond
qui s'est formé, s'installe comme chez lui.*

Mes mains vont frapper trois claques, pleine lune !
Vous vous éclipserez à la troisième.

LE PARTERRE, *amusé.*

Ah ?

CYRANO, *frappant dans ses mains.*

Une !

MONTFLEURY

235 Je...

UNE VOIX, *des loges.*

Restez !

LE PARTERRE

Restera... restera pas...

MONTFLEURY

Je crois,

Messieurs...

CYRANO

Deux !

MONTFLEURY

Je suis sûr qu'il vaudrait mieux que...

CYRANO

Trois !

*Montfleury disparaît comme dans une trappe. Tempête de
rires, de sifflets, de huées.*

LA SALLE

Hu ! hu !... Lâche !... Reviens !...

CYRANO, *épanoui, se renverse sur sa chaise,*
et croise ses jambes.

Qu'il revienne, s'il l'ose !

UN BOURGEOIS

L'orateur de la troupe[1] !

Bellerose s'avance et salue.

LES LOGES

Ah !... Voilà Bellerose !

BELLEROSE, *avec élégance.*

Nobles seigneurs...

LE PARTERRE

Non ! Non ! Jodelet[2] !

JODELET *s'avance, et, nasillard.*

Tas de veaux !

LE PARTERRE

240 Ah ! Ah ! Bravo ! très bien ! bravo !

JODELET

Pas de bravos !

Le gros tragédien dont vous aimez le ventre
S'est senti...

LE PARTERRE

C'est un lâche !

JODELET

Il dut sortir !

LE PARTERRE

Qu'il rentre !

LES UNS

Non !

---

1. **Orateur de la troupe** : acteur chargé de s'adresser au public au début ou à la fin d'une représentation, pour faire une annonce ou « sermonner » le public.
2. **Jodelet** : acteur comique français (1590-1660) appartenant à la troupe de Molière.

LES AUTRES

Si !

UN JEUNE HOMME, *à Cyrano.*
Mais à la fin, Monsieur, quelle raison
Avez-vous de haïr Montfleury ?

CYRANO, *gracieux, toujours assis.*
Jeune oison[1],
245 J'ai deux raisons, dont chaque est suffisante seule.
Primo : c'est un acteur déplorable qui gueule,
Et qui soulève, avec des « han ! » de porteur d'eau,
Le vers qu'il faut laisser s'envoler ! – *Secundo :*
Est mon secret...

LE VIEUX BOURGEOIS, *derrière lui.*
Mais vous nous privez sans scrupule
250 De *La Clorise* ! Je m'entête...

CYRANO, *tournant sa chaise vers le bourgeois,*
respectueusement.
Vieille mule,
Les vers du vieux Baro valant moins que zéro,
J'interromps sans remords !

LES PRÉCIEUSES, *dans les loges.*
Ha ! – ho ! – Notre Baro !
Ma chère ! – Peut-on dire ?... Ah ! Dieu !...

CYRANO, *tournant sa chaise vers les loges, galant.*
Belles
[personnes,
Rayonnez, fleurissez, soyez des échansonnes[2]
255 De rêve, d'un sourire enchantez un trépas,
Inspirez-vous des vers... mais ne les jugez pas !

---

1. **Oison** : du latin *aucio*, petit de l'oie. Au figuré, homme crédule ou borné.
2. **Échansonnes** : officier chargé de servir à boire au roi ou à quelque grand personnage. Le féminin est parodique.

BELLEROSE

Et l'argent qu'il va falloir rendre !

CYRANO, *tournant sa chaise vers la scène.*

Bellerose,

Vous avez dit la seule intelligente chose !
Au manteau de Thespis[1] je ne fais pas de trous :
Il se lève et lançant un sac sur la scène.
260 Attrapez cette bourse au vol, et taisez-vous !

LA SALLE, *éblouie.*

Ah !... Oh !...

JODELET, *ramassant prestement la bourse et la soupesant.*
À ce prix-là, Monsieur, je t'autorise
À venir chaque jour empêcher *La Clorise !...*

LA SALLE

Hu !... Hu !...

JODELET
Dussions-nous même ensemble être hués !...

BELLEROSE

Il faut évacuer la salle !...

JODELET
Évacuez !...

On commence à sortir, pendant que Cyrano regarde d'un air satisfait. Mais la foule s'arrête bientôt en entendant la scène suivante, et la sortie cesse. Les femmes qui, dans les loges, étaient déjà debout, leur manteau remis, s'arrêtent pour écouter, et finissent par se rasseoir.

LE BRET, *à Cyrano.*
265 C'est fou !...

---

1. **Thespis** : poète grec du VIᵉ siècle av. J.-C., auquel on attribue l'origine de la tragédie. Ce fut le premier à opposer un acteur au chœur, et sa tragédie fut l'une des premières créations du festival des Dionysies en 534.

UN FÂCHEUX, *qui s'est approché de Cyrano.*
      Le comédien Montfleury ! quel scandale !
Mais il est protégé par le duc de Candale[1] !
Avez-vous un patron[2]

CYRANO
Non !

LE FÂCHEUX
            Vous n'avez pas ?...

CYRANO

                              Non !

LE FÂCHEUX
Quoi, pas un grand seigneur pour couvrir de son nom ?...

CYRANO, *agacé.*
Non, ai-je dit deux fois. Faut-il donc que je trisse[3] ?
270 Non, pas de protecteur...
La main à son épée.

                  mais une protectrice !

LE FÂCHEUX
Mais vous allez quitter la ville ?

CYRANO
                  C'est selon.

LE FÂCHEUX
Mais le duc de Candale a le bras long !

CYRANO

                              Moins long

Que n'est le mien...
Montrant son épée.

            Quand je lui mets cette rallonge !

---

1. **Le duc de Candale** : protecteur du poète Théophile de Viau.
2. **Un patron** : un mécène et un protecteur pour les artistes et les écrivains. Cyrano réaffirme plus loin (acte II, scène 8) sa volonté d'indépendance dans la tirade des « Non, merci ».
3. **Trisse** : répète trois fois de suite (sur le modèle de « bisser »).

LE FÂCHEUX
Mais vous ne songez pas à prétendre...

CYRANO

J'y songe.

LE FÂCHEUX
275 Mais...

CYRANO
Tournez les talons, maintenant.

LE FÂCHEUX

Mais...

CYRANO

Tournez !
– Ou dites-moi pourquoi vous regardez mon nez.

LE FÂCHEUX, *ahuri.*

Je...

CYRANO, *marchant sur lui.*
Qu'a-t-il d'étonnant ?

LE FÂCHEUX, *reculant.*

Votre Grâce se trompe...

CYRANO
Est-il mol et ballant, monsieur, comme une trompe...

LE FÂCHEUX, *même jeu.*

Je n'ai pas...

CYRANO
Ou crochu comme un bec de hibou ?

LE FÂCHEUX
280 Je...

CYRANO
Y distingue-t-on une verrue au bout ?

LE FÂCHEUX

Mais...

CYRANO

Ou si quelque mouche, à pas lents, s'y promène ?
Qu'a-t-il d'hétéroclite ?

LE FÂCHEUX

Oh !...

CYRANO

Est-ce un phénomène ?

LE FÂCHEUX

Mais d'y porter les yeux j'avais su me garder !

CYRANO

Et pourquoi, s'il vous plaît, ne pas le regarder ?

LE FÂCHEUX

285 J'avais...

CYRANO

Il vous dégoûte alors ?

LE FÂCHEUX

Monsieur...

CYRANO

Malsaine

Vous semble sa couleur ?

LE FÂCHEUX

Monsieur !

CYRANO

Sa forme, obscène ?

LE FÂCHEUX

Mais pas du tout !...

CYRANO

Pourquoi donc prendre un air

[dénigrant ?
– Peut-être que monsieur le trouve un peu trop grand ?

LE FÂCHEUX, *balbutiant.*

Je le trouve petit, tout petit, minuscule !

CYRANO

290 Hein ? Comment ? m'accuser d'un pareil ridicule ?
Petit, mon nez ? Holà !

LE FÂCHEUX

Ciel !

CYRANO

Énorme, mon nez !
– Vil camus, sot camard[1], tête plate, apprenez
Que je m'enorgueillis d'un pareil appendice,
Attendu qu'un grand nez est proprement l'indice
295 D'un homme affable, bon, courtois, spirituel,
Libéral, courageux, tel que je suis, et tel
Qu'il vous est interdit à jamais de vous croire,
Déplorable maraud ! car la face sans gloire
Que va chercher ma main en haut de votre col,
300 Est aussi dénuée...
Il le soufflette.

LE FÂCHEUX

Ay !

CYRANO

De fierté, d'envol,
De lyrisme, de pittoresque, d'étincelle,
De somptuosité, de Nez enfin, que celle...
Il le retourne par les épaules, joignant le geste à la parole.
Que va chercher ma botte au bas de votre dos !

LE FÂCHEUX, *se sauvant.*

Au secours ! À la garde[2] !

---

1. **Camard :** un nez « camus » ou « camard » est un nez court et aplati. C'est pour Cyrano l'image même de la mort (« Qu'elle ose regarder mon nez, cette Camarde », acte V, scène 6, v. 2555).
2. **À la garde :** il y avait au XVIIe siècle, dans les théâtres, une garde chargée de faire régner l'ordre souvent mis à mal.

CYRANO
Avis donc aux badauds
305 Qui trouveraient plaisant mon milieu de visage,
Et si plaisantin est noble, mon usage
Est de lui mettre, avant de le laisser s'enfuir,
Par-devant, et plus haut, du fer, et non du cuir !

DE GUICHE, *qui est descendu de la scène,*
avec les marquis.
Mais, à la fin, il nous ennuie !

LE VICOMTE DE VALVERT, *haussant les épaules.*
Il fanfaronne !

DE GUICHE
310 Personne ne va donc lui répondre ?

LE VICOMTE
Personne ?...
Attendez ! Je vais lui lancer un de ces traits !...
Il s'avance vers Cyrano qui l'observe, et se campant devant
lui d'un air fat.
Vous... vous avez un nez... heu... un nez... très grand.

CYRANO, *gravement.*
Très.

LE VICOMTE, *riant.*
Ha !

CYRANO, *imperturbable.*
C'est tout ?...

LE VICOMTE
Mais...

CYRANO
Ah ! non ! c'est un peu court,
[jeune homme !
On pouvait dire... Oh ! Dieu !... bien des choses en somme...
315 En variant le ton, – par exemple, tenez :
Agressif : « Moi, monsieur, si j'avais un tel nez,
Il faudrait sur-le-champ que je me l'amputasse ! »

Le vicomte et Cyrano (Gérard Depardieu)
dans le film de Jean-Paul Rappeneau, 1990.

Amical : « Mais il doit tremper dans votre tasse !
Pour boire, faites-vous fabriquer un hanap[1] ! »
320 Descriptif : « C'est un roc ! c'est un pic ! c'est un cap !
Que dis-je, c'est un cap ?... C'est une péninsule ! »
Curieux : « De quoi sert cette oblongue capsule ?
D'écritoire, monsieur, ou de boîte à ciseaux ? »
Gracieux : « Aimez-vous à ce point les oiseaux
325 Que paternellement vous vous préoccupâtes
De tendre ce perchoir à leurs petites pattes ? »
Truculent : « Çà, monsieur, lorsque vous pétunez[2],
La vapeur du tabac vous sort-elle du nez
Sans qu'un voisin ne crie au feu de cheminée ? »
330 Prévenant : « Gardez-vous, votre tête entraînée
Par ce poids, de tomber en avant sur le sol ! »
Tendre : « Faites-lui faire un petit parasol

---

1. **Hanap** : grand récipient pour boire, en métal et fermé d'un couvercle.
2. **Pétunez** : fumez, prisez du tabac.

De peur que sa couleur au soleil ne se fane ! »
Pédant : « L'animal seul, monsieur, qu'Aristophane
335 Appelle Hippocampelephantocamélos
Dut avoir sous le front tant de chair sur tant d'os ! »
Cavalier : « Quoi, l'ami, ce croc[1] est à la mode ?
Pour pendre son chapeau, c'est vraiment très commode ! »
Emphatique : « Aucun vent ne peut, nez magistral,
340 T'enrhumer tout entier, excepté le mistral ! »
Dramatique : « C'est la mer Rouge quand il saigne ! »
Admiratif : « Pour un parfumeur, quelle enseigne ! »
Lyrique : « Est-ce une conque, êtes-vous un triton ? »
Naïf : « Ce monument, quand le visite-t-on ? »
345 Respectueux : « Souffrez, monsieur, qu'on vous salue,
C'est là ce qui s'appelle avoir pignon sur rue ! »
Campagnard : « Hé, ardé ! C'est-y un nez ? Nanain !
C'est quequ'navet géant ou ben quequ'melon nain ! »
Militaire : « Pointez contre cavalerie ! »
350 Pratique : « Voulez-vous le mettre en loterie ?
Assurément, monsieur, ce sera le gros lot ! »
Enfin, parodiant Pyrame en un sanglot :
« Le voilà donc ce nez qui des traits de son maître
A détruit l'harmonie ! Il en rougit, le traître ! »
355 – Voilà ce qu'à peu près, mon cher, vous m'auriez dit
Si vous aviez un peu de lettres et d'esprit :
Mais d'esprit, ô le plus lamentable des êtres,
Vous n'en eûtes jamais un atome, et de lettres
Vous n'avez que les trois qui forment le mot : sot !
360 Eussiez-vous eu, d'ailleurs, l'invention qu'il faut
Pour pouvoir là, devant ces nobles galeries,
Me servir toutes ces folles plaisanteries,
Que vous n'en eussiez pas articulé le quart
De la moitié du commencement d'une, car
365 Je me les sers moi-même, avec assez de verve,
Mais je ne permets pas qu'un autre me les serve.

---

1. **Croc** : crochet.

DE GUICHE, *voulant emmener le vicomte pétrifié.*
Vicomte, laissez donc !

LE VICOMTE, *suffoqué.*

Ces grands airs arrogants !
Un hobereau qui... qui... n'a même pas de gants !
Et qui sort sans rubans, sans bouffettes[1], sans ganses[2] !

CYRANO

370 Moi, c'est moralement que j'ai mes élégances.
Je ne m'attife pas ainsi qu'un freluquet,
Mais je suis plus soigné si je suis moins coquet ;
Je ne sortirais pas avec, par négligence,
Un affront pas très bien lavé, la conscience
375 Jaune encor de sommeil dans le coin de son œil,
Un honneur chiffonné, des scrupules en deuil.
Mais je marche sans rien sur moi qui ne reluise,
Empanaché d'indépendance et de franchise[3] ;
Ce n'est pas une taille avantageuse, c'est
380 Mon âme que je cambre ainsi qu'en un corset,
Et tout couvert d'exploits qu'en rubans je m'attache,
Retroussant mon esprit ainsi qu'une moustache,
Je fais, en traversant les groupes et les ronds,
Sonner les vérités comme des éperons.

LE VICOMTE

385 Mais, monsieur...

CYRANO

Je n'ai pas de gants ?... La belle affaire !
Il m'en restait un seul... d'une très vieille paire,

---

1. **Bouffettes :** petites houppes ou nœuds bouffants de rubans, employés comme ornement.
2. **Ganses :** cordonnets ou rubans qui ornent une partie du vêtement. Songeons à ce slogan des couturiers : « une petite ganse fait l'élégance ».
3. **Empanaché [...] franchise :** nouvel emploi de la métaphore du panache. Rostand insiste sur ce caractère fondamental du héros et prépare le point d'orgue du dernier vers.

Lequel m'était d'ailleurs encor fort importun :
Je l'ai laissé dans la figure de quelqu'un.

LE VICOMTE

Maraud, faquin, butor de pied plat ridicule !

CYRANO, *ôtant son chapeau et saluant comme si*
le vicomte venait de se présenter.

390 Ah ?... Et moi, Cyrano-Savinien-Hercule[1]
De Bergerac.
Rires.

LE VICOMTE, *exaspéré.*

Bouffon !

CYRANO, *poussant un cri comme lorsqu'on est saisi*
d'une crampe.

Ay !...

LE VICOMTE, *qui remontait, se retournant.*

Qu'est-ce encor qu'il dit ?

CYRANO, *avec des grimaces de douleur.*

Il faut la remuer, car elle s'engourdit...
– Ce que c'est que de la laisser inoccupée ! –
Ay !...

LE VICOMTE

Qu'avez-vous ?

CYRANO

J'ai des fourmis dans mon épée !

LE VICOMTE, *tirant la sienne.*

395 Soit !

CYRANO

Je vais vous donner un petit coup charmant.

LE VICOMTE, *méprisant.*

Poète !

---

1. Tels sont bien les prénoms du Cyrano historique.

CYRANO

Oui, monsieur, poète ! et tellement,
Qu'en ferraillant je vais – hop ! – à l'improvisade,
Vous composer une ballade.

LE VICOMTE

Une ballade ?

CYRANO

Vous ne vous doutez pas de ce que c'est, je crois ?

LE VICOMTE

400 Mais...

CYRANO, *récitant comme une leçon.*

La ballade, donc, se compose de trois
Couplets de huit vers...

LE VICOMTE, *piétinant.*

Oh !

CYRANO, *continuant.*

Et d'un envoi de quatre...

LE VICOMTE

Vous...

CYRANO

Je vais tout ensemble en faire une et me battre,
Et vous toucher, Monsieur, au dernier vers.

LE VICOMTE

Non !

CYRANO

Non ?

Déclamant.

« Ballade du duel qu'en l'hôtel bourguignon
405 Monsieur de Bergerac eut avec un bélître[1] ! »

LE VICOMTE

Qu'est-ce que c'est que ça, s'il vous plaît ?

---

1. **Bélître** : insulte pour désigner un homme de rien.

CYRANO

C'est le titre.

LA SALLE, *surexcitée au plus haut point.*
Place ! – Très amusant ! – Rangez-vous ! – Pas de bruits !
Tableau. Cercle de curieux au parterre, les marquis et les officiers mêlés aux bourgeois et aux gens du peuple ; les pages grimpés sur des épaules pour mieux voir. Toutes les femmes debout dans les loges. À droite, de Guiche et ses gentilshommes. À gauche, Le Bret, Ragueneau, Cuigy, etc.

CYRANO, *fermant une seconde les yeux.*
Attendez !... Je choisis mes rimes... Là, j'y suis.
Il fait ce qu'il dit, à mesure.

　　　Je jette avec grâce mon feutre,
410　　Je fais lentement l'abandon
　　　Du grand manteau qui me calfeutre,
　　　Et je tire mon espadon[1],
　　　Élégant comme Céladon[2],
　　　Agile comme Scaramouche[3],
415　　Je vous préviens, cher Myrmidon[4],
　　　Qu'à la fin de l'envoi je touche !

Premiers engagements de fer.

　　　Vous auriez bien dû rester neutre ;
　　　Où vais-je vous larder, dindon ?...
　　　Dans le flanc, sous votre maheutre[5] ?
420　　Au cœur, sous votre bleu cordon ?...
　　　– Les coquilles tintent, ding-don !
　　　Ma pointe voltige : une mouche !
　　　Décidément... c'est au bedon

---

1. **Espadon** : longue et large épée à double tranchant maniée à deux mains.
2. **Céladon** : personnage timide et amoureux d'un roman pastoral d'Honoré d'Urfé (1567-1625).
3. **Scaramouche** : acteur du Théâtre-Italien à Paris, au XVIIᵉ siècle.
4. **Myrmidon** : peuple de Grèce, né de fourmis, et dont le nom en est venu à désigner un homme petit et faible.
5. **Maheutre** : coussin rembourrant la manche d'un habit entre l'épaule et le coude.

CYRANO. Je vous préviens, cher Myrmidon,
Qu'à la fin de l'envoi je touche.
Gravure d'Adrien Moreau (1843-1906).

Qu'à la fin de l'envoi, je touche.
425   Il me manque une rime en eutre...
Vous rompez, plus blanc qu'amidon ?
C'est pour me fournir le mot pleutre[1] !
Tac ! je pare la pointe dont
Vous espériez me faire don,
430   J'ouvre la ligne, je la bouche,
Tiens bien ta broche, Laridon[2] !
À la fin de l'envoi, je touche.

Il annonce solennellement.

ENVOI

Prince, demande à Dieu pardon !
Je quarte du pied, j'escarmouche[3],
435   Je coupe, je feinte...

Se fendant.

Hé ! là, donc !

Le vicomte chancelle ; Cyrano salue.

À la fin de l'envoi, je touche.

Acclamations. Applaudissements dans les loges. Des fleurs et des mouchoirs tombent. Les officiers entourent et félicitent Cyrano. Ragueneau danse d'enthousiasme. Le Bret est heureux et navré. Les amis du vicomte le soutiennent et l'emmènent.

LA FOULE, *en un long cri.*

Ah !

UN CHEVAU-LÉGER

Superbe !

UNE FEMME

Joli !

---

1. **Pleutre :** lâche et poltron.
2. **Laridon :** nom d'un chien particulièrement déficient dans *L'Éducation*, fable de La Fontaine (VIII, 24).
3. **J'escarmouche :** mot vieilli pour « combattre par escarmouches », à savoir par engagements limités et périodiques.

RAGUENEAU
Pharamineux !
UN MARQUIS
Nouveau !
LE BRET
Insensé !
Bousculade autour de Cyrano. On entend :
... Compliments... félicite... bravo...
VOIX DE FEMME
C'est un héros !...

UN MOUSQUETAIRE, *s'avançant vivement vers Cyrano,
la main tendue.*
Monsieur, voulez-vous me permettre ?...
440 C'est tout à fait très bien, et je crois m'y connaître ;
J'ai du reste exprimé ma joie en trépignant !...
Il s'éloigne.

CYRANO, *à Cuigy.*
Comment s'appelle donc ce monsieur ?
CUIGY
D'Artagnan.

LE BRET, *à Cyrano, lui prenant le bras.*
Çà, causons !...

CYRANO
Laisse un peu sortir cette cohue...
À Bellerose.
Je peux rester ?

BELLEROSE, *respectueusement.*
Mais oui !
On entend des cris au-dehors.

JODELET, *qui a regardé.*
C'est Montfleury qu'on hue !
BELLEROSE, *solennellement.*
445 Sic transit !...

Changeant de ton, au portier et au moucheur de
chandelles.
        Balayez. Fermez. N'éteignez pas.
Nous allons revenir, après notre repas,
Répéter pour demain une nouvelle farce.
Jodelet et Bellerose sortent, après de grands saluts à Cyrano.

        LE PORTIER, *à Cyrano.*
Vous ne dînez donc pas ?

           CYRANO
           Moi ? Non.
Le portier se retire.

         LE BRET, *à Cyrano.*
               Parce que ?

        CYRANO, *fièrement.*
                   Parce...
Changeant de ton en voyant que le portier est loin.
Que je n'ai pas d'argent !...

        LE BRET, *faisant le geste de lancer son sac.*
               Comment ! le sac d'écus ?...

           CYRANO
450 Pension paternelle, en un jour, tu vécus !

           LE BRET
Pour vivre tout un mois, alors ?...

           CYRANO
               Rien ne me reste.

           LE BRET
Jeter ce sac, quelle sottise !

           CYRANO
             Mais quel geste !...

    LA DISTRIBUTRICE, *toussant derrière son petit comptoir.*
Hum !...
Cyrano et Le Bret se retournent. Elle s'avance intimidée.
        Monsieur... vous savoir jeûner... le cœur me fend...
Montrant le buffet.

J'ai là tout ce qu'il faut...
Avec élan.

Prenez !

CYRANO, *se découvrant.*

Ma chère enfant,

455 Encor que mon orgueil de Gascon m'interdise
D'accepter de vos doigts la moindre friandise,
J'ai trop peur qu'un refus ne vous soit un chagrin,
Et j'accepterai donc...
Il va au buffet et choisit.

Oh ! peu de chose !... un grain

De ce raisin...
Elle veut lui donner la grappe, il cueille un grain.

Un seul !... ce verre d'eau...

Elle veut y verser du vin, il l'arrête.

Limpide !

460 Et la moitié d'un macaron !
Il rend l'autre moitié.

LE BRET

Mais c'est stupide !

LA DISTRIBUTRICE

Oh ! quelque chose encore !

CYRANO

Oui. La main à baiser.

Il baise, comme la main d'une princesse, la main qu'elle lui tend.

LA DISTRIBUTRICE

Merci, Monsieur.
Révérence.

Bonsoir.

Elle sort.

Repères

1. En quoi la scène 4 est-elle le sommet du premier acte ?
2. Indiquez les changements de rythme.
3. Évaluez le rapport des monologues de Cyrano et des mouvements de masse du public.

Observation

4. Au vers 303, Cyrano reprend une comparaison peu flatteuse entre les fesses et la face. Par de telles outrances, quelles associations et quels paradoxes suggère-t-il ?
5. Étudiez la progression des tons, de l'agressivité sans nuance à l'allusion.
6. **La tirade du nez (v. 313-366).** Évaluez le choix des commentateurs imaginés par Cyrano et la manière dont il les met en scène. Mettez en rapport leur particularité et la réflexion qui leur est attribuée.
7. **La ballade de Cyrano (v. 409-436).** Comment Cyrano joint-il l'action à la parole ? Commente-t-il ou annonce-t-il ses gestes ?
8. Relevez quelques procédés rhétoriques employés par Rostand (comparaison, métaphore, rejet, opposition, inversion, gradation...).

Interprétations

9. Le discours héroïque de Cyrano (v. 221-232) n'est pas exempt d'auto-parodie : il rit de l'énormité de ses menaces et du vide de ses opposants. Montrez où transparaît cette ironie.
10. Dans son autoportrait (v. 290-308), quelle valeur symbolique Cyrano accorde-t-il à un grand nez ?
11. Comment comprenez-vous le choix du refrain : « A la fin de l'envoi, je touche » ?
12. Montrez que cette ballade peut être lue suivant une double thématique, selon que sa clé est l'écriture ou l'escrime. Le verbe « toucher » qui réunit les deux fils thématiques vous semble-t-il bien caractériser l'action de Cyrano sur ses attaquants et sur ses amis ?

SCÈNE 5. CYRANO, LE BRET, *puis* LE PORTIER.

CYRANO, *à Le Bret.*
Je t'écoute causer.
Il s'installe devant le buffet, et rangeant devant lui le macaron.
Dîner !
... *le verre d'eau.*
Boisson !
... *le grain de raisin.*
Dessert !
Il s'assied.
Là, je me mets à table !
– Ah !... j'avais une faim, mon cher, épouvantable !
Mangeant.
465 – Tu disais ?

LE BRET
Que ces fats aux grands airs belliqueux
Te fausseront l'esprit si tu n'écoutes qu'eux !...
Va consulter des gens de bon sens, et t'informe
De l'effet qu'a produit ton algarade[1].

CYRANO, *achevant son macaron.*
Énorme.

LE BRET
Le Cardinal...

CYRANO, *s'épanouissant.*
Il était là, le Cardinal ?

LE BRET
470 A dû trouver cela...

CYRANO
Mais très original.

---

1. **Algarade :** attaque et sortie brusque contre quelqu'un.

LE BRET

Pourtant...

CYRANO

C'est un auteur. Il ne peut lui déplaire
Que l'on vienne troubler la pièce d'un confrère.[1]

LE BRET

Tu te mets sur les bras, vraiment, trop d'ennemis !

CYRANO, *attaquant son grain de raisin.*
Combien puis-je, à peu près, ce soir, m'en être mis ?

LE BRET

475 Quarante-huit. Sans compter les femmes.

CYRANO

Voyons, compte !

LE BRET

Montfleury, le bourgeois, de Guiche, le vicomte,
Baro, l'Académie...

CYRANO

Assez ! tu me ravis !

LE BRET

Mais où te mènera la façon dont tu vis ?
Quel système est le tien ?

CYRANO

J'errais dans un méandre ;
480 J'avais trop de partis, trop compliqués, à prendre ;
J'ai pris...

LE BRET

Lequel ?

1. Richelieu était auteur dramatique à ses heures. Il est possible que certains dramaturges aient dû se plier à ses suggestions. Cyrano est évidemment de ceux qu'une telle ingérence révulse. Le vrai Cyrano de Bergerac refusa longtemps d'avoir un patron, mais finit tout de même par travailler pour le duc d'Arpajon, en 1652.

CYRANO

Mais le plus simple, de beaucoup.
J'ai décidé d'être admirable, en tout, pour tout !

LE BRET, *haussant les épaules.*

Soit ! – Mais enfin, à moi, le motif de ta haine
Pour Montfleury, le vrai, dis-le-moi !

CYRANO, *se levant.*

Ce Silène[1],
485 Si ventru que son doigt n'atteint pas son nombril,
Pour les femmes encor se croit un doux péril,
Et leur fait, cependant qu'en jouant il bredouille,
Des yeux de carpe avec ses gros yeux de grenouille !
Et je le hais depuis qu'il se permit, un soir,
490 De poser son regard sur celle... Oh ! j'ai cru voir
Glisser sur une fleur une longue limace !

LE BRET, *stupéfait.*

Hein ? Comment ? Serait-il possible ?...

CYRANO, *avec un rire amer.*

Que j'aimasse ?

Changeant de ton et gravement.

J'aime.

LE BRET

Et peut-on savoir ? Tu ne m'as jamais dit ?...

CYRANO

Qui j'aime ?... Réfléchis, voyons. Il m'interdit
495 Le rêve d'être aimé même par une laide,
Ce nez qui d'un quart d'heure en tous lieux me précède[2] ;
Alors, moi, j'aime qui ?... Mais cela va de soi !
J'aime... mais c'est forcé !... la plus belle qui soit !

---

1. **Silène** : génie grec des sources et des fleuves, père nourricier de Dionysos, réputé pour sa grosseur.
2. Expression très heureuse et que Rostand emprunte à une comédie de Cyrano *(Le Pédant joué)* : « Cet authentique nez arrive partout un quart d'heure devant son maître. »

LE BRET

La plus belle ?...

CYRANO

Tout simplement, qui soit au monde !
500 La plus brillante, la plus fine,
Avec accablement.

La plus blonde !

LE BRET

Eh ! mon Dieu, quelle est donc cette femme ?...

CYRANO

Un danger

Mortel sans le vouloir, exquis sans y songer,
Un piège de nature, une rose muscade[1]
Dans laquelle l'amour se tient en embuscade !
505 Qui connaît son sourire a connu le parfait.
Elle fait de la grâce avec rien, elle fait
Tenir tout le divin dans un geste quelconque,
Et tu ne saurais pas, Vénus, monter en conque,
Ni toi, Diane, marcher dans les grands bois fleuris,
510 Comme elle monte en chaise et marche dans Paris !

LE BRET

Sapristi ! je comprends. C'est clair !

CYRANO

C'est diaphane.

LE BRET

Magdeleine Robin, ta cousine ?

CYRANO

Oui, – Roxane.

LE BRET

Eh bien ! mais c'est au mieux ! Tu l'aimes ? Dis-le-lui !
Tu t'es couvert de gloire à ses yeux aujourd'hui.

---

1. **Rose muscade :** variété de rose rouge.

CYRANO

515 Regarde-moi, mon cher, et dis quelle espérance
Pourrait bien me laisser cette protubérance !
Oh ! je ne me fais pas d'illusion ! – Parbleu,
Oui, quelquefois, je m'attendris, dans le soir bleu ;
J'entre en quelque jardin où l'heure se parfume ;
520 Avec mon pauvre grand diable de nez je hume
L'avril ; je suis des yeux, sous un rayon d'argent,
Au bras d'un cavalier, quelque femme, en songeant
Que pour marcher, à petits pas dans de la lune,
Aussi moi j'aimerais au bras en avoir une,
525 Je m'exalte, j'oublie... et j'aperçois soudain
L'ombre de mon profil sur le mur du jardin !

LE BRET, *ému.*

Mon ami !...

CYRANO

Mon ami, j'ai de mauvaises heures !
De me sentir si laid, parfois, tout seul...

LE BRET, *vivement, lui prenant la main.*

Tu pleures ?

CYRANO

Ah ! non, cela, jamais ! Non, ce serait trop laid,
530 Si le long de ce nez une larme coulait !
Je ne laisserai pas, tant que j'en serai maître,
La divine beauté des larmes se commettre
Avec tant de laideur grossière ! Vois-tu bien,
Les larmes, il n'est rien de plus sublime, rien,
535 Et je ne voudrais pas qu'excitant la risée,
Une seule, par moi, fût ridiculisée !...

LE BRET

Va, ne t'attriste pas ! L'amour n'est que hasard !

CYRANO, *secouant la tête.*

Non ! J'aime Cléopâtre : ai-je l'air d'un César ?
J'adore Bérénice : ai-je l'aspect d'un Tite ?

LE BRET

540 Mais ton courage ! ton esprit ! – Cette petite
Qui t'offrait là, tantôt, ce modeste repas,
Ses yeux, tu l'as bien vu, ne te détestaient pas !

CYRANO, *saisi.*

C'est vrai !

LE BRET

Eh bien ! alors ?... Mais Roxane, elle-même,
Toute blême a suivi ton duel !...

CYRANO

Toute blême ?

LE BRET

545 Son cœur et son esprit déjà sont étonnés !
Ose et lui parle, afin...

CYRANO

Qu'elle me rie au nez ?
Non ! – C'est la seule chose au monde que je craigne !

LE PORTIER, *introduisant quelqu'un, à Cyrano.*

Monsieur, on vous demande...

CYRANO, *voyant la duègne[1].*

Ah ! mon Dieu ! Sa duègne !

SCÈNE 6. CYRANO, LE BRET, LA DUÈGNE.

LA DUÈGNE, *avec un grand salut.*

De son vaillant cousin on désire savoir
550 Où l'on peut, en secret, le voir.

CYRANO, *bouleversé.*

Me voir ?

---

1. **Duègne** : gouvernante, souvent âgée, chargée de veiller sur la conduite
d'une jeune femme.

LA DUÈGNE, *avec une révérence.*

Vous voir.

– On a des choses à vous dire.

CYRANO

Des ?...

LA DUÈGNE, *nouvelle révérence.*

Des choses !

CYRANO, *chancelant.*

Ah ! mon Dieu !

LA DUÈGNE

L'on ira, demain, aux primes roses
D'aurore, – ouïr la messe à Saint-Roch.

CYRANO, *se soutenant sur Le Bret.*

Ah ! mon Dieu !

LA DUÈGNE

En sortant, où peut-on entrer, causer un peu ?

CYRANO, *affolé.*

555 Où ?... Je... mais... Ah ! mon Dieu !...

LA DUÈGNE

Dites vite.

CYRANO

Je cherche !

LA DUÈGNE

Où ?...

CYRANO

Chez... chez... Ragueneau... le pâtissier...

LA DUÈGNE

Il perche[1] ?

---

1. **Perche** : mot familier pour « demeure ». Outre une rime facile à « cherche », le terme caractérise l'humeur sautillante et juvénile de la duègne, comme il apparaît d'ailleurs acte II, scènes 5 et 6.

CYRANO

Dans la rue – ah ! mon Dieu, mon Dieu ! – Saint-Honoré !

LA DUÈGNE, *remontant.*

On ira. Soyez-y. Sept heures.

CYRANO

J'y serai.

La duègne sort.

SCÈNE 7. CYRANO, LE BRET, *puis*
LES COMÉDIENS, LES COMÉDIENNES, CUIGY,
BRISSAILLE, LIGNIÈRE, LE PORTIER,
LES VIOLONS.

CYRANO, *tombant dans les bras de Le Bret.*

Moi !... D'elle !... Un rendez-vous !...

LE BRET

Eh bien, tu n'es plus
[triste ?

CYRANO

560 Ah ! pour quoi que ce soit, elle sait que j'existe !

LE BRET

Maintenant, tu vas être calme ?

CYRANO, *hors de lui.*

Maintenant...

Mais je vais être frénétique et fulminant !

Il me faut une armée entière à déconfire !

J'ai dix cœurs ; j'ai vingt bras ; il ne peut me suffire

565 De pourfendre des nains...

Il crie à tue-tête.

Il me faut des géants !

Depuis un moment, sur la scène, au fond, des ombres de comédiens et de comédiennes s'agitent, chuchotent : on commence à répéter. Les violons ont repris leur place.

UNE VOIX, *de la scène.*
Hé ! pst ! là-bas ! Silence ! on répète céans !

CYRANO, *riant.*
Nous partons !
*Il remonte ; par la grande porte du fond entrent Cuigy,
Brissaille, plusieurs officiers qui soutiennent Lignière
complètement ivre.*

CUIGY
Cyrano !

CYRANO
Qu'est-ce ?

CUIGY
Une énorme grive
Qu'on t'apporte !

CYRANO, *le reconnaissant.*
Lignière !... Hé, qu'est-ce qui t'arrive ?

CUIGY
Il te cherche !

BRISSAILLE
Il ne peut rentrer chez lui !

CYRANO
Pourquoi ?

LIGNIÈRE, *d'une voix pâteuse,
lui montrant un billet tout chiffonné.*
570 Ce billet m'avertit... cent hommes contre moi...
À cause de... chanson... grand danger me menace...
Porte de Nesle... Il faut, pour rentrer, que j'y passe...
Permets-moi donc d'aller coucher sous... sous ton toit !

CYRANO
Cent hommes, m'as-tu dit ? Tu coucheras chez toi !

LIGNIÈRE, *épouvanté.*
575 Mais...

CYRANO, *d'une voix terrible, lui montrant la lanterne*
allumée que le portier balance en écoutant curieusement
cette scène.

    Prends cette lanterne !...
Lignière saisit précipitamment la lanterne.

                Et marche ! – Je te jure
Que c'est moi qui ferai ce soir ta couverture !
Aux officiers.
Vous, suivez à distance, et vous serez témoins !

CUIGY

Mais cent hommes !...

CYRANO

        Ce soir, il ne m'en faut pas moins !
Les comédiens et les comédiennes, descendus de scène, se
sont rapprochés dans leurs divers costumes.

LE BRET

Mais pourquoi protéger...

CYRANO

      Voilà Le Bret qui grogne !

LE BRET

580 Cet ivrogne banal ?...

CYRANO, *frappant sur l'épaule de Lignière.*

       Parce que cet ivrogne,
Ce tonneau de muscat, ce fût de rossoli[1],
Fit quelque chose un jour de tout à fait joli :
Au sortir d'une messe ayant, selon le rite,
Vu celle qu'il aimait prendre de l'eau bénite,
585 Lui que l'eau fait sauver, courut au bénitier,
Se pencha sur sa conque et le but tout entier[2] !...

---

1. **Rossoli** : nom d'une liqueur.
2. Cette anecdote est authentique. Le poète satirique Lignières (v. 1626-1704)
aurait, si l'on peut en croire le récit de Charpentier dans la *Carpentariana* (1724),
bu l'eau d'un bénitier : « La meilleure action que Lignières eût faite en sa vie,
était d'avoir bu toute l'eau d'un bénitier parce qu'une de ses maîtresses y avait
trempé le bout du doigt. » Action qui, à sa manière, ne manque pas de panache...

UNE COMÉDIENNE, *en costume de soubrette.*
Tiens ! c'est gentil, cela !

CYRANO
N'est-ce pas, la soubrette ?

LA COMÉDIENNE, *aux autres.*
Mais pourquoi sont-ils cent contre un pauvre poète ?

CYRANO
Marchons !
Aux officiers.
Et vous, messieurs, en me voyant charger,
590 Ne me secondez pas, quel que soit le danger !

UNE AUTRE COMÉDIENNE,
sautant de la scène.
Oh ! mais, moi, je vais voir !

CYRANO
Venez !

UNE AUTRE, *sautant aussi,*
à un vieux comédien.
Viens-tu,
[Cassandre[1] ?...

CYRANO
Venez tous, le Docteur, Isabelle, Léandre[2],
Tous ! Car vous allez joindre, essaim charmant et fol,
La farce italienne à ce drame espagnol,
595 Et, sur son ronflement tintant un bruit fantasque,
L'entourer de grelots comme un tambour de basque !

---

1. **Cassandre** : fille de Priam et d'Hécube, elle avait le don de prédire l'avenir. Bien que, d'après l'indication scénique, l'autre comédienne s'adresse « à un vieux comédien », on peut penser que cette réplique répond ironiquement, et comme en écho, à celle de la première comédienne qui « va voir ». Quoi qu'il en soit, il est toujours éclairant de faire le lien entre deux répliques qui apparemment ne sont pas liées.
2. **Docteur [...] Léandre** : noms de personnages de la commedia dell'arte, lesquels étaient joués par des acteurs italiens, à Paris, dès le début du XVIIe siècle.

Toutes les femmes, *sautant de joie.*
Bravo ! – Vite, une mante ! – Un capuchon !

Jodelet

Allons !

Cyrano, *aux violons.*
Vous nous jouerez un air, messieurs les violons !
Les violons se joignent au cortège qui se forme. On s'em-
pare des chandelles allumées de la rampe et on se les dis-
tribue. Cela devient une retraite aux flambeaux.
Bravo ! des officiers, des femmes en costume,
600 Et, vingt pas en avant...
Il se place comme il dit.

Moi, tout seul, sous la plume
Que la gloire elle-même à ce feutre piqua,
Fier comme un Scipion triplement Nasica[1] !
C'est compris ? Défendu de me prêter main-forte !
On y est ?... Un, deux, trois ! Portier, ouvre la porte.
Le portier ouvre à deux battants. Un coin du vieux Paris
pittoresque et lunaire paraît.
605 Ah !... Paris fuit, nocturne et quasi nébuleux ;
Le clair de lune coule aux pentes des toits bleus ;
Un cadre se prépare, exquis, pour cette scène ;
Là-bas, sous des vapeurs en écharpe, la Seine,
Comme un mystérieux et magique miroir,
610 Tremble... Et vous allez voir ce que vous allez voir !

Tous
À la porte de Nesle !

Cyrano, *debout sur le seuil.*
À la porte de Nesle !
Se retournant avant de sortir, à la soubrette.
Ne demandiez-vous pas pourquoi, mademoiselle,
Contre ce seul rimeur cent hommes furent mis ?

---

1. **Nasica :** (« qui a le nez mince ») sobriquet de la famille romaine Scipion
qui s'illustra, au IIᵉ siècle av. J.-C., dans des guerres en Espagne et en Afrique.

Il tire l'épée et, tranquillement.

C'est parce qu'on savait qu'il est de mes amis !

Il sort. Le cortège – Lignière zigzaguant en tête, – puis les comédiennes aux bras des officiers, – puis les comédiens gambadant, – se met en marche dans la nuit au son des violons, et à la lueur falote des chandelles.

RIDEAU

Repères

1. Quelle(s) différence(s) notez-vous entre la scène 5 et les précédentes ? Citez le texte à l'appui de votre réponse. Qu'apprenons-nous de Cyrano ?

2. En quoi la scène 7 reprend-elle la plupart des thèmes et des actions ébauchés dans cet acte.

Observation

3. **Le portrait de Roxane par Cyrano (v. 500-510).** Le style diffère-t-il ici de celui des tirades héroïques de Cyrano ? Comparez l'exagération lyrique (ici) et la fanfaronnade héroïque (précédemment).

4. **Les larmes et la beauté (v. 529-536).** Quel doit être, selon Cyrano, le bon usage des larmes ? Sur quoi a-t-on le droit de s'apitoyer ?

5. « ... *j'ai cru voir / Glisser sur une fleur une longue limace !* » (v. 490-491). La véritable motivation de la colère de Cyrano se trouve enfin révélée. Ce motif permet-il d'enchaîner sur le suivant : l'amour pour Roxane ? Quel trait important du caractère de Cyrano se trouve éclairé ? Quelle opposition annonce cette association de la fleur et de la limace ? De quelle figure de rhétorique s'agit-il ?

Interprétations

6. Les vers 593 à 596 vous semblent-ils une réflexion de Rostand sur sa propre dramaturgie ?

7. « ... *être admirable, en tout, pour tout* » (v. 482) : n'est-ce pas là une des meilleures définitions de Cyrano ? Faut-il y voir vanité et naïveté ?

8. Les « complexes » de Cyrano (v. 515-526) : voici un aveu très révélateur. Que pensez-vous de cette réaction à sa propre laideur ? Une telle motivation (la honte et la haine de soi) est-elle habituelle pour expliquer le comportement et le conflit d'un héros classique ? Comment expliquer que le corps de Cyrano, et notamment son appendice, soit en même temps l'objet de sa honte et de son intrépidité agressive ? Le refus de cette protubérance est-elle la seule motivation, consciente et inconsciente, du personnage ? Faut-il chercher plus loin, et où ?

Héroïsme et émotion

Au cours de ce premier acte, on assiste à une exposition des conflits et des situations. Les différents protagonistes de l'action révèlent indirectement leurs motivations. Le théâtre de Bourgogne fournit un excellent cadre aux exploits héroïques de Cyrano, élégant et généreux, toujours en représentation, virtuose dans le maniement des armes comme des vers.

Cyrano n'est pas seulement valeureux et brillant, il est aussi un être sensible et timide, éperdument amoureux de sa cousine Roxane. Le portrait que Rostand nous en trace est donc nuancé et contrasté. C'est celui d'un poète aux multiples facettes : spirituel et enjoué dans le morceau de bravoure de la célèbre tirade du nez, sensible et lyrique lorsqu'il évoque l'art de « toucher » (scène 4) ou le Paris nocturne et nébuleux (scène 7). Cette alliance inhabituelle de l'héroïsme et de la sensibilité font de Cyrano un oxymore vivant, un être capable de bravoure et de lyrisme, d'agressivité et de tendresse.

Une immense fresque sociale

Le spectateur est convié à une représentation théâtrale à l'Hôtel de Bourgogne. Il « rencontre » ainsi des personnages historiques, il est confronté à divers groupes sociaux, donnant une image vivante de la société du temps. En alternant scènes de foule et moments de conversation plus intimes, la pièce nous offre un panorama varié de la société du XVIIe siècle. Le théâtre devient le microcosme et le verre grossissant de toute une société, celle du spectacle et de la représentation. Il n'y a toutefois pas une séparation radicale des deux modes de représentation : les rapports psychologiques entre les principaux protagonistes se nouent en réaction et par contraste avec les actions collectives. Cyrano apparaît ici sur l'arrière-fond très coloré d'une période préclassique, baroque et grotesque, où le théâtre est vivant et le classicisme encore à inventer.

Une vie foisonnante anime ce lieu de plaisir ; tous les jeux, toutes les illusions, tous les espoirs sont permis. C'est que le théâtre et ses audaces, la poésie et ses acrobaties occupent la scène, car Cyrano a eu l'art de les détourner à son profit, en se plaçant résolument au cœur de l'action, au centre de l'attention de tous.

ACTE II

La rôtisserie des poètes

La boutique de Ragueneau[1], rôtisseur-pâtissier, vaste ouvroir au coin de la rue Saint-Honoré et de la rue de l'Arbre-Sec, qu'on aperçoit largement au fond, par le vitrage de la porte, grises dans les premières lueurs de l'aube.

À gauche, premier plan, comptoir surmonté d'un dais en fer forgé, auquel sont accrochés des oies, des canards, des paons blancs. Dans de grands vases de faïence, de hauts bouquets de fleurs naïves, principalement des tournesols jaunes. Du même côté, second plan, immense cheminée devant laquelle, entre de monstrueux chenets, dont chacun supporte une petite marmite, les rôtis pleurent dans les lèchefrites[2].

À droite, premier plan avec porte. Deuxième plan, un escalier montant à une petite salle en soupente, dont on aperçoit l'intérieur par des volets ouverts ; une table y est dressée, un menu lustre flamand y luit : c'est un réduit où l'on va manger et boire. Une galerie de bois, faisant suite à l'escalier, semble mener à d'autres petites salles analogues.

Au milieu de la rôtisserie, un cercle de fer que l'on peut faire descendre avec une corde, et auquel de grosses pièces sont accrochées, fait un lustre de gibier.

Les fours, dans l'ombre, sous l'escalier, rougeoient. Des cuivres étincellent. Des broches tournent. Des pièces montées pyramident, des jambons pendent. C'est le coup de feu matinal. Bousculade de marmitons effarés, d'énormes cui-

---

1. Cette pâtisserie a réellement existé. Rostand en montre à la fois la boutique et la cuisine, les coulisses et la scène.
2. **Lèchefrites :** ustensiles servant à recueillir la graisse coulant d'une viande en train de rôtir.

siniers et de minuscules gâte-sauce, foisonnement de bon-
nets à plume de poulet ou à aile de pintade. On apporte,
sur des plaques de tôle et des clayons[1] d'osier, des quin-
conces de brioches, des villages de petits fours.
Des tables sont couvertes de gâteaux et de plats. D'autres,
entourées de chaises, attendent les mangeurs et les buveurs.
Une plus petite, dans un coin, disparaît sous les papiers.
Ragueneau y est assis au lever du rideau ; il écrit.

SCÈNE PREMIÈRE. RAGUENEAU, PÂTISSIERS, puis
LISE ; RAGUENEAU, à la petite table, écrivant d'un air
inspiré, et comptant sur ses doigts.

PREMIER PÂTISSIER, apportant une pièce montée.
615 Fruits en nougat !
DEUXIÈME PÂTISSIER, apportant un plat.
Flan !
TROISIÈME PÂTISSIER, apportant un rôti paré de plumes.
Paon !
QUATRIÈME PÂTISSIER, apportant une plaque de gâteaux.
Roinsoles !
CINQUIÈME PÂTISSIER, apportant une sorte de terrine.
Bœuf en daube !
RAGUENEAU, cessant d'écrire et levant la tête.
Sur les cuivres, déjà, glisse l'argent de l'aube !
Étouffe en toi le dieu qui chante, Ragueneau !
L'heure du luth viendra, – c'est l'heure du fourneau !
Il se lève. – À un cuisinier.
Vous, veuillez m'allonger cette sauce, elle est courte !
LE CUISINIER
620 De combien ?

---

1. **Clayons** : petites claies faites d'un treillage en bois ou en fer.

RAGUENEAU
De trois pieds.

LE CUISINIER
Hein ?

PREMIER PÂTISSIER
La tarte !

DEUXIÈME PÂTISSIER
La tourte !

RAGUENEAU, *devant la cheminée.*
Ma Muse, éloigne-toi, pour que tes yeux charmants
N'aillent pas se rougir au feu de ces sarments !
À un pâtissier, lui montrant des pains.
Vous avez mal placé la fente de ces miches :
Au milieu la césure, – entre les hémistiches !
À un autre, lui montrant un pâté inachevé.
625 À ce palais de croûte, il faut, vous, mettre un toit...
*À un jeune apprenti, qui, assis par terre, embroche des
volailles.*
Et toi, sur cette broche interminable, toi,
Le modeste poulet et la dinde superbe,
Alterne-les, mon fils, comme le vieux Malherbe[1]
Alternait les grands vers avec les plus petits,
630 Et fais tourner au feu des strophes de rôtis !

UN AUTRE APPRENTI, *s'avançant avec un plateau
recouvert d'une assiette.*
Maître, en pensant à vous, dans le four, j'ai fait cuire
Ceci, qui vous plaira, je l'espère.
*Il découvre le plateau, on voit une grande lyre de
pâtisserie.*

RAGUENEAU, *ébloui.*
Une lyre !

―――――――
1. **Malherbe** : poète français (1555-1628) dont les théories influencèrent le classicisme.

L'apprenti

En pâte de brioche.

Ragueneau, *ému.*

Avec des fruits confits !

L'apprenti

Et les cordes, voyez, en sucre je les fis.

Ragueneau, *lui donnant de l'argent.*

635 Va boire à ma santé !

Apercevant Lise qui entre.

Chut ! ma femme ! Circule,

Et cache cet argent !

À Lise, lui montrant la lyre d'un air gêné.

C'est beau ?

Lise

C'est ridicule !

Elle pose sur le comptoir une pile de sacs en papier.

Ragueneau

Des sacs ?... Bon. Merci.

Il les regarde.

Ciel ! Mes livres vénérés !

Les vers de mes amis ! déchirés ! démembrés !
Pour en faire des sacs à mettre des croquantes[1] !
640 Ah ! vous renouvelez Orphée et les bacchantes[2] !

Lise, *sèchement.*

Eh ! n'ai-je pas le droit d'utiliser vraiment
Ce que laissent ici, pour unique paiement,
Vos méchants écriveurs de lignes inégales[3] !

---

1. **Croquantes** : gâteaux à la pâte d'amande.
2. Orphée fut dévoré par les bacchantes, les prêtresses du dieu Bacchus. Ragueneau compare Lise à une telle bacchante, alors que les poètes « mis en pièce » sont, comme Orphée, poète et musicien, déchirés par une main furieuse.
3. Rostand s'inspire ici d'un roman du vrai Cyrano de Bergerac, *L'Autre Monde ou les États et Empires de la Lune*, où l'on paie son écot en poèmes : « Les taverniers sont donc curieux en rime ? – C'est, me respondit-il, la monnoye du pays, et la despence que nous venons de faire céans s'est trouvée monter à un sixain que luy viens de donner. »

RAGUENEAU
Fourmi !... n'insulte pas ces divines cigales !

LISE
645 Avant de fréquenter ces gens-là, mon ami,
Vous ne m'appeliez pas bacchante, – ni fourmi !

RAGUENEAU
Avec des vers, faire cela !

LISE
Pas autre chose.

RAGUENEAU
Que faites-vous alors, madame, avec la prose[1] ?

SCÈNE 2. LES MÊMES, DEUX ENFANTS,
qui viennent d'entrer dans la pâtisserie.

RAGUENEAU
Vous désirez, petits ?

PREMIER ENFANT
Trois pâtés.

RAGUENEAU, *les servant.*
Là, bien roux...
650 Et bien chauds.

DEUXIÈME ENFANT
S'il vous plaît, enveloppez-les-nous ?

RAGUENEAU, *saisi, à part.*
Hélas ! un de mes sacs !
Aux enfants.

---

1. Au XVIIᵉ siècle, et peut-être encore à présent, les vers sont supérieurs à la prose, à laquelle Lise ferait, selon Ragueneau, volontiers subir les derniers outrages.

Que je les enveloppe ?...

Il prend un sac et, au moment d'y mettre les pâtés, il lit.

« Tel Ulysse, le jour qu'il quitta Pénélope... »

Pas celui-ci !...

Il le met de côté et en prend un autre. Au moment d'y mettre les pâtés, il lit.

« Le blond Phœbus... » Pas celui-là !

Même jeu.

LISE, *impatientée.*

Eh bien, qu'attendez-vous ?

RAGUENEAU

Voilà, voilà, voilà !

Il en prend un troisième et se résigne.

655 Le sonnet à Philis[1] !... mais c'est dur tout de même !

LISE

C'est heureux qu'il se soit décidé.

Haussant les épaules.

Nicodème[2] !

Elle monte sur une chaise et se met à ranger des plats sur une crédence.

RAGUENEAU, *profitant de ce qu'elle tourne le dos, rappelle les enfants déjà à la porte.*

Pst !... Petits !... Rendez-moi le sonnet à Philis,

Au lieu de trois pâtés, je vous en donne six.

Les enfants lui rendent le sac, prennent vivement les gâteaux et sortent. Ragueneau, défripant le papier, se met à lire en déclamant.

« Philis !... » Sur ce doux nom, une tache de beurre !...

660 « Philis !... »

Cyrano entre brusquement.

---

1. Voici un titre tout à fait typique de la poésie précieuse.
2. **Nicodème** : nom d'un personnage niais.

Repères

1. Le spectateur connaissait déjà la double vie de Ragueneau. Les scènes 1 et 2 le montrent maintenant en action. Relevez quelques-unes des « confusions » de Ragueneau.

2. En analysant la composition rhétorique de cette présentation, montrez comment un décor est planté et une nouvelle action engagée.

Observation

3. Quels arts désignent les deux métonymies du luth et du fourneau (v. 618) ?

4. Caractérisez brièvement la rôtisserie.

5. Pourquoi la description de la rôtisserie est-elle si précise dans la longue didascalie du début d'acte ? Tous ces détails sont-ils indispensables ?

Interprétations

6. Qu'est-ce que les didascalies et leurs détails minutieux laissent supposer des conceptions de Rostand en matière de mise en scène ?

7. **La figure de Ragueneau.** Personnage important de la comédie, Ragueneau semble davantage apprécié par Rostand pour son humanité que pour sa poésie : il exerce un mécénat culinaire en faveur des poètes faméliques. Principe de vie, saine alliance du corps et de l'esprit, incarnation de l'amour du prochain, ce poète-cuisinier, médiocre commerçant, mais généreux donateur, court à sa ruine. Est-ce un double de Cyrano ? une figure parentale ?

8. Analysez ici la valeur symbolique de la nourriture.

SCÈNE 3. RAGUENEAU, LISE, CYRANO,
puis LE MOUSQUETAIRE.

CYRANO

Quelle heure est-il ?

RAGUENEAU, *le saluant avec empressement.*
Six heures.

CYRANO, *avec émotion.*

Dans une heure !

Il va et vient dans la boutique...

RAGUENEAU, *le suivant.*

Bravo ! J'ai vu...

CYRANO

Quoi donc ?

RAGUENEAU

Votre combat !...

CYRANO

Lequel ?

RAGUENEAU

Celui de l'Hôtel de Bourgogne !

CYRANO, *avec dédain.*

Ah !... Le duel !...

RAGUENEAU, *admiratif.*

Oui, le duel en vers !...

LISE

Il en a plein la bouche !

CYRANO

Allons ! tant mieux !

RAGUENEAU, *se fendant avec une broche qu'il a saisie.*

« À la fin de l'envoi, je touche !...

665 À la fin de l'envoi, je touche !... » Que c'est beau !
Avec un enthousiasme croissant.

« À la fin de l'envoi... »

CYRANO
Quelle heure, Ragueneau ?

RAGUENEAU, *restant fendu pour regarder l'horloge.*
Six heures cinq !... « ... je touche ! »
Il se relève.

Oh ! faire une ballade !

LISE, *à Cyrano, qui en passant devant son comptoir*
lui a serré distraitement la main.
Qu'avez-vous à la main ?

CYRANO
Rien. Une estafilade.

RAGUENEAU
Courûtes-vous quelque péril ?

CYRANO
Aucun péril.

LISE, *le menaçant du doigt.*
670 Je crois que vous mentez !

CYRANO
Mon nez remuerait-il ?
Il faudrait que ce fût pour un mensonge énorme !
Changeant de ton.
J'attends ici quelqu'un. Si ce n'est pas sous l'orme[1],
Vous nous laisserez seuls.

RAGUENEAU
C'est que je ne peux pas ;
Mes rimeurs vont venir...

LISE, *ironique.*
Pour leur premier repas !

---

1. Allusion à une expression en cours au XVIIe siècle : « Attendez-moi sous
l'orme ! » et qui est utilisée pour donner un rendez-vous sans avoir l'intention
de s'y rendre. (Nous dirions aujourd'hui familièrement : « poser un lapin ».)

CYRANO

675 Tu les éloigneras quand je te ferai signe.
L'heure ?

RAGUENEAU

Six heures dix.

CYRANO, *s'asseyant nerveusement à la table
de Ragueneau et prenant du papier.*
Une plume ?...

RAGUENEAU, *lui offrant celle qu'il a à son oreille.*
De cygne.

UN MOUSQUETAIRE, *superbement moustachu, entre et
d'une voix de stentor.*
Salut !
Lise remonte vivement vers lui.

CYRANO, *se retournant.*
Qu'est-ce ?

RAGUENEAU

Un ami de ma femme. Un guerrier
Terrible, à ce qu'il dit !...

CYRANO, *reprenant la plume et éloignant du geste
Ragueneau.*
Chut !...

À lui-même.

Écrire, plier. –

Lui donner, – me sauver...
Jetant la plume.

Lâche !... Mais que je meure,
680 Si j'ose lui parler, lui dire un seul mot...
À Ragueneau.

L'heure ?

RAGUENEAU

Six et quart !...

Cyrano (Jean-Paul Belmondo).
Mise en scène de Robert Hossein.
Théâtre Marigny, 1990.

CYRANO, *frappant sa poitrine.*
... un seul mot de tous ceux que j'ai là !
Tandis qu'en écrivant...
Il reprend la plume.

Eh bien ! écrivons-la,
Cette lettre d'amour qu'en moi-même j'ai faite
Et refaite cent fois, de sorte qu'elle est prête,
685 Et que mettant mon âme à côté du papier,
Je n'ai tout simplement qu'à la recopier.
Il écrit. – Derrière le vitrage de la porte on voit s'agiter des silhouettes maigres et hésitantes.

REPÈRES

1. Montrez que le début de cette scène est rapide (structure du vers, didascalies).
2. Montrez comment chacun se souvient d'un aspect différent des événements de la nuit passée.

OBSERVATION

3. Analysez la reprise parodique du duel par Ragueneau du duel.
4. Retrouvez une métaphore filée et une expression imagée. À quels domaines appartiennent-elles ?
5. **Le temps au théâtre.** L'impatience de Cyrano avant sa rencontre avec Roxane est compréhensible. En demandant l'heure par trois fois et à cinq minutes d'intervalle, il pourrait faire référence au temps objectif, celui du spectateur et d'une pendule mise sur la scène. Qu'en est-il en réalité ? Quelle est la nature du temps au théâtre ? Distinguez différents types de temporalité.
6. Qu'est-ce qui différencie un aveu verbal d'un aveu écrit ?

INTERPRÉTATIONS

7. Pourquoi Cyrano, qui en d'autres occasions n'en finit pas de fanfaronner, est-il parfois incapable de parler ?
8. Analysez l'ironie de Cyrano.
9. Comment comprenez-vous la métaphore poésie/nourriture et l'expression « *mon âme à côté du papier* » (v. 685) ?
10. Peut-on affirmer que cette pièce est à la fois une comédie et une tragédie de la parole ?

SCÈNE 4. RAGUENEAU, LISE,

LE MOUSQUETAIRE, CYRANO, *à la petite table,*
écrivant ; LES POÈTES, *vêtus de noir, les bas tombants,*
couverts de boue.

LISE, *entrant, à Ragueneau.*

Les voici, vos crottés !

PREMIER POÈTE, *entrant, à Ragueneau.*

Confrère !...

DEUXIÈME POÈTE, *de même, lui secouant les mains.*

Cher confrère !

TROISIÈME POÈTE

Aigle des pâtissiers !
Il renifle.

Ça sent bon dans votre aire.

QUATRIÈME POÈTE

Ô Phœbus-Rôtisseur[1] !

CINQUIÈME POÈTE

Apollon maître queux[2] !

RAGUENEAU, *entouré, embrassé, secoué.*

690 Comme on est tout de suite à son aise avec eux !

PREMIER POÈTE

Nous fûmes retardés par la foule attroupée
À la porte de Nesle...

DEUXIÈME POÈTE

Ouverts à coups d'épée,
Huit malandrins sanglants illustraient les pavés !

CYRANO, *levant une seconde la tête.*

Huit ?... Tiens, je croyais sept.
Il reprend sa lettre.

---

1. **Phœbus** : dieu du Soleil.
2. **Apollon** : dieu des Arts, comme chef cuisinier.

Ragueneau (Roland Bertin) entouré des poètes
dans le film de Jean-Paul Rappeneau, 1990.

RAGUENEAU, *à Cyrano.*

Est-ce que vous savez

695 Le héros du combat ?

CYRANO, *négligemment.*

Moi ?... Non !

LISE, *au mousquetaire.*

Et vous ?

LE MOUSQUETAIRE, *se frisant la moustache.*

Peut-être !

CYRANO, *écrivant à part,* – on l'entend murmurer de
temps en temps.

Je vous aime...

PREMIER POÈTE

Un seul homme, assurait-on, sut mettre
Toute une bande en fuite !...

DEUXIÈME POÈTE
Oh ! c'était curieux !
Des piques, des bâtons jonchaient le sol !...
CYRANO, *écrivant.*

... Vos yeux...

TROISIÈME POÈTE
On trouvait des chapeaux jusqu'au quai des Orfèvres !
PREMIER POÈTE
700 Sapristi ! ce dut être un féroce...
CYRANO, *même jeu.*
... vos lèvres...

PREMIER POÈTE
Un terrible géant, l'auteur de ces exploits !
CYRANO, *même jeu.*
... Et je m'évanouis de peur quand je vous vois.
DEUXIÈME POÈTE, *happant un gâteau.*
Qu'as-tu rimé de neuf, Ragueneau ?

CYRANO
... qui vous aime...
*Il s'arrête au moment de signer, et se lève, mettant sa lettre
dans son pourpoint.*
Pas besoin de signer. Je la donne moi-même.
RAGUENEAU, *au deuxième poète.*
705 J'ai mis une recette en vers.
TROISIÈME POÈTE, *s'installant près d'un plateau
de choux à la crème.*
Oyons ces vers !
QUATRIÈME POÈTE, *regardant une brioche qu'il a prise.*
Cette brioche a mis son bonnet de travers.
Il la décoiffe d'un coup de dent.
PREMIER POÈTE
Ce pain d'épice suit le rimeur famélique,
De ses yeux en amande aux sourcils d'angélique !
Il happe le morceau de pain d'épice.

DEUXIÈME POÈTE

Nous écoutons.

TROISIÈME POÈTE, *serrant légèrement un chou*
entre ses doigts.

Le chou bave sa crème. Il rit.

DEUXIÈME POÈTE, *mordant à même la grande lyre*
de pâtisserie.

710 Pour la première fois la Lyre me nourrit !

RAGUENEAU, *qui s'est préparé à réciter, qui a toussé,*
assuré son bonnet, pris une pose.

Une recette en vers...

DEUXIÈME POÈTE, *au premier, lui donnant*
un coup de coude.

Tu déjeunes ?

PREMIER POÈTE, *au deuxième.*

Tu dînes ?

RAGUENEAU

Comment on fait les tartelettes amandines.

Battez, pour qu'ils soient mousseux,

    Quelques œufs ;

Incorporez à leur mousse

715 Un jus de cédrat[1] choisi ;

    Versez-y

Un bon lait d'amande douce ;

Mettez de la pâte à flan

    Dans le flanc

720 De moules à tartelette ;

D'un doigt preste, abricotez

    Les côtés ;

Versez goutte à gouttelette

Votre mousse en ces puits, puis

725   Que ces puits

---

1. **Cédrat** : fruit du cédratier, espèce de citronnier.

Passent au four, et, blondines,
Sortant en gais troupelets,
    Ce sont les
Tartelettes amandines !

      LES POÈTES, *la bouche pleine.*

730 Exquis ! Délicieux !

      UN POÈTE, *s'étouffant.*
    Homph !

*Ils remontent vers le fond, en mangeant. Cyrano, qui a
observé, s'avance vers Ragueneau.*

      CYRANO
      Bercés par ta voix,
Ne vois-tu pas comme ils s'empiffrent ?

    RAGUENEAU, *plus bas, avec un sourire.*
        Je le vois...

Sans regarder, de peur que cela ne les trouble ;
Et dire ainsi mes vers me donne un plaisir double,
Puisque je satisfais un doux faible que j'ai

735 Tout en laissant manger ceux qui n'ont pas mangé !

      CYRANO, *lui frappant sur l'épaule.*
Toi, tu me plais !...

*Ragueneau va rejoindre ses amis. Cyrano le suit des yeux,
puis un peu brusquement.*

      Hé là, Lise ?

*Lise, en conversation tendre avec le mousquetaire, tressaille
et descend vers Cyrano.*

      Ce capitaine...

Vous assiège ?

      LISE, *offensée.*
    Oh ! mes yeux, d'une œillade hautaine
Savent vaincre quiconque attaque mes vertus.

      CYRANO
Euh ! pour des yeux vainqueurs, je les trouve battus.

      LISE, *suffoquée.*
740 Mais...

CYRANO, *nettement.*
Ragueneau me plaît. C'est pourquoi, dame Lise,
Je défends que quelqu'un le ridicoculise.

LISE

Mais...

CYRANO, *qui a élevé la voix assez pour être entendu*
du galant.
À bon entendeur...
Il salue le mousquetaire, et va se mettre en observation, à
la porte du fond, après avoir regardé l'horloge.

LISE, *au mousquetaire qui a simplement rendu*
son salut à Cyrano.
Vraiment, vous m'étonnez !
Répondez... sur son nez...

LE MOUSQUETAIRE
Sur son nez... sur son nez...
Il s'éloigne vivement, Lise le suit.

CYRANO, *de la porte du fond, faisant signe à Ragueneau*
d'emmener les poètes.
Pst !...

RAGUENEAU, *montrant aux poètes la porte de droite.*
Nous serons bien mieux par là...

CYRANO, *s'impatientant.*
Pst ! pst !...

RAGUENEAU, *les entraînant.*
Pour lire
745 Des vers..

PREMIER POÈTE, *désespéré, la bouche pleine.*
Mais les gâteaux !...

DEUXIÈME POÈTE
Emportons-les !
Ils sortent tous derrière Ragueneau, processionnellement, et
après avoir fait une rafle de plateaux.

Repères

1. Distinguez les principaux mouvements de la scène en songeant à la manière dont vous organiseriez l'occupation de l'espace par les protagonistes dans une mise en scène.

2. À quoi correspondent les quatre scènes de « cuisine poétique » par rapport aux autres scènes ?

Observation

3. Caractérisez la recette en vers de Ragueneau. S'agit-il d'une véritable recette ? Quelle est la valeur esthétique de ce poème culinaire ?

4. Montrez l'entrelacement de deux discours contrastés (combat, lettre). Comparez-les et analysez l'effet d'écho et l'éclairage de l'un par l'autre.

5. Repérez puis analysez le mot-valise « *ridicoculise* ». À quel registre appartient le mot-valise ? Quelle est sa valeur ? Cherchez d'autres exemples de jeux de mots dans la pièce.

Interprétations

6. Comment s'explique l'amabilité des poètes pour Ragueneau ?

7. Qu'est-ce qui ressort de cet effet d'écho entre les deux discours pour la caractérisation de Cyrano ?

8. La recette de Ragueneau est-elle pour Rostand l'occasion de réfléchir à la manière de faire des vers à propos de tout ? Fait-il une différence avec cette poésie très alambiquée et le lyrisme de Cyrano ?

9. Que pensez-vous de cette intervention de Cyrano auprès de Lise et du mousquetaire ? Que révèle-t-elle de sa conception de l'amour et des femmes ?

SCÈNE 5. CYRANO, ROXANE, LA DUÈGNE.

CYRANO
                              Je tire

Ma lettre si je sens seulement qu'il y a
Le moindre espoir !...
Roxane, masquée, suivie de la duègne, paraît derrière le
vitrage. Il ouvre vivement la porte.
                    Entrez !...
Marchant sur la duègne.

                          Vous, deux mots, duegna[1]
                LA DUÈGNE
Quatre.

                CYRANO
        Êtes-vous gourmande ?
                LA DUÈGNE
                        À m'en rendre malade.

   CYRANO, *prenant vivement des sacs de papier*
                sur le comptoir.
Bon. Voici deux sonnets de monsieur Benserade[2]...

                LA DUÈGNE, *piteuse.*
750 Heu !...

                CYRANO
... que je vous remplis de darioles[3].

        LA DUÈGNE, *changeant de figure.*
                          Hou !

_____

1. **Duegna :** forme espagnole pour duègne *(dueña).*
2. **Benserade :** poète précieux (1613-1691), auteur de tragédies, de comédies
et du sonnet *Job* (1648), lequel déclencha une furieuse bataille littéraire entre
ses partisans (les *jobelins*) et ceux qui lui préféraient le *Sonnet d'Uranie* de
Voiture (les *uranistes*).
3. **Darioles :** gâteaux à la crème.

CYRANO

Aimez-vous le gâteau qu'on nomme petit chou ?

LA DUÈGNE, *avec dignité.*

Monsieur, j'en fais état, lorsqu'il est à la crème.

CYRANO

J'en plonge six pour vous dans le sein d'un poème
De Saint-Amant[1] ! Et dans ces vers de Chapelain[2]
755 Je dépose un fragment, moins lourd, de poupelin[3].
– Ah ! vous aimez les gâteaux frais ?

LA DUÈGNE

                    J'en suis férue !

CYRANO, *lui chargeant les bras de sacs remplis.*

Veuillez aller manger tous ceux-ci dans la rue.

LA DUÈGNE

Mais...

CYRANO, *la poussant dehors.*

    Et n'en revenez qu'après avoir fini !

*Il referme la porte, redescend vers Roxane, et s'arrête,
découvert, à une distance respectueuse.*

SCÈNE 6. CYRANO, ROXANE, LA DUÈGNE,

un instant.

CYRANO

Que l'instant entre tous les instants soit béni
760 Où, cessant d'oublier qu'humblement je respire,
Vous venez jusqu'ici pour me dire... me dire ?

---

1. **Saint-Amant :** auteur de poèmes satiriques et lyriques (1594-1661).
2. **Chapelain :** auteur d'épopées et des *Sentiments de l'Académie sur « Le Cid »* (1595-1674).
3. **Poupelin :** autre gâteau à la crème.

ROXANE, *qui s'est démasquée.*
Mais tout d'abord merci, car ce drôle, ce fat
Qu'au brave jeu d'épée, hier[1], vous avez fait mat,
C'est lui qu'un grand seigneur... épris de moi...

CYRANO

De Guiche ?

ROXANE, *baissant les yeux.*
765 Cherchait à m'imposer... comme mari...

CYRANO

Postiche ?

Saluant.
Je me suis donc battu, madame, et c'est tant mieux,
Non pour mon vilain nez, mais bien pour vos beaux yeux.

ROXANE
Puis... je voulais... Mais pour l'aveu que je viens faire
Il faut que je revoie en vous le... presque frère
770 Avec qui je jouais, dans le parc, près du lac !...

CYRANO
Oui... vous veniez tous les étés à Bergerac !...

ROXANE
Les roseaux fournissaient le bois pour vos épées...

CYRANO
Et les maïs, les cheveux blonds pour vos poupées !

ROXANE
C'était le temps des jeux...

CYRANO
Des mûrons aigrelets...

ROXANE
775 Le temps où vous faisiez tout ce que je voulais !...

---

1. Pour que le vers ne dépasse pas les douze pieds, il ne faut pas prononcer la diérèse dans « hier » et le dire en une seule syllabe.

Cyrano

Roxane, en jupons courts, s'appelait Madeleine...

Roxane

J'étais jolie, alors ?

Cyrano

Vous n'étiez pas vilaine.

Roxane

Parfois, la main en sang de quelque grimpement,
Vous accouriez ! – Alors, jouant à la maman,
780 Je disais d'une voix qui tâchait d'être dure :
Elle lui prend la main.
« Qu'est-ce que c'est encor que cette égratignure ? »
Elle s'arrête, stupéfaite.
Oh ! C'est trop fort ! Et celle-ci ?
Cyrano veut retirer sa main.

Non ! Montrez-la !
Hein ? à votre âge, encor ! – Où t'es-tu fait cela ?

*Cyrano (Gérard Depardieu) et Roxane (Anne Brochet)
dans le film de Jean-Paul Rappeneau, 1990.*

CYRANO

En jouant, du côté de la porte de Nesle.

ROXANE, *s'asseyant à une table, et trempant son*
mouchoir dans un verre d'eau.

785 Donnez !

CYRANO, *s'asseyant aussi.*

Si gentiment ! Si gaiement maternelle !

ROXANE

Et, dites-moi, pendant que j'ôte un peu le sang,
Ils étaient contre vous ?

CYRANO

Oh ! pas tout à fait cent.

ROXANE

Racontez !

CYRANO

Non. Laissez. Mais vous, dites la chose
Que vous n'osiez tantôt me dire...

ROXANE, *sans quitter sa main.*

À présent, j'ose,
790 Car le passé m'encouragea de son parfum.
Oui, j'ose maintenant. Voilà. J'aime quelqu'un.

CYRANO

Ah !...

ROXANE

Qui ne le sait pas d'ailleurs.

CYRANO

Ah !...

ROXANE

Pas encore.

CYRANO

Ah !...

ROXANE

Mais qui va bientôt le savoir, s'il l'ignore.

CYRANO

Ah !...

ROXANE

Un pauvre garçon qui jusqu'ici m'aima
795 Timidement, de loin, sans oser le dire...

CYRANO

Ah !...

ROXANE

Laissez-moi votre main, voyons, elle a la fièvre.
Mais moi, j'ai vu trembler les aveux sur sa lèvre.

CYRANO

Ah !...

ROXANE, *achevant de lui faire un petit bandage
avec son mouchoir.*
Et figurez-vous, tenez, que, justement
Oui, mon cousin, il sert dans votre régiment !

CYRANO

800 Ah !...

ROXANE, *riant.*
Puisqu'il est cadet dans votre compagnie !

CYRANO

Ah !..

ROXANE

Il a sur son front de l'esprit, du génie ;
Il est fier, noble, jeune, intrépide, beau...

CYRANO, *se levant tout pâle.*

Beau !

ROXANE

Quoi ? Qu'avez-vous !

CYRANO

Moi, rien... C'est... c'est...
Il montre sa main, avec un sourire.

C'est ce bobo.

ROXANE

Enfin, je l'aime. Il faut d'ailleurs que je vous die[1]
805 Que je ne l'ai jamais vu qu'à la Comédie...

CYRANO

Vous ne vous êtes donc pas parlé ?

ROXANE

Nos yeux seuls.

CYRANO

Mais comment savez-vous, alors ?

ROXANE

Sous les tilleuls
De la place Royale, on cause... Des bavardes
M'ont renseignée...

CYRANO

Il est cadet ?

ROXANE

Cadet aux gardes.

CYRANO

810 Son nom ?

ROXANE

Baron Christian de Neuvillette.

CYRANO

Hein ?...

Il n'est pas aux cadets.

ROXANE

Si, depuis ce matin :
Capitaine Carbon de Castel-Jaloux[2].

---

1. **Que je vous die :** forme archaïque pour « que je vous dise ».
2. Formulation très concentrée pour indiquer que Christian fait désormais partie de la compagnie de Carbon de Castel-Jaloux. (Voir acte IV, scène 4, v. 1839 : « J'ai payé ma compagnie, elle est à moi. »)

CYRANO

Vite,

Vite, on lance son cœur !... Mais, ma pauvre petite...

LA DUÈGNE, *ouvrant la porte du fond.*

J'ai fini les gâteaux, monsieur de Bergerac !

CYRANO

815 Eh bien ! lisez les vers imprimés sur le sac !
La duègne disparaît.
... Ma pauvre enfant, vous qui n'aimez que beau langage,
Bel esprit, – si c'était un profane, un sauvage ?

ROXANE

Non, il a les cheveux d'un héros de d'Urfé[1] !

CYRANO

S'il était aussi maldisant[2] que bien coiffé !

ROXANE

820 Non, tous les mots qu'il dit sont fins, je le devine !

CYRANO

Oui, tous les mots sont fins quand la moustache est fine.
Mais si c'était un sot !...

ROXANE, *frappant du pied.*

Eh bien ! j'en mourrais, là !

CYRANO, *après un temps.*

Vous m'avez fait venir pour me dire cela ?
Je n'en sens pas très bien l'utilité, madame.

ROXANE

825 Ah, c'est que quelqu'un hier m'a mis la mort dans l'âme,
Et me disant que tous, vous êtes tous Gascons
Dans votre compagnie...

---

1. **Honoré d'Urfé** : 1567-1625, auteur d'un roman pastoral précieux,
L'Astrée, qui influença beaucoup la société littéraire pendant la première
moitié du XVIIe siècle.
2. **Maldisant** : médisant. Invention verbale de Cyrano – peut-être aussi du
cercle des précieux – pour désigner celui qui parle mal, péché mortel pour
Roxane et ses amis.

CYRANO

Et que nous provoquons
Tous les blancs-becs qui, par faveur, se font admettre
Parmi les purs Gascons que nous sommes, sans l'être[1] ?
830 C'est ce qu'on vous a dit ?

ROXANE

Et vous pensez si j'ai
Tremblé pour lui !

CYRANO, *entre ses dents.*
Non sans raison !

ROXANE

Mais j'ai songé,
Lorsque invincible et grand, hier, vous nous apparûtes,
Châtiant ce coquin, tenant tête à ces brutes :
J'ai songé : s'il voulait, lui, que tous ils craindront...

CYRANO

835 C'est bien, je défendrai votre petit baron.

ROXANE

Oh ! n'est-ce pas que vous allez me le défendre ?
J'ai toujours eu pour vous une amitié si tendre !

CYRANO

Oui. Oui.

ROXANE

Vous serez son ami ?

CYRANO

Je le serai.

ROXANE

Et jamais il n'aura de duel ?

CYRANO

C'est juré.

---

1. Il est exact que la compagnie de Carbon de Castel-Jaloux était presque
entièrement composée de Gascons.

ROXANE

840 Oh ! je vous aime bien. Il faut que je m'en aille.

Elle remet vivement son masque, une dentelle sur son front,
et distraitement.

Mais vous ne m'avez pas raconté la bataille
De cette nuit. Vraiment ce dut être inouï !...
– Dites-lui qu'il m'écrive.

Elle lui envoie un petit baiser de la main

                Oh ! je vous aime !

CYRANO

                      Oui. Oui.

ROXANE

Cent hommes contre vous ? – Allons, adieu. – Nous sommes
845 De grands amis !

CYRANO

        Oui, oui.

ROXANE

          Qu'il m'écrive ! – Cent hommes !
Vous me direz plus tard. Maintenant, je ne puis.
Cent hommes ! Quel courage !

CYRANO, *la saluant.*

              Oh, j'ai fait mieux depuis.

Elle sort. Cyrano reste immobile, les yeux à terre. Un
silence. La porte de droite s'ouvre. Ragueneau passe sa
tête.

REPÈRES

1. Montrez que la scène 5 n'est qu'une transition, un bref intermède comique retardant la grande scène, et que la scène 6 est un des sommets de la pièce ou, au moins, de l'acte.

2. Dans la scène 6, comment s'engage la conversation ?

3. Comment, pour l'entrevue de Roxane et Cyrano, Rostand ménage-t-il un certain suspense ?

OBSERVATION

4. Sur quels indices repose le malentendu ? Jusqu'au mot fatidique « *beau* », Cyrano peut-il se sentir visé ?

5. Relevez les parallélismes entre poésie et pâtisserie.

6. Analysez les procédés comiques de la scène 5.

7. Relevez les expressions de la duègne utilisant un vocabulaire littéraire et abstrait pour dire sa gourmandise.

8. Relevez les expressions affectueuses de Roxane à l'égard de Cyrano.

9. Analysez le jeu des pronoms personnels entre Roxane et Cyrano.

INTERPRÉTATIONS

10. Quel sens faut-il accorder aux exclamations laconiques de Cyrano (« *Ah !* ») ?

11. Quel effet produit le rapide échange de souvenirs ?

12. Comment Cyrano manipule-t-il la duègne ?

13. Caractérisez l'attitude de Roxane vis-à-vis de Cyrano. Comparez avec la fin de la pièce (acte V, scène 6).

14. Comment l'intrigue, encore ouverte, se noue-t-elle soudain dans la scène 6 ?

15. Montrez que c'est dans le non-dit, les silences, les paroles sans importance, les jeux de mots et les expressions à double sens, que pointent la signification et le tragique.

SCÈNE 7. CYRANO, RAGUENEAU, LES POÈTES, CARBON DE CASTEL-JALOUX, LES CADETS, LA FOULE, *etc., puis* DE GUICHE.

RAGUENEAU

Peut-on rentrer ?

CYRANO, *sans bouger.*
Oui...

Ragueneau fait signe et ses amis rentrent. En même temps, à la porte du fond paraît Carbon de Castel-Jaloux, costume de capitaine aux gardes, qui fait de grands gestes en apercevant Cyrano.

CARBON DE CASTEL-JALOUX
Le voilà !

CYRANO, *levant la tête.*
Mon capitaine !...

CARBON, *exultant.*
Notre héros ! Nous savons tout ! Une trentaine
850 De mes cadets sont là !...

CYRANO, *reculant.*
Mais...

CARBON, *voulant l'entraîner.*
Viens ! on veut te voir !

CYRANO

Non !

CARBON
Ils boivent en face, à *La Croix du Trahoir.*

CYRANO

Je...

CARBON, *remontant à la porte, et criant à la cantonade, d'une voix de tonnerre.*
Le héros refuse. Il est d'humeur bourrue !

UNE VOIX, *au-dehors.*

Ah ! Sandious !
*Tumulte au-dehors, bruit d'épées et de bottes qui se
rapprochent.*

CARBON, *se frottant les mains.*
Les voici qui traversent la rue !...

LES CADETS, *entrant dans la rôtisserie.*
Mille dioux ! – Capdelious ! – Mordious ! – Pocapdedious[1] !

RAGUENEAU, *reculant épouvanté.*
855 Messieurs, vous êtes donc tous de Gascogne !

LES CADETS

Tous !

UN CADET, *à Cyrano.*

Bravo !

CYRANO

Baron !

UN AUTRE, *lui secouant les mains.*
Vivat !

CYRANO
Baron !

TROISIÈME CADET
Que je t'embrasse !

CYRANO

Baron !

PLUSIEURS GASCONS
Embrassons-le !

CYRANO, *ne sachant auquel répondre.*
Baron... baron... de grâce...

RAGUENEAU
Vous êtes tous barons, messieurs !

---

1. Ces injures gasconnes, qu'elles existent ou non, témoignent de
l'admiration des cadets.

LES CADETS
                    Tous !

RAGUENEAU
                              Le sont-ils ?...

PREMIER CADET
On ferait une tour rien qu'avec nos tortils[1] !

LE BRET, *entrant, et courant à Cyrano.*
860 On te cherche ! Une foule en délire conduite
Par ceux qui cette nuit marchèrent à ta suite...

CYRANO, *épouvanté.*
Tu ne leur as pas dit où je me trouve ?...

LE BRET, *se frottant les mains.*
                                        Si !

UN BOURGEOIS, *entrant, suivi d'un groupe.*
Monsieur, tout le Marais se fait porter ici !
Au-dehors, la rue s'est remplie de monde. Des chaises à porteurs, des carrosses s'arrêtent.

LE BRET, *bas, souriant à Cyrano.*
Et Roxane ?

CYRANO, *vivement.*
          Tais-toi !

LA FOULE, *criant dehors.*
                    Cyrano !...
Une cohue se précipite dans la pâtisserie. Bousculade. Acclamations.

RAGUENEAU, *debout sur la table.*
                              Ma boutique
865 Est envahie ! On casse tout ! C'est magnifique !

DES GENS, *autour de Cyrano.*
Mon ami... mon ami...

---

1. **Tortils** : terme d'héraldique (connaissance des armoiries) qui désigne le cordon se tortillant en couronnes sur le blason des barons.

CYRANO
Je n'avais pas hier

Tant d'amis...

LE BRET, *ravi.*

Le succès !

UN PETIT MARQUIS, *accourant, les mains tendues.*
Si tu savais, mon cher...

CYRANO
Si tu ?... Tu ?... Qu'est-ce donc qu'ensemble nous gardâmes ?

UN AUTRE
Je veux vous présenter, Monsieur, à quelques dames
870 Qui là, dans mon carrosse...

CYRANO, *froidement.*
Et vous d'abord, à moi,

Qui vous présentera ?

LE BRET, *stupéfait.*
Mais qu'as-tu donc ?

CYRANO

Tais-toi !

UN HOMME DE LETTRES, *avec une écritoire.*
Puis-je avoir des détails sur ?...

CYRANO
Non.

LE BRET, *lui poussant le coude.*
C'est Théophraste

Renaudot ! l'inventeur de la gazette[1].

CYRANO

Baste !

---

1. **Théophraste Renaudot [...] gazette** : médecin et historiographe du roi
(1586-1653), Théophraste Renaudot fonda en 1631 une *Gazette*, l'ancêtre
de nos journaux ; il est considéré comme l'un des premiers journalistes.
Rostand en fait ici un reporter en mal de faits divers.

LE BRET

Cette feuille où l'on fait tant de choses tenir !
875 On dit que cette idée a beaucoup d'avenir !

LE POÈTE, *s'avançant.*

Monsieur...

CYRANO

Encor !

LE POÈTE

Je veux faire un pentacrostiche[1]
Sur votre nom...

QUELQU'UN, *s'avançant encore.*

Monsieur...

CYRANO

Assez !

Mouvement. On se range. De Guiche paraît, escorté d'officiers. Cuigy, Brissaille, les officiers qui sont partis avec Cyrano à la fin du premier acte. Cuigy vient vivement à Cyrano.

CUIGY, *à Cyrano.*

Monsieur de Guiche

Murmure. Tout le monde se range.
Vient de la part du maréchal de Gassion[2] !

---

1. **Pentacrostiche** : « Vers disposés en sorte qu'on y trouve cinq acrostiches d'un nom en cinq divisions qu'on fait exprès pour chaque vers » (Dictionnaire de Furetière, 1690). L'acrostiche est un poème dont les initiales de chaque vers composent un nom ou un mot-clé.
2. **Maréchal de Gassion** : encore un personnage historique. Le Bret rapporte dans ses Mémoires : « C'est rendre hommage à M. Le Maréchal de Gassion une partie de l'honneur qu'on doit à sa mémoire, de dire qu'il aimait les gens d'esprit et de cœur, parce qu'il se connaissait en tous les deux, et que, sur le récit que MM. de Cavois et de Cuigny lui firent de M. de Bergerac, il le voulut avoir auprès de lui. Mais la liberté dont il [Cyrano] était encore idolâtre [...] ne put jamais lui faire considérer un si grand homme que comme un maître ; de sorte qu'il aima mieux n'en être pas connu et être libre, que d'en être aimé et être contraint. » (Cité par Jacques Truchet dans l'édition de l'Imprimerie nationale, p. 359.)

DE GUICHE, *saluant Cyrano.*
... Qui tient à vous mander son admiration
880 Pour le nouvel exploit dont le bruit vient de courre[1].

LA FOULE
Bravo !...

CYRANO, *s'inclinant.*
Le maréchal s'y connaît en bravoure.

DE GUICHE
Il n'aurait jamais cru le fait si ces messieurs
N'avaient pu lui jurer l'avoir vu.

CUIGY
De nos yeux !

LE BRET, *bas à Cyrano, qui a l'air absent.*
Mais...

CYRANO
Tais-toi !

LE BRET
Tu parais souffrir !

CYRANO, *tressaillant et se redressant vivement.*
Devant ce monde ?...
Sa moustache se hérisse ; il poitrine.
885 Moi, souffrir ?... Tu vas voir !

DE GUICHE, *auquel Cuigy a parlé à l'oreille.*
Votre carrière abonde
De beaux exploits, déjà. – Vous servez chez ces fous
De Gascons, n'est-ce pas ?

CYRANO
Aux cadets, oui.

UN CADET, *d'une voix terrible.*
Chez nous !

---

1. **Courre** : ce verbe, usité seulement à l'infinitif, est, dans la langue classique, synonyme de courir. Il en reste aujourd'hui trace dans l'expression « chasse à courre ».

DE GUICHE, *regardant les Gascons, rangés*
derrière Cyrano.

Ah ! ah ! Tous ces messieurs à la mine hautaine,
Ce sont donc les fameux ?...

CARBON DE CASTEL-JALOUX

Cyrano !

CYRANO

Capitaine ?

CARBON

890 Puisque ma compagnie est, je crois, au complet,
Veuillez la présenter au comte, s'il vous plaît.

CYRANO, *faisant deux pas vers de Guiche,*
et montrant les cadets.

Ce sont les cadets de Gascogne
De Carbon de Castel-Jaloux ;
Bretteurs et menteurs sans vergogne,
895   Ce sont les cadets de Gascogne !
Parlant blason, lambel[1], bastogne[2],
Tous plus nobles que des filous,
Ce sont les cadets de Gascogne
De Carbon de Castel-Jaloux :
900   Œil d'aigle, jambe de cigogne,
Moustache de chat, dents de loups,
Fendant la canaille qui grogne,
Œil d'aigle, jambe de cigogne,
Ils vont, – coiffés d'un vieux vigogne[3]
905   Dont la plume cache les trous ! –
Œil d'aigle, jambe de cigogne,
Moustache de chat, dents de loups !
Perce-Bedaine et Casse-Trogne

---

1. **Lambel** : terme d'héraldique : filet horizontal de la partie superieure de l'écu.
2. **Bastogne** : autre terme d'héraldique : bande diagonale sur l'écu.
3. **Vigogne** : chapeau en tissu de laine.

Sont leurs sobriquets les plus doux.
910   De gloire, leur âme est ivrogne.
Perce-Bedaine et Casse-Trogne,
Dans tous les endroits où l'on cogne
Ils se donnent des rendez-vous...
Perce-Bedaine et Casse-Trogne
915   Sont leurs sobriquets les plus doux !
Voici les cadets de Gascogne
Qui font cocus tous les jaloux !
Ô femme, adorable carogne[1],
Voici les cadets de Gascogne !
920   Que le vieil époux se renfrogne :
Sonnez, clairons ! chantez, coucous !
Voici les cadets de Gascogne
Qui font cocus tous les jaloux !

DE GUICHE, *nonchalamment assis dans un fauteuil*
que Ragueneau a vite apporté.

Un poète est un luxe, aujourd'hui, qu'on se donne.
925   – Voulez-vous être à moi[2] ?

CYRANO

Non, Monsieur, à personne.

DE GUICHE

Votre verve amusa mon oncle Richelieu,
Hier. Je veux vous servir auprès de lui.

LE BRET, *ébloui.*

Grand Dieu !

DE GUICHE

Vous avez bien rimé cinq actes, j'imagine ?

---

1. **Carogne** : français populaire pour « mauvais cheval » ou, plutôt ici,
« femme méprisable ».
2. Rien de choquant ni d'inhabituel dans cette offre. Un poète doit se
trouver un protecteur au XVIIᵉ siècle.

LE BRET, *à l'oreille de Cyrano.*
Tu vas faire jouer, mon cher, ton *Agrippine*[1] !

DE GUICHE

930 Portez-les-lui.

CYRANO, *tenté et un peu charmé.*
Vraiment...

DE GUICHE

Il est des plus experts.
Il vous corrigera seulement quelques vers...

CYRANO, *dont le visage s'est immédiatement rembruni.*
Impossible, Monsieur ; mon sang se coagule
En pensant qu'on y peut changer une virgule.

DE GUICHE

Mais quand un vers lui plaît, en revanche, mon cher,
935 Il le paye très cher.

CYRANO

Il le paye moins cher
Que moi, lorsque j'ai fait un vers, et que je l'aime,
Je me le paye, en me le chantant à moi-même !

DE GUICHE

Vous êtes fier.

CYRANO

Vraiment, vous l'avez remarqué ?

UN CADET, *entrant avec, enfilés à son épée, des chapeaux
aux plumets miteux, aux coiffes trouées, défoncées.*
Regarde, Cyrano ! ce matin, sur le quai,
940 Le bizarre gibier à plumes que nous prîmes !
Les feutres des fuyards !...

---

1. *La Mort d'Agrippine*, tragédie de Cyrano de Bergerac, fut jouée en 1653
à l'Hôtel de Bourgogne, et fit scandale.

CARBON
Des dépouilles opimes[1] !

TOUT LE MONDE, *riant.*

Ah ! Ah ! Ah !

CUIGY
Celui qui posta ces gueux, ma foi,
Doit rager aujourd'hui.

BRISSAILLE
Sait-on qui c'est ?

DE GUICHE
C'est moi.

Les rires s'arrêtent.
Je les avais chargés de châtier, – besogne
945 Qu'on ne fait pas soi-même, – un rimailleur[2] ivrogne.
Silence gêné.

LE CADET, *à mi-voix, à Cyrano, lui montrant les feutres.*
Que faut-il qu'on en fasse ? Ils sont gras... Un salmis[3] ?

CYRANO, *prenant l'épée où ils sont enfilés, et les faisant,*
dans un salut, tous glisser aux pieds de De Guiche.
Monsieur, si vous voulez les rendre à vos amis ?

DE GUICHE, *se levant et d'une voix brève.*
Ma chaise et mes porteurs, tout de suite : je monte.
À Cyrano, violemment.
Vous, Monsieur !...

UNE VOIX, *dans la rue, criant.*
Les porteurs de monseigneur le comte
950 De Guiche !

---

1. **Dépouilles opimes** : à l'origine, les dépouilles d'un général ennemi ramenées par son vainqueur. Au sens figuré : un riche butin.
2. **Rimailleur** : mauvais poète qui a peine à aligner les rimes.
3. **Salmis** : gibier rôti servi avec une sauce.

DE GUICHE, *qui s'est dominé, avec un sourire.*
... Avez-vous lu *Don Quichot*[1] ?

CYRANO

Je l'ai lu,
Et me découvre au nom de cet hurluberlu.

DE GUICHE
Veuillez donc méditer alors...

UN PORTEUR, *paraissant au fond.*
Voici la chaise.

DE GUICHE
Sur le chapitre des moulins !

CYRANO, *saluant.*
Chapitre treize.

DE GUICHE
Car, lorsqu'on les attaque, il arrive souvent...

CYRANO
955 J'attaque donc des gens qui tournent à tout vent ?

DE GUICHE
Qu'un moulinet de leurs grands bras chargés de toiles
Vous lance dans la boue !...

CYRANO
Ou bien dans les étoiles !

De Guiche sort. On le voit remonter en chaise. Les seigneurs s'éloignent en chuchotant. Le Bret les réaccompagne. La foule sort.

---

1. ***Don Quichotte de la Manche*** : l'œuvre de Cervantès (1547-1616) raconte l'histoire d'un héros idéaliste qui se bat, entre autres, avec des moulins à vent, les ayant pris pour des ennemis.

Repères

1. Comment s'organise la scène ? Comment passe-t-on de l'hommage des cadets à l'offre d'emploi de de Guiche ?
2. Dans quel état d'âme se trouve Cyrano au début de la scène ?
3. À quel endroit de la scène a-t-on une indication assez précise sur les motivations de Cyrano ?

Observation

4. Analysez la présentation héroïque des cadets (v. 892-923). Comparez le style avec les autres productions littéraires du personnage.
5. À quels domaines appartiennent les synecdoques (v. 892-923) ? Caractérisez le registre utilisé.
6. Toute la scène, dans sa première partie, avant la chanson, tourne autour de Cyrano. Indiquez comment s'effectue cette mise en valeur ?
7. Relevez les procédés qui font de la présentation des cadets l'équivalent d'une chanson.
8. La scène 7 est de nouveau une scène de foule. Comme Rostand manipule-t-il, pour les opposer ou les comparer, ces catégories sociales ? Caractérisez le langage et le point de vue de chaque groupe.

Interprétations

9. En quoi la chanson des cadets est-elle aussi un cri de ralliement et de bataille ?
10. Toute la scène tourne-t-elle, littéralement, autour de Cyrano ? Quelles conséquences en tirez-vous pour la mise en scène ?
11. Quel rapport faites-vous entre le personnage *privé* (de la scène précédente, par exemple) et l'attitude *publique* du refus ? Est-il vraisemblable qu'un poète agisse ainsi face au neveu du cardinal de Richelieu ?
12. Vers 892-923 : quelle est la valeur des surnoms et des références aux animaux ?

SCÈNE 8. CYRANO, LE BRET, LES CADETS,
*qui se sont attablés à droite et à gauche et auxquels
on sert à boire et à manger.*

CYRANO, *saluant d'un air goguenard ceux qui sortent
sans oser le saluer.*
Messieurs... Messieurs... Messieurs...

LE BRET, *désolé, redescendant, les bras au ciel.*
Ah ! dans quels jolis
[draps...

CYRANO
Oh ! toi ! tu vas grogner !

LE BRET
Enfin, tu conviendras

960 Qu'assassiner toujours la chance passagère,
Devient exagéré.

CYRANO
Eh bien oui, j'exagère !

LE BRET, *triomphant.*
Ah !

CYRANO
Mais pour le principe, et pour l'exemple aussi,
Je trouve qu'il est bon d'exagérer ainsi.

LE BRET
Si tu laissais un peu ton âme mousquetaire[1],

965 La fortune et la gloire...

CYRANO
Et que faudrait-il faire ?
Chercher un protecteur puissant, prendre un patron,
Et comme un lierre obscur qui circonvient un tronc
Et s'en fait un tuteur en lui léchant l'écorce,
Grimper par ruse au lieu de s'élever par force ?

1. **Mousquetaire** : employé ici comme adjectif. Rostand fait un rapprochement
avec les héros de Dumas, pour signifier tout un comportement.

970 Non, merci. Dédier, comme tous ils le font,
Des vers aux financiers ? se changer en bouffon
Dans l'esprit vil de voir, aux lèvres d'un ministre,
Naître un sourire, enfin, qui ne soit pas sinistre ?
Non, merci. Déjeuner, chaque jour, d'un crapaud ?
975 Avoir un ventre usé par la marche ? une peau
Qui plus vite, à l'endroit des genoux, devient sale ?
Exécuter des tours de souplesse dorsale ?
Non, merci. D'une main flatter la chèvre au cou
Cependant que, de l'autre, on arrose le chou,
980 Et, donneur de séné[1] par désir de rhubarbe,
Avoir son encensoir, toujours, dans quelque barbe ?
Non, merci. Se pousser de giron en giron,
Devenir un petit grand homme dans un rond[2],
Et naviguer, avec des madrigaux pour rames,
985 Et dans ses voiles des soupirs de vieilles dames ?
Non, merci. Chez le bon éditeur de Sercy[3]
Faire éditer ses vers en payant ? Non, merci.
S'aller faire nommer pape par les conciles[4]
Que dans des cabarets tiennent des imbéciles ?
990 Non, merci. Travailler à se construire un nom
Sur un sonnet, au lieu d'en faire d'autres ? Non,
Merci. Ne découvrir du talent qu'aux mazettes[5] ?
Être terrorisé par de vagues gazettes,
Et se dire sans cesse : « Oh ! pourvu que je sois
995 Dans les petits papiers du *Mercure François*[6] ? »

---

1. **Séné** : arbrisseau dont on extrayait un laxatif. Le séné devait être une médecine fort amère que le flatteur s'administrait afin d'obtenir quelque douce récompense, comparée ici à la rhubarbe.
2. **Rond** : un cercle ou un cénacle littéraire souvent tenu par des dames, lesquelles influencent l'opinion publique à propos du poète.
3. **De Sercy** : nom de l'éditeur de Cyrano de Bergerac. Rostand fait allusion aux « éditeurs » qui n'éditent qu'à compte d'auteur, c'est-à-dire sans prendre le moindre risque et en volant souvent le poète en mal de publication.
4. Allusion aux cénacles et, de notre actualité, aux prix littéraires.
5. **Mazettes** : personnes médiocres et sans talent.
6. *Mercure François* : revue littéraire fondée en 1611, où l'on dissertait de littérature, de politique et de goût.

Non, merci. Calculer, avoir peur, être blême,
Aimer mieux faire une visite[1] qu'un poème,
Rédiger des placets[2], se faire présenter ?
Non, merci ! non, merci ! non, merci ! Mais... chanter,
1000 Rêver, rire, passer, être seul, être libre,
Avoir l'œil qui regarde bien, la voix qui vibre,
Mettre, quand il vous plaît, son feutre de travers,
Pour un oui, pour un non, se battre, – ou faire un vers !
Travailler sans souci de gloire ou de fortune,
1005 À tel voyage, auquel on pense, dans la lune !
N'écrire jamais rien qui de soi ne sortît,
Et, modeste d'ailleurs, se dire : mon petit,
Sois satisfait des fleurs, des fruits, même des feuilles,
Si c'est dans ton jardin à toi que tu les cueilles !
1010 Puis, s'il advient d'un peu triompher, par hasard,
Ne pas être obligé d'en rien rendre à César[3],
Vis-à-vis de soi-même en garder le mérite,
Bref, dédaignant d'être le lierre parasite,
Lors même qu'on n'est pas le chêne ou le tilleul,
1015 Ne pas monter bien haut, peut-être, mais tout seul !

LE BRET

Tout seul, soit ! mais non pas contre tous ! Comment diable
As-tu donc contracté la manie effroyable
De te faire toujours, partout, des ennemis ?

CYRANO

À force de vous voir vous faire des amis,
1020 Et rire à ces amis dont vous avez des foules,
D'une bouche empruntée au derrière des poules !
J'aime raréfier sur mes pas les saluts,
Et m'écrie avec joie : un ennemi de plus !

---

1. Allusion possible aux visites du candidat à l'Académie française. Rostand y fut lui-même élu en 1901, à 33 ans.
2. **Placets :** écrits adressés à un roi ou à un personnage très puissant pour demander une faveur.
3. **César :** symbolise ici le pouvoir politique ou temporel (« rendre à César ce qui appartient à César »).

LE BRET

Quelle aberration !

CYRANO

Eh bien oui, c'est mon vice.

1025 Déplaire est mon plaisir. J'aime qu'on me haïsse.
Mon cher, si tu savais comme l'on marche mieux
Sous la pistolétade[1] excitante des yeux !
Comme, sur les pourpoints, font d'amusantes taches
Le fiel des envieux et la bave des lâches !

1030 Vous, la molle amitié dont vous vous entourez,
Ressemble à ces grands cols d'Italie, ajourés
Et flottants, dans lesquels votre cou s'effémine :
On y est plus à l'aise... et de moins haute mine,
Car le front n'ayant pas de maintien ni de loi,

1035 S'abandonne à pencher dans tous les sens. Mais moi,
La Haine, chaque jour, me tuyaute[2] et m'apprête
La fraise dont l'empois[3] force à lever la tête ;
Chaque ennemi de plus est un nouveau godron[4]
Qui m'ajoute une gêne, et m'ajoute un rayon :

1040 Car, pareille en tous points à la fraise espagnole,
La Haine est un carcan, mais c'est une auréole !

LE BRET, *après un silence, passant son bras sous le sien.*
Fais tout haut l'orgueilleux et l'amer, mais, tout bas,
Dis-moi tout simplement qu'elle ne t'aime pas !

CYRANO, *vivement.*
Tais-toi !
Depuis un moment, Christian est entré, s'est mêlé aux
cadets ; ceux-ci ne lui adressent pas la parole ; il a fini par
s'asseoir seul à une petite table, où Lise le sert.

---

1. **Sous la pistolétade :** sous la fusillade, le feu roulant des yeux.
2. **Me tuyaute :** prend la forme d'un tuyau, l'oblige à se tenir parfaitement droit.
3. **Empois :** colle à base d'amidon. La raideur est bien, en effet, une marque de l'attitude de Cyrano.
4. **Godron :** pli rond et amidonné d'un col ou d'un jabot.

Repères

1. Comment se fait la transition de la scène 7 à la scène 8 ?
2. Quels sont les deux moments de la scène 8 ?
3. Analysez les didascalies du début et de la fin de la scène.

Observation

4. Quelle métaphore ouvre et referme la tirade des « non, merci »
(v. 965-1015) ?
5. Quelle construction rhétorique organise ce récit ?
6. Définissez les servitudes du poète soumis à un protecteur puissant.
7. Dans la deuxième tirade (v. 1024-1041), étudiez l'opposition des
métaphores du dur et du mou. Expliquez les images du vers 1041 :
« *La Haine est un carcan, mais c'est une auréole !* »

Interprétations

8. Cyrano est un homme de principes : caractérisez ces derniers en
étudiant la tirade des vers 965-1015, morceau de bravoure de la
pièce où le héros définit sa ligne de conduite.
9. Dans la deuxième tirade (v. 1024-1041), quel est le sens de cette
apologie de la haine ? Montrez que c'est le regard de l'autre que
Cyrano ne supporte pas.
10. En quoi Le Bret est-il plus qu'un faire-valoir ?
11. Rostand fait aussi le procès des mœurs littéraires de son temps.
La pièce d'ailleurs n'est-elle pas, malgré son habit historique trop
voyant, une méditation sur cette fin du XIXe siècle, et l'allusion aux
travers du temps ?

Scène 9. Cyrano, Le Bret, les cadets, Christian de Neuvillette.

UN CADET, *assis à une table du fond, le verre à la main.*
Hé ! Cyrano !
Cyrano se retourne.
                    Le récit ?

CYRANO
                    Tout à l'heure !
Il remonte au bras de Le Bret. Ils causent bas.

LE CADET, *se levant et descendant.*
1045 Le récit du combat ! Ce sera la meilleure
Leçon
Il s'arrête devant la table où est Christian.
              Pour ce timide apprentif[1] !

CHRISTIAN, *levant la tête.*
                              Apprentif ?

UN AUTRE CADET
Oui, septentrional maladif !

CHRISTIAN
                    Maladif ?

PREMIER CADET, *goguenard.*
Monsieur de Neuvillette, apprenez quelque chose :
C'est qu'il est un objet, chez nous, dont on ne cause
1050 Pas plus que de cordon dans l'hôtel d'un pendu !

CHRISTIAN
Qu'est-ce ?

UN AUTRE CADET, *d'une voix terrible.*
              Regardez-moi !
Il pose trois fois, mystérieusement, son doigt sur son nez.
                    M'avez-vous entendu ?

---

1. **Apprentif** : forme archaïque du mot « apprenti », novice. L'effet comique est redoublé par l'accent des Gascons parodiant celui du nordique Christian.

CHRISTIAN

Ah ! c'est le...

UN AUTRE

Chut !... jamais ce mot ne se profère !
Il montre Cyrano qui cause au fond avec Le Bret.
Ou c'est à lui, là-bas, que l'on aurait affaire !

UN AUTRE, *qui, pendant qu'il était tourné*
vers les premiers, est venu sans bruit
s'asseoir sur la table, dans son dos.
Deux nasillards[1] par lui furent exterminés
1055 Parce qu'il lui déplut qu'ils parlassent du nez !

UN AUTRE, *d'une voix caverneuse, surgissant de sous*
la table où il s'est glissé à quatre pattes.
On ne peut faire, sans défuncter[2] avant l'âge,
La moindre allusion au fatal cartilage !

UN AUTRE, *lui posant la main sur l'épaule.*
Un mot suffit ! Que dis-je, un mot ? Un geste, un seul !
Et tirer son mouchoir, c'est tirer son linceul !
Silence. Tous autour de lui, les bras croisés, le regardent. Il se lève et va à Carbon de Castel-Jaloux qui, causant avec un officier, a l'air de ne rien voir.

CHRISTIAN

1060 Capitaine !

CARBON, *se retournant et le toisant.*
Monsieur ?

CHRISTIAN

Que fait-on quand on trouve
Des Méridionaux trop vantards ?...

---

1. **Nasillards :** personnes qui parlent du nez (qui nasillent), non pas au sens d'*à travers* le nez, mais d'*à propos* du nez. Rostand joue sur l'ambiguïté de l'expression « parler du nez », suggérant que son héros ne supporte même pas la présence du nez dans les nasales (consonnes ou voyelles prononcées avec une résonance de la cavité nasale).
2. **Défuncter :** création verbale de Rostand à partir de l'adjectif « défunt », donc au sens de mourir.

CARBON

On leur prouve

Qu'on peut être du Nord, et courageux.
Il lui tourne le dos.

CHRISTIAN

Merci.

PREMIER CADET, *à Cyrano.*
Maintenant, ton récit !

TOUS
Son récit !

CYRANO *redescend vers eux.*
Mon récit ?...

Tous rapprochent leurs escabeaux, se groupent autour de lui, tendent le col. Christian s'est mis à cheval sur une chaise.
Eh bien ! donc je marchais tout seul, à leur rencontre.
1065 La lune, dans le ciel, luisait comme une montre,
Quand soudain, je ne sais quel soigneux horloger
S'étant mis à passer un coton nuager
Sur le boîtier d'argent de cette montre ronde,
Il se fit une nuit la plus noire du monde,
1070 Et les quais n'étant pas du tout illuminés,
Mordious ! on n'y voyait pas plus loin...

CHRISTIAN

Que son nez.

Silence. Tout le monde se lève lentement. On regarde Cyrano avec terreur. Celui-ci s'est interrompu. Stupéfait. Attente.

CYRANO
Qu'est-ce que c'est que cet homme-là ?

UN CADET, *à mi-voix.*

C'est un homme

Arrivé ce matin.

Cyrano (Jacques Weber). Mise en scène de Jérôme Savary.
Théâtre Mogador, 1983.

CYRANO, *faisant un pas vers Christian.*
Ce matin ?

CARBON, *à mi-voix.*
Il se nomme

Le baron de Neuvil...

CYRANO, *vivement, s'arrêtant.*
Ah ! c'est bien...

Il pâlit, rougit, a encore un mouvement pour se jeter sur
Christian.

Je...

Puis il se domine, et dit d'une voix sourde.
Très bien...

Il reprend.
1075 Je disais donc...
Avec un éclat de rage dans la voix.
                    Mordious !...
Il continue d'un ton naturel.
                              Que l'on n'y voyait rien
Stupeur. On se rassied en se regardant.
Et je marchais, songeant que pour un gueux fort mince
J'allais mécontenter quelque grand, quelque prince,
Qui m'aurait sûrement...

                    CHRISTIAN
                Dans le nez...
Tout le monde se lève. Christian se balance sur sa chaise.
          CYRANO, *d'une voix étranglée.*
                              Une dent...
Qui m'aurait une dent... et qu'en somme, imprudent,
1080 J'allais fourrer...

                    CHRISTIAN
          Le nez...

                    CYRANO
                Le doigt... entre l'écorce
Et l'arbre, car ce grand pouvait être de force
À me faire donner...

                    CHRISTIAN
          Sur le nez...

          CYRANO, *essuyant la sueur à son front.*
                    Sur les doigts.
Mais j'ajoutai : Marche, Gascon, fais ce que dois !
Va, Cyrano ! Et ce disant, je me hasarde,
1085 Quand, dans l'ombre, quelqu'un me porte...

                    CHRISTIAN
                              Une nasarde[1].

_____

1. **Nasarde** : coup sur le nez.

CYRANO

Je la pare, et soudain me trouve...

CHRISTIAN

Nez à nez...

CYRANO, *bondissant vers lui.*

Ventre-saint-gris !

Tous les Gascons se précipitent pour voir ; arrivé sur Christian, il se maîtrise et continue.

... Avec cent braillards avinés

Qui puaient...

CHRISTIAN

À plein nez...

CYRANO, *blême et souriant.*

L'oignon et la litharge[1] !

Je bondis, front baissé...

CHRISTIAN

Nez au vent !

CYRANO

Et je charge !

1090 J'en estomaque deux ! J'en empale un tout vif !

Quelqu'un m'ajuste : Paf ! et je riposte...

CHRISTIAN

Pif !

CYRANO, *éclatant.*

Tonnerre ! Sortez tous !

Tous les cadets se précipitent vers les portes.

PREMIER CADET

C'est le réveil du tigre !

CYRANO

Tous ! Et laissez-moi seul avec cet homme !

---

1. **Litharge** : oxyde de plomb que l'on utilisait, paraît-il, pour adoucir le goût du vin. Aussi, bien sûr, allusion possible aux fers brandis par ces braillards.

DEUXIÈME CADET

Bigre !

On va le retrouver en hachis !

RAGUENEAU

En hachis ?

UN AUTRE CADET

1095 Dans un de vos pâtés !

RAGUENEAU

Je sens que je blanchis,

Et que je m'amollis comme une serviette !

CARBON

Sortons !

UN AUTRE

Il n'en va pas laisser une miette !

UN AUTRE

Ce qui va se passer ici, j'en meurs d'effroi !

UN AUTRE, *refermant la porte de droite.*

Quelque chose d'épouvantable !

Ils sont tous sortis, – soit par le fond, soit par les côtés ;
quelques-uns ont disparu par l'escalier. Cyrano et Christian
restent face à face, et se regardent un moment.

Repères

1. Comment cette première rencontre entre Cyrano et Christian a-t-elle été préparée ?
2. Qu'est-ce que chacun sait et veut obtenir de l'autre ?

Observation

3. Relevez les locutions comportant le mot « nez » et analysez comment Rostand les utilise.
4. Quelles sont la valeur et la place du mot « *Pif* » (v. 1091) ? Relevez dans la pièce d'autres emplois argotiques et examinez leur rapport avec les différents niveaux de langue.
5. Comment Cyrano organise-t-il son « *récit* » ?
6. En quoi un tel récit diffère-t-il du récit classique ? Quelle est la fonction dramaturgique du récit ?
7. Caractérisez les réparties de Christian.
8. Étudiez la situation dramatique (le calme et les réparties de Christian, la colère rentrée de Cyrano, la surprise des cadets, etc.).

Interprétations

9. Montrez que l'héroïsme dont Cyrano fait preuve rend son personnage plus complexe.
10. Comment diriez-vous les répliques de Christian ? Faut-il varier le ton ou accentuer le mécanisme de la répétition ? Pourquoi ?
11. Quel est le sens des provocations de Christian ?
12. Caractérisez l'évolution du personnage de Christian depuis le début de la pièce.

SCÈNE 10. CYRANO, CHRISTIAN.

CYRANO

Embrasse-moi !

CHRISTIAN

1100 Monsieur...

CYRANO

Brave.

CHRISTIAN

Ah çà ! mais !...

CYRANO

Très brave. Je préfère.

CHRISTIAN

Me direz-vous ?

CYRANO

Embrasse-moi. Je suis son frère.

CHRISTIAN

De qui ?

CYRANO

Mais d'elle !

CHRISTIAN

Hein ?

CYRANO

Mais de Roxane !

CHRISTIAN, *courant à lui.*

Ciel.

Vous, son frère ?

CYRANO

Ou tout comme : un cousin fraternel.

CHRISTIAN

Elle vous a ?...

CYRANO

Tout dit !

CHRISTIAN

M'aime-t-elle ?

CYRANO

Peut-être !

CHRISTIAN, *lui prenant les mains.*

1105 Comme je suis heureux, Monsieur, de vous connaître !

CYRANO

Voilà ce qui s'appelle un sentiment soudain.

CHRISTIAN

Pardonnez-moi...

CYRANO, *le regardant, et lui mettant la main sur l'épaule.*

C'est vrai qu'il est beau, le gredin !

CHRISTIAN

Si vous saviez, Monsieur, comme je vous admire !

CYRANO

Mais tous ces nez que vous m'avez...

CHRISTIAN

Je les retire[1] !

CYRANO

1110 Roxane attend ce soir une lettre.

CHRISTIAN

Hélas !

CYRANO

Quoi ?

CHRISTIAN

C'est me perdre que de cesser de rester coi[2] !

CYRANO

Comment ?

CHRISTIAN

Las ! je suis sot à m'en tuer de honte.

---

1. Ici, au sens propre et au figuré !
2. **Coi** : silencieux.

CYRANO

Mais non, tu ne l'es pas, puisque tu t'en rends compte.
D'ailleurs, tu ne m'as pas attaqué comme un sot.

CHRISTIAN

1115 Bah ! on trouve des mots quand on monte à l'assaut !
Oui, j'ai certain esprit facile et militaire,
Mais je ne sais, devant les femmes, que me taire.
Oh ! leurs yeux, quand je passe, ont pour moi des bontés...

CYRANO

Leurs cœurs n'en ont-ils plus quand vous vous arrêtez ?

CHRISTIAN

1120 Non ! car je suis de ceux, – je le sais... et je tremble ! –
Qui ne savent parler d'amour...

CYRANO

Tiens !... Il me semble
Que si l'on eût pris soin de me mieux modeler,
J'aurais été de ceux qui savent en parler.

CHRISTIAN

Oh ! pouvoir exprimer les choses avec grâce !

CYRANO

1125 Être un joli petit mousquetaire qui passe !

CHRISTIAN

Roxane est précieuse et sûrement je vais
Désillusionner Roxane !

CYRANO, *regardant Christian.*

Si j'avais[1]
Pour exprimer mon âme un pareil interprète !

CHRISTIAN, *avec désespoir.*

Il me faudrait de l'éloquence !

---

1. Ces deux vers sont douteux quant au nombre de pieds de chaque
alexandrin. En prononçant la diérèse dans « précieuse » et le « e » muet, on
trouve treize pieds. Par contre, il faut respecter la diérèse de désillus*i*onner,
pour que le vers retombe sur ses douze pieds.

CYRANO, *brusquement.*

Je t'en prête !

1130 Toi, du charme physique et vainqueur, prête-m'en :
Et faisons à nous deux un héros de roman !

CHRISTIAN

Quoi ?

CYRANO

Te sens-tu de force à répéter les choses
Que chaque jour je t'apprendrai ?...

CHRISTIAN

Tu me proposes...

CYRANO

Roxane n'aura pas de désillusions !
1135 Dis, veux-tu qu'à nous deux nous la séduisions ?
Veux-tu sentir passer, de mon pourpoint de buffle
Dans ton pourpoint brodé, l'âme que je t'insuffle !

CHRISTIAN

Mais, Cyrano !...

CYRANO

Christian, veux-tu ?

CHRISTIAN

Tu me fais peur !

CYRANO

Puisque tu crains, tout seul, de refroidir son cœur,
1140 Veux-tu que nous fassions – et bientôt tu l'embrases ! –
Collaborer un peu tes lèvres et mes phrases ?

CHRISTIAN

Tes yeux brillent !...

CYRANO

Veux-tu ?...

CHRISTIAN

Quoi ! cela te ferait

Tant de plaisir ?

CYRANO, *avec enivrement.*
Cela...
Se reprenant, et en artiste.
Cela m'amuserait !
C'est une expérience à tenter un poète.
1145 Veux-tu me compléter et que je te complète ?
Tu marcheras, j'irai dans l'ombre à ton côté :
Je serai ton esprit, tu seras ma beauté.

CHRISTIAN
Mais la lettre qu'il faut, au plus tôt, lui remettre !
Je ne pourrai jamais...

CYRANO, *sortant de son pourpoint la lettre qu'il a écrite.*
Tiens, la voilà, ta lettre !

CHRISTIAN
1150 Comment ?

CYRANO
Hormis l'adresse, il n'y manque plus rien.

CHRISTIAN
Je...

CYRANO
Tu peux l'envoyer. Sois tranquille. Elle est bien.

CHRISTIAN
Vous aviez ?...

CYRANO
Nous avons toujours, nous, dans nos poches,
Des épîtres à des Chloris[1]... de nos caboches,
Car nous sommes ceux-là qui pour amante n'ont
1155 Que du rêve soufflé dans la bulle d'un nom !...
Prends, et tu changeras en vérités ces feintes ;
Je lançais au hasard ces aveux et ces plaintes :

---

1. **Chloris** : nom typique d'une femme à laquelle le poème précieux est censé s'associer. L'alliance avec « caboche » relativise immédiatement le discours précieux dont il fait ensuite la critique apparente.

Tu verras se poser tous ces oiseaux errants.
Tu verras que je fus dans cette lettre – prends ! –
1160 D'autant plus éloquent que j'étais moins sincère !
Prends donc, et finissons !

CHRISTIAN

N'est-il pas nécessaire
De changer quelques mots ? Écrite en divaguant,
Ira-t-elle à Roxane ?

CYRANO

Elle ira comme un gant !

CHRISTIAN

Mais...

CYRANO

La crédulité de l'amour-propre est telle,
1165 Que Roxane croira que c'est écrit pour elle !

CHRISTIAN

Ah ! mon ami !
Il se jette dans les bras de Cyrano. Ils restent embrassés[1].

SCÈNE 11. CYRANO, CHRISTIAN, LES GASCONS, LE MOUSQUETAIRE, LISE.

UN CADET, *entrouvrant la porte.*

Plus rien... Un silence de mort...
Je n'ose regarder...
Il passe la tête.

Hein ?...

TOUS LES CADETS, *entrant et voyant Cyrano et Christian qui s'embrassent.*

Ah !... Oh !...

---

1. **Embrassés :** au sens classique de « se tenir enlacé, les bras dans les bras ».

UN CADET

C'est trop fort !

Consternation.

LE MOUSQUETAIRE, *goguenard.*

Ouais ?...

CARBON

Notre démon est doux comme un apôtre !
Quand sur une narine on le frappe, il tend l'autre ?

LE MOUSQUETAIRE

1170 On peut donc lui parler de son nez, maintenant ?
Appelant Lise, d'un air triomphant.
Eh ! Lise ! Tu vas voir !
Humant l'air avec affectation.

Oh !... Oh !... c'est surprenant !

Quelle odeur !...
Allant à Cyrano, dont il regarde le nez avec impertinence.

Mais monsieur doit l'avoir reniflée ?

Qu'est-ce que cela sent ici ?...

CYRANO, *le soufletant.*

La giroflée !

Joie. Les cadets ont retrouvé Cyrano ; ils font des culbutes.

RIDEAU

REPÈRES

1. Montrez que la scène 11 est rapide et mouvementée.
2. Quel est le lien entre les scènes 10 et 11 ?

OBSERVATION

3. Repérez systématiquement les images et les formulations qui reprennent l'idée du couple, du complément, de l'union entre deux principes.
4. Pourquoi Christian se montre-t-il d'abord inquiet ? Pourquoi accepte-t-il le marché ? Sait-il à quoi il s'engage ? Quelles sont les motivations conscientes et inconscientes des deux personnages ?
5. Cyrano rend hommage à l'esprit de Christian : « … *tu ne m'as pas attaqué comme un sot* » (v. 1114). N'y a-t-il pas là une contradiction avec le personnage défini comme sans esprit ? Comment Christian (dans la réplique suivante) et Rostand (dans le texte entier) la résolvent-ils ?
6. Relevez des antithèses et en particulier l'opposition entre le corps et l'esprit représentée par les deux personnages.

INTERPRÉTATIONS

7. Que faut-il entendre par la didascalie : « *Le mousquetaire, gogue-nard* » (v. 1168) ?
8. La lettre d'amour peut-elle être un genre littéraire ? Comment savoir si elle est sincère ? L'éloquence, la beauté du style sont-elles nécessairement, comme le suggère Cyrano, un gage d'insincérité ? En changeant de mains, ne change-t-elle pas aussi, radicalement, de sens ?
9. Pourquoi Cyrano ne sait-il exprimer ses sentiments que par écrit ?
10. Commentez l'opposition entre stratégie militaire et stratégie amoureuse.

L'action se noue

Au cours de cet acte, et conformément à la dramaturgie classique, l'action se noue, les conflits se mettent en place, les catastrophes futures se préparent méthodiquement. Roxane aime Christian, et non Cyrano. Celui-ci se met au service de sa cousine pour protéger Christian, et même pour l'aider à séduire la femme qu'ils aiment tous deux. Cette étrange alliance constitue le nœud qui les étranglera, presque littéralement, tous les trois, et que seule la mort de Cyrano et son aveu déferont. Plus Cyrano va aider Christian à tresser de doux nœuds amoureux, plus il va lui-même s'y prendre inextricablement et s'étrangler. Et Roxane, en toute innocence, s'efforcera de les resserrer du mieux qu'elle pourra…

Pour l'heure, aucun n'entrevoit les conséquences à court et à long terme de cette « association de malfaiteurs », constituée pour procéder à la séduction de la jeune et jolie précieuse. Au cours de cet acte, Cyrano est passé de l'espoir le plus fou à la déception la plus vive, à un désespoir dont il ne fait qu'entrevoir la profondeur. Son rival, devenu son protégé, et bientôt son ami et son compagnon de combat, paraît beaucoup plus réticent et lucide sur les conséquences de leur accord, mais pris dans l'urgence de parler et d'écrire à Roxane, il accepte, non sans légèreté, le pacte. Les véritables motivations et intentions de Cyrano restent cependant obscures, y compris à lui-même. Sa proposition est faite spontanément, avec générosité, mais le piège a tôt fait de se refermer sur l'ensemble des protagonistes. Que ce soit dans les rapports humains, l'écriture des vers ou la virtuosité de l'escrime, Cyrano manifeste toujours générosité et idéalisme.

Cet acte nous mène tambour battant du ballet des pâtissiers à celui des cadets qui « *font des culbutes* ». Il situe avec une admirable maîtrise les principaux groupes en présence, mais il relie aussi par de mystérieux attachements les protagonistes du triangle et dessine parfaitement les enjeux affectifs, et singulièrement la solitude amère de Cyrano. Celui-ci appartient autant au monde des poètes qu'à celui des guerriers. L'acte débute par une évocation des poètes faméliques et se termine par une célébration des cadets de Gascogne. Cyrano fait partie des deux mondes. Dans l'un comme dans l'autre, il se refuse à tout compromis, il ne se laisse ni acheter ni utiliser : « *Ne pas monter bien haut, peut-être, mais tout seul !* », telle est la devise d'une vie manquée, mais authentique.

Fresque et miniature

Avec un art subtil de la fresque et de la miniature, ce tableau donne l'illusion d'un mouvement perpétuel, d'une vivacité dans les échanges humains, d'une correspondance harmonieuse entre le groupe et l'individu, le général et le particulier, l'ancrage social et les subtilités du sentiment. Grâce à une maîtrise parfaite des procédés théâtraux (qui suit les règles de la dramaturgie classique) et à une technique théâtrale (qui oriente et accélère la fable), Rostand touche le spectateur au plus profond, il suscite l'admiration, mais exerce aussi une sorte de fascination hypnotique. C'est que les motifs et les scènes s'enchaînent sans lui laisser aucun répit. Un mécanisme tragique se met en place sans que les protagonistes ne le remarquent.

ACTE III

Le baiser de Roxane

Une petite place dans l'ancien Marais. Vieilles maisons.
Perspectives de ruelles. À droite, la maison de Roxane et le
mur de son jardin que débordent de larges feuillages. Au-
dessus de la porte, fenêtre et balcon. Un bac devant le seuil.
Du lierre grimpe au mur, du jasmin enguirlande le balcon,
frissonne et retombe.
Par le banc et les pierres en saillie du mur, on peut facile-
ment grimper au balcon.
En face, une ancienne maison de même style, brique et
pierre, avec une porte d'entrée. Le heurtoir de cette porte
est emmailloté de linge comme un pouce malade.
Au lever de rideau, la duègne est assise sur le banc. La
fenêtre est grande ouverte sur le balcon de Roxane.
Près de la duègne se tient debout Ragueneau, vêtu d'une
sorte de livrée : il termine un récit, en s'essuyant les yeux.

SCÈNE PREMIÈRE. RAGUENEAU, LA DUÈGNE, *puis* ROXANE, CYRANO *et* DEUX PAGES.

RAGUENEAU
... Et puis, elle est partie avec un mousquetaire !
1176 Seul, ruiné, je me pends. J'avais quitté la terre.
Monsieur de Bergerac entre, et, me dépendant,
Me vient à sa cousine offrir comme intendant.

LA DUÈGNE
Mais comment expliquer cette ruine où vous êtes ?

RAGUENEAU

Lise aimait les guerriers, et j'aimais les poètes !
1180 Mars mangeait les gâteaux que laissait Apollon :
– Alors, vous comprenez, cela ne fut pas long !

LA DUÈGNE, *se levant et appelant vers la fenêtre ouverte.*
Roxane, êtes-vous prête ?... On nous attend !

LA VOIX DE ROXANE, *par la fenêtre.*

Je passe

Une mante !

LA DUÈGNE, *à Ragueneau, lui montrant la porte*
d'en face.
C'est là qu'on nous attend, en face.
Chez Clomire[1]. Elle tient bureau, dans son réduit.
1185 On y lit un discours sur le Tendre[2], aujourd'hui.

RAGUENEAU

Sur le Tendre ?

LA DUÈGNE, *minaudant.*

Mais oui !

Criant vers la fenêtre.

Roxane, il faut descendre,
Ou nous allons manquer le discours sur le Tendre !

LA VOIX DE ROXANE

Je viens !
On entend un bruit d'instruments à cordes qui se
rapproche.

LA VOIX DE CYRANO, *chantant dans la coulisse.*
La ! la ! la ! la !

LA DUÈGNE, *surprise.*

On nous joue un morceau ?

---

1. Clomire : nom d'une précieuse qui tenait salon (bureau) dans un lieu où
les invités se réunissaient pour discuter.
2. La Carte du Tendre répertoriait, de manière allégorique, les sentiments
humains et les chemins tortueux de la providence amoureuse.

CYRANO, *suivi de deux pages porteurs de théorbes*[1].
Je vous dis que la croche est triple, triple sot !

PREMIER PAGE, *ironique.*
1190 Vous savez donc, Monsieur, si les croches sont triples ?

CYRANO
Je suis musicien, comme tous les disciples
De Gassendi[2] !

LE PAGE, *jouant et chantant.*
La ! la !

CYRANO, *lui arrachant le théorbe et continuant
la phrase musicale.*
Je peux continuer !
La ! la ! la ! la !

ROXANE, *paraissant sur le balcon.*
C'est vous ?

CYRANO, *chantant sur l'air qu'il continue.*
Moi qui viens saluer
Vos lis, et présenter mes respects à vos ro... ses !

ROXANE
1195 Je descends !
Elle quitte le balcon.

LA DUÈGNE, *montrant les pages.*
Qu'est-ce donc que ces deux virtuoses ?

CYRANO
C'est un pari que j'ai gagné sur d'Assoucy.
Nous discutions un point de grammaire. – Non ! – Si !
Quand soudain me montrant ces deux grands escogriffes[3]
Habiles à gratter les cordes de leurs griffes,
1200 Et dont il fait toujours son escorte, il me dit :

---

1. **Théorbes :** grands luths à deux manches.
2. **Gassendi :** philosophe matérialiste (1592-1655), qui influença Cyrano de Bergerac, partisan d'une doctrine épicurienne.
3. **Escogriffes :** personnes de grande taille et d'allure dégingandée.

« Je te parie un jour de musique ! » Il perdit.
Jusqu'à ce que Phœbus recommence son orbe,
J'ai donc sur mes talons ces joueurs de théorbe,
De tout ce que je fais, harmonieux témoins !
1205 Ce fut d'abord charmant, et ce l'est déjà moins.
Aux musiciens.
Hep !... Allez de ma part jouer une pavane
À Montfleury !
Les pages remontent pour sortir. – À la duègne.
     Je viens demander à Roxane
Ainsi que chaque soir...
Aux pages qui sortent.
      Jouez longtemps, – et faux !
À la duègne.
... Si l'ami de son âme est toujours sans défauts ?

    ROXANE, *sortant de la maison.*
1210 Ah ! qu'il est beau, qu'il a d'esprit et que je l'aime !

     CYRANO, *souriant.*
Christian a tant d'esprit ?

      ROXANE
    Mon cher, plus que vous-même !

      CYRANO
J'y consens.

      ROXANE
    Il ne peut exister à mon goût
Plus fin diseur de ces jolis riens qui sont tout.
Parfois il est distrait, ses Muses sont absentes ;
1215 Puis, tout à coup, il dit des choses ravissantes !

     CYRANO, *incrédule.*
Non ?

      ROXANE
   C'est trop fort ! Voilà comme les hommes sont :
Il n'aura pas d'esprit puisqu'il est beau garçon !

      CYRANO
Il sait parler du cœur d'une façon experte ?

ROXANE

Mais il n'en parle pas, Monsieur, il en disserte !

CYRANO

1220 Il écrit ?

ROXANE

Mieux encore ! Écoutez donc un peu :
Déclamant.
« Plus tu me prends de cœur, plus j'en ai !... »
Triomphante, à Cyrano.

Eh ! bien !

CYRANO

Peuh !...

ROXANE

Et ceci : « Pour souffrir, puisqu'il m'en faut un autre,
Si vous gardez mon cœur, envoyez-moi le vôtre ! »

CYRANO

Tantôt il en a trop et tantôt pas assez.
1225 Qu'est-ce au juste qu'il veut, de cœur ?...

ROXANE, *frappant du pied.*

Vous m'agacez !

C'est la jalousie...

CYRANO, *tressaillant.*

Hein !

ROXANE

... d'auteur qui vous dévore !
– Et ceci, n'est-il pas du dernier tendre encore ?
« Croyez que devers[1] vous mon cœur ne fait qu'un cri,
Et que si les baisers s'envoyaient par écrit,
1230 Madame, vous liriez ma lettre avec les lèvres !... »

---

1. **Devers** : envers.

CYRANO, *souriant malgré lui de satisfaction.*
Ha ! ha ! ces lignes-là sont... hé ! hé !
Se reprenant et avec dédain.

                Mais bien mièvres !

ROXANE

Et ceci...

CYRANO, *ravi.*
Vous savez donc ses lettres par cœur ?

ROXANE

Toutes !

CYRANO, *frisant sa moustache.*
Il n'y a pas à dire : c'est flatteur.

ROXANE

C'est un maître !

CYRANO, *modeste.*
Oh !... un maître !...

ROXANE, *péremptoire.*
             Un maître !...

CYRANO, *saluant.*

                  Soit !...
                 [un maître !

LA DUÈGNE, *qui était remontée, redescendant vivement.*
1235 Monsieur de Guiche !
À Cyrano, le poussant vers la maison.
            Entrez !... car il vaut mieux, peut-être,
Qu'il ne vous trouve pas ici ; cela pourrait
Le mettre sur la piste...

ROXANE, *à Cyrano.*
           Oui, de mon cher secret !
Il m'aime, il est puissant, il ne faut pas qu'il sache !
Il peut dans mes amours donner un coup de hache !

CYRANO, *entrant dans la maison.*
1240 Bien ! bien ! bien !
De Guiche paraît.

SCÈNE 2. ROXANE, DE GUICHE, LA DUÈGNE,
à l'écart.

ROXANE, *à de Guiche, lui faisant une révérence.*
Je sortais.

DE GUICHE
Je viens prendre congé.

ROXANE
Vous partez ?

DE GUICHE
Pour la guerre.

ROXANE
Ah !

DE GUICHE
Ce soir même.

ROXANE
Ah !

DE GUICHE
J'ai
Des ordres. On assiège Arras.

ROXANE
Ah !... on assiège ?...

DE GUICHE
Oui... Mon départ a l'air de vous laisser de neige.

ROXANE, *poliment.*
Oh !...

DE GUICHE
Moi, je suis navré. Vous reverrai-je !... Quand ?
1245 – Vous savez que je suis nommé mestre[1] de camp ?

ROXANE, *indifférente.*
Bravo.

---

1. **Mestre** : maître.

DE GUICHE

Du régiment des gardes.

ROXANE, *saisie.*

Ah ! des gardes ?

DE GUICHE

Où sert votre cousin, l'homme aux phrases vantardes
Je saurai me venger de lui, là-bas.

ROXANE, *suffoquée.*

Comment !

Les gardes vont là-bas ?

DE GUICHE, *riant.*

Tiens ! c'est mon régiment !

ROXANE, *tombant assise sur le banc – à part.*

1250 Christian !

DE GUICHE

Qu'avez-vous ?

ROXANE, *tout émue.*

Ce... départ... me désespère !
Quand on tient à quelqu'un, le savoir à la guerre !

DE GUICHE, *surpris et charmé.*

Pour la première fois me dire un mot si doux,
Le jour de mon départ !

ROXANE, *changeant de ton et s'éventant.*

Alors, vous allez vous
Venger de mon cousin ?...

DE GUICHE, *souriant.*

On est pour lui ?

ROXANE

Non, contre !

DE GUICHE

1255 Vous le voyez ?

ROXANE

Très peu.

DE GUICHE
                    Partout on le rencontre

Avec un des cadets...
Il cherche le nom.

                    Ce Neu... villen... viller...

                    ROXANE

Un grand ?

                    DE GUICHE

          Blond.

                    ROXANE

            Roux.

                    DE GUICHE
                    Beau !

                    ROXANE
                         Peuh !

                    DE GUICHE
                              Mais bête.

                    ROXANE

                              Il en a l'air !

Changeant de ton.
... Votre vengeance envers Cyrano, c'est peut-être
De l'exposer au feu, qu'il adore ?... Elle est piètre !
1260 Je sais bien moi, ce qui lui serait sanglant !

                    DE GUICHE

                              C'est ?...

                    ROXANE

Mais si le régiment, en partant, le laissait
Avec ses chers cadets, pendant toute la guerre,
À Paris, bras croisés ! C'est la seule manière,
Un homme comme lui, de le faire enrager :
1265 Vous voulez le punir ? privez-le de danger.

                    DE GUICHE

Une femme ! une femme ! il n'y a qu'une femme
Pour inventer ce tour !

ROXANE

Il se rongera l'âme,
Et ses amis les poings, de n'être pas au feu :
Et vous serez vengé !

DE GUICHE, *se rapprochant.*

Vous m'aimez donc un peu !

Elle sourit.

1270 Je veux voir dans ce fait d'épouser ma rancune
Une preuve d'amour, Roxane !

ROXANE

C'en est une.

DE GUICHE, *montrant plusieurs plis cachetés.*

J'ai les ordres sur moi qui vont être transmis
À chaque compagnie, à l'instant même, hormis...
Il en détache un.
Celui-ci ! C'est celui des cadets.
Il le met dans sa poche.

Je le garde.

Riant.

1275 Ah ! ah ! ah ! Cyrano !... Son humeur bataillarde[1] !...
– Vous jouez donc des tours aux gens, vous ?...

ROXANE, *le regardant.*

Quelquefois.

DE GUICHE, *tout près d'elle.*

Vous m'affolez ! Ce soir – écoutez – oui, je dois
Être parti. Mais fuir quand je vous sens émue !...
Écoutez. Il y a, près d'ici, dans la rue
1280 D'Orléans, un couvent fondé par le syndic[2]
Des capucins, le Père Athanase. Un laïc
N'y peut entrer. Mais les bons Pères, je m'en charge !
Ils peuvent me cacher dans leur manche : elle est large.
Ce sont les capucins qui servent Richelieu

---

1. **Bataillarde :** batailleuse.
2. **Syndic :** représentant principal.

1285 Chez lui ; redoutant l'oncle, ils craignent le neveu.
On me croira parti. Je viendrai sous le masque.
Laissez-moi retarder d'un jour, chère fantasque !

ROXANE, *vivement.*
Mais si cela s'apprend, votre gloire...

DE GUICHE

Bah !

ROXANE

Mais

Le siège, Arras...

DE GUICHE
Tant pis ! Permettez !

ROXANE

Non !

DE GUICHE

Permets !

ROXANE, *tendrement.*
1290 Je dois vous le défendre !

DE GUICHE
Ah !

ROXANE
Partez !

À part.

Christian reste.

Haut.
Je vous veux héroïque – Antoine[1] !

DE GUICHE

Mot céleste !

Vous aimez donc celui ?...

---

1. **Antoine** : tel était en effet le prénom du comte de Guiche, Antoine de Gramont. C'est aussi une allusion à la manière héroïque dont s'appelaient les héros précieux et à leur passion pour l'Antiquité.

ROXANE

Pour lequel j'ai frémi.

DE GUICHE, *transporté de joie.*

Ah ! je pars !
Il lui baise la main.

Êtes-vous contente ?

ROXANE

Oui, mon ami !

LA DUÈGNE, *lui faisant dans le dos une révérence
comique.*

Oui, mon ami !

ROXANE, *à la duègne.*

Taisons ce que je viens de faire :
1295 Cyrano m'en voudrait de lui voler sa guerre !
Elle appelle vers la maison.
Cousin !

Scène 3. ROXANE, LA DUÈGNE, CYRANO.

ROXANE

Nous allons chez Clomire.
Elle désigne la porte d'en face.

Alcandre y doit

Parler, et Lysimon[1] !

LA DUÈGNE, *mettant son petit doigt dans son oreille.*

Oui ! mais mon petit doigt

Dit qu'on va les manquer !

CYRANO, *à Roxane.*

Ne manquez pas ces singes.
Ils sont arrivés devant la porte de Clomire.

----

1. **Alcandre** [...] **Lysimon** : prénoms masculins toujours dans le style du temps, classique et précieux.

LA DUÈGNE, *avec ravissement.*

Oh ! voyez ! le heurtoir est entouré de linges !...
Au heurtoir.

1300 On vous a bâillonné pour que votre métal
Ne troublât pas les beaux discours – petit brutal !
Elle le soulève avec des soins infinis et frappe doucement.

ROXANE, *voyant qu'on ouvre.*

Entrons !
Du seuil, à Cyrano.

Si Christian vient, comme je le présume,
Qu'il m'attende !

CYRANO, *vivement, comme elle va disparaître.*

Ah !...
Elle se retourne.

Sur quoi, selon votre coutume,
Comptez-vous aujourd'hui l'interroger ?

ROXANE

Sur...

CYRANO, *vivement.*

Sur ?

ROXANE

1305 Mais vous serez muet, là-dessus ?

CYRANO

Comme un mur.

ROXANE

Sur rien ! Je vais lui dire : Allez ! Partez sans bride !
Improvisez. Parlez d'amour. Soyez splendide !

CYRANO, *souriant.*

Bon.

ROXANE

Chut !...

CYRANO

Chut !...

ROXANE

Pas un mot !

Elle rentre et referme la porte.

CYRANO, *la saluant, la porte une fois fermée.*

En vous remerciant !

La porte se rouvre et Roxane passe la tête.

ROXANE

Il se préparerait !...

CYRANO

Diable, non !...

TOUS LES DEUX, *ensemble.*

Chut !...

La porte se ferme.

CYRANO, *appelant.*

Christian.

SCÈNE 4. CYRANO, CHRISTIAN.

CYRANO, *vite, à Christian.*

1310 Je sais tout ce qu'il faut. Prépare ta mémoire.
Voici l'occasion de se couvrir de gloire.
Ne perdons pas de temps. Ne prends pas l'air grognon.
Vite, rentrons chez toi, je vais t'apprendre...

CHRISTIAN

Non !

CYRANO

Hein ?

CHRISTIAN

Non ! J'attends Roxane ici.

CYRANO

De quel vertige

1315 Es-tu frappé ? Viens vite apprendre...

CHRISTIAN

Non, te dis-je !
Je suis las d'emprunter mes lettres, mes discours,
Et de jouer ce rôle, et de trembler toujours !
C'était bon au début ! Mais je sens qu'elle m'aime !
Merci. Je n'ai plus peur. Je vais parler moi-même.

CYRANO

1320 Ouais !

CHRISTIAN

Et qui te dit que je ne saurai pas ?
Je ne suis pas si bête, à la fin ! Tu verras !
Mais, mon cher, tes leçons m'ont été profitables.
Je saurai parler seul ! Et, de par tous les diables,
Je saurai bien toujours la prendre dans mes bras !
Apercevant Roxane, qui ressort de chez Clomire.
1325 C'est elle ! Cyrano, non, ne me quitte pas !

CYRANO, *le saluant.*

Parlez tout seul, Monsieur.
Il disparaît derrière le mur du jardin.

SCÈNE 5. CHRISTIAN, ROXANE, QUELQUES
PRÉCIEUX *et* PRÉCIEUSES, *et* LA DUÈGNE, *un instant.*

ROXANE, *sortant de la maison de Clomire avec une
    compagne qu'elle quitte : révérences et saluts.*

Barthénoïde ! – Alcandre ! –
Grémione !,,,

LA DUÈGNE, *désespérée.*

On a manqué le discours sur le Tendre !
Elle rentre chez Roxane.

ROXANE, *saluant encore.*

Urimédonte... Adieu !...

Repères

1. Chaque acte – ou plus exactement chaque tableau (changement de lieu et d'atmosphère) – porte un titre qui ne correspond pas à une indication de lieu, de temps ou de personnage, mais à une périphrase qui saisit l'esprit de chaque époque et en résume l'action.

2. Étudiez les premiers vers de la scène 1. Pourquoi commencer ainsi en pleine action ? Quel laps de temps a pu s'écouler entre l'acte II et l'acte III ?

Observation

3. Ragueneau change d'emploi, il devient intendant de Roxane : quelles sont les conséquences possibles pour les « affaires » de Cyrano ? Analysez sa manière de parler.

4. Scène 1 : Cyrano joue lui aussi un nouveau personnage. Observez comment se passe la confrontation de Cyrano avec son nouveau personnage. Comment joue-t-il les deux rôles à la fois ?

5. Scène 2 : quelle manœuvre tente ici Roxane ? Quel argument utilise-t-elle pour que les Gascons ne soient pas envoyés à la guerre ? Quelle arme Roxane utilise-t-elle pour vaincre de Guiche ? Quel rôle joue-t-elle alors ? Définissez le procédé comique de la scène 2.

6. Scène 3 : qu'apprend-on sur les jeux poétiques ? Le jugement de Cyrano à propos des poètes précieux vous surprend-il ? Que reproche-t-il à « *ces singes* » (v. 1298) ?

Interprétations

7. Scène 1 : à quoi correspondent les deux « moi » de Cyrano en dialogue ? Commentez les didascalies qui caractérisent le personnage.

8. Roxane cite de mémoire les lettres de Christian : comment interpréter cet enthousiasme ?

9. Scène 2 : comment comprendre le contraste entre les moments de sincérité et la comédie amoureuse de Roxane qui trompe de Guiche ?

10. Scène 4 : comment s'explique la révolte de l'élève ?

11. Cherchez dans la pièce quelques exemples de vers précieux dont Rostand fait une parodie amusée. Quelles figures de rhétorique ce style précieux affectionne-t-il particulièrement ?

*Tous saluent Roxane, se resaluent entre eux, se séparent
et s'éloignent par différentes rues. Roxane voit Christian.*
                              C'est vous !
Elle va à lui.

                                   Le soir descend.
Attendez. Ils sont loin. L'air est doux. Nul passant.
1330 Asseyons-nous. Parlez. J'écoute.
         CHRISTIAN *s'assied près d'elle, sur le banc. Un silence.*
                              Je vous aime.
              ROXANE, *fermant les yeux.*
Oui, parlez-moi d'amour.

                         CHRISTIAN
                         Je t'aime.
                         ROXANE
                                   C'est le thème.
Brodez, brodez.

                              CHRISTIAN
              Je vous...
                         ROXANE
                         Brodez !
                         CHRISTIAN
                                   Je t'aime tant.
                         ROXANE
Sans doute. Et puis ?

                         CHRISTIAN
                    Et puis... je serais si content
Si vous m'aimiez ! – Dis-moi, Roxane, que tu m'aimes !
              ROXANE, *avec une moue.*
1335 Vous m'offrez du brouet[1] quand j'espérais des crèmes !
Dites un peu comment vous m'aimez ?
                         CHRISTIAN
                                   Mais... beaucoup.

———————

1. **Brouet :** bouillon ou potage sans grande saveur.

ROXANE

Oh !... Délabyrinthez vos sentiments !

CHRISTIAN, *qui s'est rapproché et dévore des yeux la nuque blonde.*

Ton cou !

Je voudrais l'embrasser !...

ROXANE

Christian.

CHRISTIAN

Je t'aime !

ROXANE, *voulant se lever.*

Encore !

CHRISTIAN, *vivement, la retenant.*

Non, je ne t'aime pas !

ROXANE, *se rasseyant.*

C'est heureux !

CHRISTIAN

Je t'adore !

ROXANE, *se levant et s'éloignant.*

1340 Oh !

CHRISTIAN

Oui... je deviens sot !

ROXANE, *sèchement.*

Et cela me déplaît !

Comme il me déplairait que vous devinssiez laid.

CHRISTIAN

Mais...

ROXANE

Allez rassembler votre éloquence en fuite !

CHRISTIAN

Je...,

Laurent Bastide (Christian), Karin Martin-Prével (Roxane),
Jean-Pierre Bouvier (Cyrano).
Mise en scène de Jean-Paul Lucet. Théâtre des Célestins de Lyon, 1999.

ROXANE

Vous m'aimez, je sais. Adieu.
Elle va vers la maison.

CHRISTIAN

Pas tout de suite !

Je vous dirai...

ROXANE, *poussant la porte pour entrer.*

Que vous m'adorez... oui, je sais.

1345 Non ! non ! Allez-vous-en !

CHRISTIAN

Mais je...

Elle lui ferme la porte au nez.

CYRANO, *qui depuis un moment est rentré sans être vu.*

C'est un succès.

Scène 6. Christian, Cyrano, les pages,

un instant.

Christian

Au secours !

Cyrano

Non, Monsieur.

Christian

Je meurs si je ne rentre
En grâce, à l'instant même...

Cyrano

Et comment puis-je, diantre !
Vous faire, à l'instant même, apprendre ?...

Christian, *lui saisissant le bras.*

Oh ! là, tiens, vois !

La fenêtre du balcon s'est éclairée.

Cyrano, *ému.*

Sa fenêtre !

Christian, *criant.*

Je vais mourir !

Cyrano

Baissez la voix !

Christian, *tout bas.*

1350 Mourir !...

Cyrano

La nuit est noire...

Christian

Eh bien ?

Cyrano

C'est réparable !
Vous ne méritez pas... Mets-toi là, misérable !
Là, devant le balcon ! Je me mettrai dessous,
Et je te soufflerai tes mots.

CHRISTIAN
Mais...

CYRANO
Taisez-vous !

LES PAGES, *reparaissant au fond, à Cyrano.*
Hep !

CYRANO
Chut !...
Il leur fait signe de parler bas.

PREMIER PAGE, *à mi-voix.*
Nous venons de donner la sérénade
1355 À Montfleury !...

CYRANO, *bas, vite.*
Allez vous mettre en embuscade,
L'un à ce coin de rue, et l'autre à celui-ci ;
Et si quelque passant gênant vient par ici,
Jouez un air !

DEUXIÈME PAGE
Quel air, monsieur le gassendiste[1] ?

CYRANO
Joyeux pour une femme, et, pour un homme, triste !
Les pages disparaissent, un à chaque coin de rue. –
À Christian.
1360 Appelle-la !

CHRISTIAN
Roxane !

CYRANO, *ramassant des cailloux qu'il jette*
dans les vitres.
Attends ! Quelques cailloux.

---

1. **Gassendiste :** disciple de Gassendi (voir note 2, p 169).

SCÈNE 7. ROXANE, CHRISTIAN, CYRANO,
d'abord caché sous le balcon.

ROXANE, *entrouvrant sa fenêtre.*
Qui donc m'appelle ?

CHRISTIAN
Moi.

ROXANE
Qui moi ?

CHRISTIAN
Christian.

ROXANE, *avec dédain.*
C'est vous ?

CHRISTIAN
Je voudrais vous parler.

CYRANO, *sous le balcon, à Christian.*
Bien. Bien. Presque à voix basse.

ROXANE
Non ! Vous parlez trop mal. Allez-vous-en !

CHRISTIAN
De grâce !

ROXANE
Non ! Vous ne m'aimez plus !

CHRISTIAN, *à qui Cyrano souffle ses mots.*
M'accuser, – justes dieux !
1365 De n'aimer plus... quand... j'aime plus !

ROXANE, *qui allait refermer sa fenêtre, s'arrêtant.*
Tiens, mais c'est mieux !

CHRISTIAN, *même jeu.*
L'amour grandit bercé dans mon âme inquiète.
Que ce cruel marmot prit pour... barcelonnette[1] !

---

1. **Barcelonnette :** petit lit suspendu dans lequel on peut bercer un enfant.

ROXANE, *s'avançant sur le balcon.*
C'est mieux ! Mais puisqu'il est cruel, vous fûtes sot
De ne pas, cet amour, l'étouffer au berceau !

CHRISTIAN, *même jeu.*
1370 Aussi l'ai-je tenté, mais... tentative nulle :
Ce... nouveau-né, Madame, est un petit... Hercule[1].

ROXANE
C'est mieux !

CHRISTIAN, *même jeu.*
De sorte qu'il... strangula comme rien...
Les deux serpents... Orgueil et... Doute[2].

ROXANE, *s'accoudant au balcon.*
Ah ! c'est très bien.
Mais pourquoi parlez-vous de façon peu hâtive ?
1375 Auriez-vous donc la goutte à l'imaginative[3] ?

CYRANO, *tirant Christian sous le balcon*
et se glissant à sa place.
Chut ! Cela devient trop difficile !

ROXANE
Aujourd'hui...
Vos mots sont hésitants. Pourquoi ?

CYRANO, *parlant à mi-voix, comme Christian.*
C'est qu'il fait nuit,
Dans cette ombre, à tâtons, ils cherchent votre oreille.

---

1. Métaphore inépuisable à l'âge classique que cet amour naissant et
prenant vite des forces (voir, de manière parodique, Arlequin dans *Le Jeu de
l'amour et du hasard* de Marivaux : « Un amour de votre façon ne reste pas
longtemps au berceau ; votre premier coup d'œil a fait naître le mien, le
second lui a donné des forces et le troisième l'a rendu grand garçon ; tâchons
de l'établir au plus vite, ayez soin de lui puisque vous êtes sa mère » (acte II,
scène 3.)
2. Allusion aux serpents qu'Hercule étrangla dans son berceau. La
personnification (« Orgueil », « Doute »...) est une figure de l'écriture
précieuse.
3. **Auriez-vous** [...] **imaginative** : avez-vous l'imagination faible (ou
paralysée) ?

ROXANE

Les miens n'éprouvent pas difficulté pareille.

CYRANO

1380 Ils trouvent tout de suite ? Oh ! cela va de soi,
Puisque c'est dans mon cœur, eux, que je les reçoi ;
Or, moi, j'ai le cœur grand, vous, l'oreille petite.
D'ailleurs vos mots à vous descendent : ils vont vite,
Les miens montent, Madame : il leur faut plus de temps !

ROXANE

1385 Mais ils montent bien mieux depuis quelques instants.

CYRANO

De cette gymnastique, ils ont pris l'habitude !

ROXANE

Je vous parle, en effet, d'une vraie altitude !

CYRANO

Certe[1], et vous me tueriez si de cette hauteur
Vous me laissiez tomber un mot dur sur le cœur !

ROXANE, *avec un mouvement.*

1390 Je descends !

CYRANO, *vivement.*

Non !

ROXANE, *lui montrant le banc qui est sous le balcon.*
Grimpez sur le banc, alors, vite !

CYRANO, *reculant avec effroi dans la nuit.*

Non !

ROXANE

Comment... non ?

CYRANO, *que l'émotion gagne de plus en plus.*
Laissez un peu que l'on profite...
De cette occasion qui s'offre... de pouvoir
Se parler doucement sans se voir.

------

1. **Certe** : forme archaïque pour « certes ».

Cyrano (Jacques Weber) et Roxane (Charlotte de Turkheim).
Mise en scène de Jérôme Savary. Théâtre Mogador, 1983.

ROXANE

Sans se voir ?

CYRANO

Mais oui, c'est adorable. On se devine à peine.
1395 Vous voyez la noirceur d'un long manteau qui traîne,
J'aperçois la blancheur d'une robe d'été :
Moi je ne suis qu'une ombre, et vous qu'une clarté !
Vous ignorez pour moi ce que sont ces minutes !
Si quelquefois je fus éloquent...

ROXANE

Vous le fûtes !

CYRANO

1400 Mon langage jamais jusqu'ici n'est sorti
De mon vrai cœur...

ROXANE

Pourquoi ?

CYRANO

Parce que... jusqu'ici
Je parlais à travers...

ROXANE

Quoi ?

CYRANO

... le vertige où tremble
Quiconque est sous vos yeux !... Mais, ce soir, il me semble...
Que je vais vous parler pour la première fois !

ROXANE

1405 C'est vrai que vous avez une tout autre voix.

CYRANO, *se rapprochant avec fièvre.*

Oui, tout autre, car dans la nuit qui me protège
J'ose être enfin moi-même, et j'ose...
Il s'arrête et, avec égarement.

Où en étais-je ?

Je ne sais... tout ceci, – pardonnez mon émoi, –
C'est si délicieux... c'est si nouveau pour moi !

ROXANE

1410 Si nouveau ?

CYRANO, *bouleversé, et essayant toujours*
de rattraper ses mots.

Si nouveau... mais oui... d'être sincère :
La peur d'être raillé, toujours au cœur me serre...

ROXANE

Raillé de quoi ?

CYRANO

Mais de... d'un élan !... Oui, mon cœur,
Toujours, de mon esprit s'habille, par pudeur :
Je pars pour décrocher l'étoile, et je m'arrête
1415 Par peur du ridicule, à cueillir la fleurette[1] !

ROXANE

La fleurette a du bon.

CYRANO

Ce soir, dédaignons-la !

ROXANE

Vous ne m'aviez jamais parlé comme cela !

CYRANO

Ah ! si, loin des carquois, des torches et des flèches,
On se sauvait un peu vers des choses... plus fraîches !
1420 Au lieu de boire goutte à goutte, en un mignon
Dé à coudre d'or fin, l'eau fade du Lignon[2],
Si l'on tentait de voir comment l'âme s'abreuve
En buvant largement à même le grand fleuve !

ROXANE

Mais l'esprit ?...

---

1. **Fleurette** : le terme est pris ici, du moins pour Roxane, au sens vieilli de
« propos galant » (« conter fleurette »).
2. **Lignon** : nom d'une rivière célébrée dans le roman précieux *L'Astrée*.

CYRANO

J'en ai fait pour vous faire rester
1425 D'abord, mais maintenant ce serait insulter
Cette nuit, ces parfums, cette heure, la Nature,
Que de parler comme un billet doux de Voiture !
Laissons, d'un seul regard de ses astres, le ciel
Nous désarmer de tout notre artificiel :
1430 Je crains tant que parmi notre alchimie exquise
Le vrai du sentiment ne se volatilise,
Que l'âme ne se vide à ces passe-temps vains,
Et que le fin du fin ne soit la fin des fins !

ROXANE

Mais l'esprit ?...

CYRANO

Je le hais, dans l'amour ! C'est un crime,
1435 Lorsqu'on aime, de trop prolonger cette escrime !
Le moment vient d'ailleurs inévitablement,
– Et je plains ceux pour qui ne vient pas ce moment !
Où nous sentons qu'en nous un amour noble existe
Que chaque joli mot que nous disons rend triste !

ROXANE

1440 Eh bien ! si ce moment est venu pour nous deux,
Quels mots me direz-vous ?

CYRANO

Tous ceux, tous ceux, tous ceux
Qui me viendront, je vais vous les jeter, en touffe,
Sans les mettre en bouquets : je vous aime, j'étouffe,
Je t'aime, je suis fou, je n'en peux plus, c'est trop ;
1445 Ton nom est dans mon cœur comme dans un grelot,
Et comme tout le temps, Roxane, je frissonne,
Tout le temps, le grelot s'agite, et le nom sonne !
De toi, je me souviens de tout, j'ai tout aimé :
Je sais que l'an dernier, un jour, le douze mai,
1450 Pour sortir le matin tu changeas de coiffure !
J'ai tellement pris pour clarté ta chevelure

Que, comme lorsqu'on a trop fixé le soleil,
On voit sur toute chose ensuite un rond vermeil,
Sur tout, quand j'ai quitté les feux dont tu m'inondes,
1455 Mon regard ébloui pose des taches blondes !

ROXANE, *d'une voix troublée.*
Oui, c'est bien de l'amour...

CYRANO
Certes, ce sentiment
Qui m'envahit, terrible et jaloux, c'est vraiment
De l'amour, il en a toute la fureur triste[1] !
De l'amour, – et pourtant il n'est pas égoïste !
1460 Ah ! que pour ton bonheur je donnerais le mien,
Quand même tu devrais n'en savoir jamais rien,
S'il se pouvait, parfois, que de loin, j'entendisse
Rire un peu le bonheur né de mon sacrifice !
– Chaque regard de toi suscite une vertu
1465 Nouvelle, une vaillance en moi ! Commences-tu
À comprendre, à présent ? Voyons, te rends-tu compte ?
Sens-tu mon âme, un peu, dans cette ombre, qui monte ?
Oh ! mais vraiment, ce soir, c'est trop beau, c'est trop doux !
Je vous dis tout cela, vous m'écoutez, moi, vous !
1470 C'est trop ! Dans mon espoir même le moins modeste,
Je n'ai jamais espéré tant ! Il ne me reste
Qu'à mourir maintenant ! C'est à cause des mots
Que je dis qu'elle tremble entre les bleus rameaux !
Car vous tremblez, comme une feuille entre les feuilles !
1475 Car tu trembles ! car j'ai senti, que tu le veuilles
Ou non, le tremblement adoré de ta main
Descendre tout le long des branches du jasmin !
Il baise éperdument l'extrémité d'une branche pendante.

—————————

1. Réminiscence probable du vers de la *Phèdre* de Racine : « De l'amour
j'ai toutes les fureurs » (acte I, scène 3, v. 259).

ROXANE

Oui, je tremble, et je pleure, et je t'aime, et suis tienne !
Et tu m'as enivrée !

CYRANO

Alors, que la mort vienne !
1480 Cette ivresse, c'est moi, moi, qui l'ai su causer !
Je ne demande plus qu'une chose...

CHRISTIAN, *sous le balcon.*

Un baiser !

ROXANE, *se rejetant en arrière.*

Hein ?

CYRANO

Oh !

ROXANE

Vous demandez ?

CYRANO

Oui... je...

À Christian.

Tu vas trop vite.

CHRISTIAN

Puisqu'elle est si troublée, il faut que j'en profite !

CYRANO, *à Roxane.*

Oui, je... j'ai demandé, c'est vrai... mais justes cieux !
1485 Je comprends que je fus bien trop audacieux.

ROXANE, *un peu déçue.*

Vous n'insistez pas plus que cela ?

CYRANO

Si ! j'insiste...

Sans insister !... Oui, oui ! votre pudeur s'attriste !
Eh bien ! mais, ce baiser... ne me l'accordez pas !

CHRISTIAN, *à Cyrano, le tirant par son manteau.*

Pourquoi ?

CYRANO

Tais-toi, Christian !

ROXANE, *se penchant.*

                    Que dites-vous tout bas ?

CYRANO

1490 Mais d'être allé trop loin, moi-même je me gronde !

Je me disais : tais-toi, Christian !...

Les théorbes se mettent à jouer.

                    Une seconde !...

On vient !

Roxane referme la fenêtre. Cyrano écoute les théorbes, dont
l'un joue un air folâtre et l'autre un air lugubre.

            Air triste ? Air gai ?... Quel est donc leur dessein ?

Est-ce un homme ? Une femme ? – Ah ! c'est un capucin !

Entre un capucin qui va de maison en maison, une lanterne
à la main, regardant les portes.

REPÈRES

1. Caractérisez les transitions d'une scène à l'autre.
2. Définissez les trois moments qui rythment la rencontre et correspondent à ces trois scènes.

OBSERVATION

3. Montrez comment progresse l'action et comment Cyrano se trouve entraîné à faire lui-même la déclaration.
4. Scène 5 : comment Roxane organise-t-elle la « compétition » ? En quoi le discours précieux cultive-t-il le paradoxe (exemple : « *Non je ne t'aime pas ! / C'est heureux !* », v. 1339) ?
5. Scène 6 : étudiez le rythme de cette scène de transition qui permet à Rostand d'augmenter la tension dramatique, tout en préparant l'arrivée d'autres personnages.
6. Scène 7 : située au cœur de l'acte III et de la pièce, elle en est le sommet dramatique, le moment de la plus intense émotion lyrique. Relevez les moyens gestuels, vocaux, parodiques qui contribuent à l'animer.
7. La grande scène du balcon : dans quelle autre œuvre très célèbre le balcon joue-t-il un rôle central ?

INTERPRÉTATIONS

8. Scène 5 : étudiez les espoirs déçus de Roxane et Christian, leurs « faux-pas », leur impossibilité à communiquer, à joindre la parole à l'action. Dans la scène 7, vous montrerez au contraire, chez Cyrano, la maîtrise du discours, mais son impuissance à passer à l'acte.
9. Scène 7 : montrez comment la situation et la théâtralité du balcon sont utilisées au mieux pour dire l'impossibilité du rapprochement physique des personnages.
10. Comment la présence/absence de Christian se fait-elle sentir dans le discours de Cyrano et dans l'espace scénique ?
11. La pièce vous semble-t-elle une réflexion sur le phénomène de la voix : qui parle et d'où ? Quel est l'objet du désir de Roxane ? Comment parler à travers le corps d'un autre ?
12. Montrez comment le duel verbal devient duo d'amour, comment le jeu poétique se transforme en joute amoureuse.

SCÈNE 8. CYRANO, CHRISTIAN, UN CAPUCIN.

CYRANO, *au capucin.*
Quel est ce jeu renouvelé de Diogène[1] ?

LE CAPUCIN
1495 Je cherche la maison de madame...

CHRISTIAN
Il nous gêne !

LE CAPUCIN
Magdeleine Robin...

CHRISTIAN
Que veut-il ?

CYRANO, *lui montrant une rue montante.*
Par ici !
Tout droit, toujours tout droit...

LE CAPUCIN
Je vais pour vous – merci ! –
Dire mon chapelet jusqu'au grain majuscule.
Il sort.

CYRANO
Bonne chance ! Mes vœux suivent votre cuculle[2] !
Il redescend vers Christian.

SCÈNE 9. CYRANO, CHRISTIAN.

CHRISTIAN
1500 Obtiens-moi ce baiser !

---

1. **Diogène** : allusion au philosophe grec Diogène le Cynique (v. 413-323 av. J.-C.) célèbre pour son mépris des hommes et qui, rencontré un jour dans une rue d'Athènes, muni d'une lanterne en plein jour, déclara : « Je cherche un homme. »
2. **Cuculle** : capuchon de moine.

CYRANO

Non !

CHRISTIAN

Tôt ou tard...

CYRANO

C'est vrai !

Il viendra, ce moment de vertige enivré
Où vos bouches iront l'une vers l'autre, à cause
De ta moustache blonde et de sa lèvre rose !
À lui-même.
J'aime mieux que ce soit à cause de...
*Bruits des volets qui se rouvrent. Christian se cache sous le
balcon.*

SCÈNE 10. CYRANO, CHRISTIAN, ROXANE.

ROXANE, *s'avançant sur le balcon.*

C'est vous ?

1505 Nous parlions de... de... d'un...

CYRANO

Baiser. Le mot est doux !

Je ne vois pas pourquoi votre lèvre ne l'ose ;
S'il la brûle déjà, que sera-ce la chose ?
Ne vous en faites pas un épouvantement :
N'avez-vous pas tantôt, presque insensiblement,
1510 Quitté le badinage et glissé sans alarmes
Du sourire au soupir, et du soupir aux larmes !
Glissez encore un peu d'insensible façon :
Des larmes au baiser il n'y a qu'un frisson !

ROXANE

Taisez vous !

CYRANO

Un baiser, mais à tout prendre, qu'est-ce ?
1515 Un serment fait d'un peu plus près, une promesse
Plus précise, un aveu qui veut se confirmer,
Un point rose qu'on met sur l'i du verbe aimer ;
C'est un secret qui prend la bouche pour oreille,
Un instant d'infini qui fait un bruit d'abeille,
1520 Une communion ayant un goût de fleur,
Une façon d'un peu se respirer le cœur,
Et d'un peu se goûter, au bord des lèvres, l'âme !

ROXANE

Taisez-vous !

CYRANO

Un baiser, c'est si noble, Madame,
Que la reine de France, au plus heureux des lords,
1525 En a laissé prendre un, la reine même !

ROXANE

Alors !

CYRANO, *s'exaltant.*
J'eus comme Buckingham des souffrances muettes,
J'adore comme lui la reine que vous êtes,
Comme lui je suis triste fidèle[1]...

ROXANE

Et tu es

Beau comme lui !

CYRANO, *à part, dégrisé.*
C'est vrai, je suis beau, j'oubliais !

ROXANE

1530 Eh bien ! montez cueillir cette fleur sans pareille...

CYRANO, *poussant Christian vers le balcon.*
Monte !

―――――――

1. Allusion aux amours de Buckingham et Anne d'Autriche, relatés dans
Les Trois Mousquetaires de Dumas.

ROXANE

Ce goût de cœur...

CYRANO

Monte !

ROXANE

Ce bruit d'abeille...

*Roxane (Anne Brochet) et Christian (Vincent Perez)
dans le film de Jean-Paul Rappeneau, 1990.*

CYRANO

Monte !

CHRISTIAN, *hésitant.*
Mais il me semble, à présent, que c'est mal.

ROXANE

Cet instant d'infini !...

CYRANO, *le poussant.*
Monte donc, animal !
*Christian s'élance, et par le banc, le feuillage, les piliers,
atteint les balustres qu'il enjambe.*

CHRISTIAN

Ah ! Roxane !
Il l'enlace et se penche sur ses lèvres.

CYRANO

Aïe ! au cœur, quel pincement bizarre !
1535 – Baiser, festin d'amour dont je suis le Lazare[1] !
Il me vient de cette ombre une miette de toi, –
Mais oui, je sens un peu mon cœur qui te reçoit,
Puisque sur cette lèvre où Roxane se leurre
Elle baise les mots que j'ai dits tout à l'heure !
On entend les théorbes.
1540 Un air triste, un air gai : le capucin !
*Il feint de courir comme s'il arrivait de loin, et d'une voix
claire.*

Holà !

ROXANE

Qu'est-ce ?

CYRANO

Moi. Je passais... Christian est encor là ?

CHRISTIAN, *très étonné.*
Tiens, Cyrano !

---

1. Lazare n'avait pour se nourrir que les miettes du festin des riches.

ROXANE
Bonjour, cousin !

CYRANO
Bonjour, cousine !

ROXANE
Je descends !
Elle disparaît dans la maison. Au fond rentre le capucin.

CHRISTIAN, *l'apercevant.*
Oh ! encor !
Il suit Roxane.

SCÈNE 11. CYRANO, CHRISTIAN, ROXANE, LE CAPUCIN, RAGUENEAU.

LE CAPUCIN
C'est ici – je m'obstine –
Magdeleine Robin !

CYRANO
Vous aviez dit : Ro-*lin.*

LE CAPUCIN
1545 Non : *bin.* B, i, n *bin* !

ROXANE, *paraissant sur le seuil de la maison, suivie de Ragueneau, qui porte une lanterne, et de Christian.*
Qu'est-ce ?

LE CAPUCIN
Une lettre.

CHRISTIAN
Hein ?

LE CAPUCIN, *à Roxane.*
Oh ! il ne peut s'agir que d'une sainte chose !
C'est un digne seigneur qui...

ROXANE, *à Christian.*
                    C'est de Guiche !
CHRISTIAN
                                        Il ose ?

ROXANE

Oh ! mais il ne va pas m'importuner toujours !
Décachetant la lettre.
Je t'aime, et si...
*À la lueur de la lanterne de Ragueneau, elle lit, à l'écart,
à voix basse.*

          « Mademoiselle,
                              Les tambours
1550 Battent ; mon régiment boucle sa soubreveste[1] ;
Il part ; moi, l'on me croit déjà parti : je reste.
Je vous désobéis. Je suis dans ce couvent.
Je vais venir, et vous le mande[2] auparavant
Par un religieux simple comme une chèvre
1555 Qui ne peut rien comprendre à ceci. Votre lèvre
M'a trop souri tantôt : j'ai voulu la revoir.
Éloignez un chacun, et daignez recevoir
L'audacieux déjà pardonné, je l'espère.
Qui signe votre très... et cætera... »
Au capucin.

                              Mon père,
1560 Voici ce que me dit cette lettre. Écoutez.
Tous se rapprochent, elle lit à haute voix.
« Mademoiselle,
                    Il faut souscrire aux volontés
Du Cardinal, si dur que cela vous puisse être.
C'est la raison pourquoi j'ai fait choix, pour remettre
Ces lignes en vos mains charmantes, d'un très saint,

---

1. **Soubreveste** : longue veste sans manches que portaient notamment les mousquetaires.
2. **Vous le mande** : vous le fais savoir.

1565 D'un très intelligent et discret capucin ;
Nous voulons qu'il vous donne, et dans votre demeure,
La bénédiction
Elle tourne la page.
nuptiale, sur l'heure.
Christian doit en secret devenir votre époux ;
Je vous l'envoie. Il vous déplaît. Résignez-vous.
1570 Songez bien que le Ciel bénira votre zèle,
Et tenez pour tout assuré, mademoiselle,
Le respect de celui qui fut et qui sera
Toujours votre très humble et très... et cætera. »

LE CAPUCIN, *rayonnant.*

Digne seigneur !... Je l'avais dit. J'étais sans crainte !
1575 Il ne pouvait s'agir que d'une chose sainte !

ROXANE, *bas à Christian.*

N'est-ce pas que je lis très bien les lettres ?

CHRISTIAN

Hum !

ROXANE, *haut, avec désespoir.*

Ah ! c'est affreux !

LE CAPUCIN, *qui a dirigé sur Cyrano*
la clarté de sa lanterne.

C'est vous ?

CHRISTIAN

C'est moi !

LE CAPUCIN, *tournant la lumière vers lui, et,*
comme si un doute lui venait, en voyant sa beauté.

Mais...

ROXANE, *vivement.*

Post-scriptum :

« Donnez pour le couvent cent vingt pistoles. »

LE CAPUCIN

Digne,

Digne seigneur !

À Roxane.

Résignez-vous !

ROXANE, *en martyre.*

Je me résigne !

Pendant que Ragueneau ouvre la porte au capucin que Christian invite à entrer, elle dit bas à Cyrano :

1580 Vous, retenez ici de Guiche ! Il va venir !
Qu'il n'entre pas tant que...

CYRANO

Compris !

Au capucin.

Pour les bénir

Il vous faut ?...

LE CAPUCIN

Un quart d'heure.

CYRANO, *les poussant tous vers la maison.*

Allez ! moi, je demeure !

ROXANE, *à Christian.*

Viens !
Ils entrent.

SCÈNE 12. CYRANO, *seul.*

CYRANO

Comment faire perdre à de Guiche un quart d'heure ?
Il se précipite sur le banc, grimpe au mur, vers le balcon.
Là !... Grimpons !... J'ai mon plan !
Les théorbes se mettent à jouer une phrase lugubre.

Ho ! c'est un homme !

Le trémolo devient sinistre.

Ho ! ho !

1585 Cette fois, c'en est un !...

Il est sur le balcon, il rabaisse son feutre sur ses yeux, ôte son épée, se drape dans sa cape, puis se penche et regarde au-dehors.

Non, ce n'est pas trop haut !

Il enjambe les balustres et attirant à lui la longue branche d'un des arbres qui débordent le mur du jardin, il s'y accroche des deux mains, prêt à se laisser tomber.

Je vais légèrement troubler cette atmosphère !

SCÈNE 13. CYRANO, DE GUICHE.

DE GUICHE, *qui entre, masqué, tâtonnant dans la nuit.*
Qu'est-ce que ce maudit capucin peut bien faire ?

CYRANO
Diable ! et ma voix ?... S'il la reconnaissait ?
Lâchant d'une main, il a l'air de tourner une invisible clef.

Cric ! crac !

Solennellement.
Cyrano, reprenez l'accent de Bergerac !

DE GUICHE, *regardant la maison.*
1590 Oui, c'est là. J'y vois mal. Ce masque m'importune.
Il va pour entrer. Cyrano saute du balcon en se tenant à la branche, qui plie et le dépose entre la porte et de Guiche ; il feint de tomber lourdement, comme si c'était de très haut, et s'aplatit par terre, où il reste immobile, comme étourdi. De Guiche fait un bond en arrière.
Hein ? Quoi ?
Quand il lève les yeux, la branche s'est redressée ; il ne voit que le ciel ; il ne comprend pas.

D'où tombe donc cet homme ?

CYRANO, *se mettant sur son séant,*
et avec l'accent de Gascogne.

De la lune[1] !

DE GUICHE

De la ?...

CYRANO

Quelle heure est-il ?

DE GUICHE

N'a-t-il plus sa raison ?

CYRANO

Quelle heure ? Quel pays ? Quel jour ? Quelle saison ?

DE GUICHE

Mais...

CYRANO

Je suis étourdi !

DE GUICHE

Monsieur...

CYRANO

Comme une bombe

1595 Je tombe de la lune !

DE GUICHE, *impatienté.*

Ah çà ! Monsieur !

CYRANO, *se relevant, d'une voix terrible.*

J'en tombe !

DE GUICHE, *reculant.*

Soit ! soit ! vous en tombez !... c'est peut-être un dément !

CYRANO, *marchant sur lui.*

Et je n'en tombe pas métaphoriquement !...

---

1. Rostand emprunte ces inventions lunaires au roman de Cyrano de
Bergerac, *États et Empires de la Lune*, édité dans les *Œuvres complètes* par
J. Prévot (Belin, 1977). Dans son excellente édition de la pièce, Jacques
Truchet cite pp. 368-373 les passages in extenso dont Rostand s'est inspiré.

De Guiche

Mais...

Cyrano

Il y a cent ans, ou bien une minute,
J'ignore tout à fait ce que dura ma chute ! –
1600 J'étais dans cette boule à couleur de safran ! –

De Guiche, *haussant les épaules.*

Oui... Laissez-moi passer !

Cyrano, *s'interposant.*

Où suis-je ? Soyez franc !
Ne me déguisez rien ! En quel lieu, dans quel site,
Viens-je de choir, Monsieur, comme un aérolithe[1] ?

De Guiche

Morbleu !...

Cyrano

Tout en cheyant[2] je n'ai pu faire choix
1605 De mon point d'arrivée – et j'ignore où je chois !
Est-ce dans une lune ou bien dans une terre,
Que vient de m'entraîner le poids de mon postère[3] ?

De Guiche

Mais je vous dis, Monsieur...

Cyrano, *avec un cri de terreur qui fait reculer
de Guiche.*

Ha ! grand Dieu !... je crois voir
Qu'on a dans ce pays le visage tout noir !...

De Guiche, *portant la main à son visage.*

1610 Comment ?

Cyrano, *avec une peur emphatique.*

Suis-je en Alger ? Êtes-vous indigène ?

De Guiche, *qui a senti son masque.*

Ce masque !...

---

1. **Aérolithe** : météorite pierreux.
2. **Cheyant** : forme archaïque du participe présent du verbe « choir ».
3. **Postère** : mot argotique utilisé, dès le XVIIe siècle, pour « postérieur ».

CYRANO, *feignant de se rassurer un peu.*
Je suis donc dans Venise, ou dans Gêne ?

DE GUICHE, *voulant passer.*
Une dame m'attend !...

CYRANO, *complètement rassuré.*
Je suis donc à Paris.

DE GUICHE, *souriant malgré lui.*
Le drôle est assez drôle !

CYRANO
Ah ! vous riez ?

DE GUICHE
Je ris,
Mais veux passer !

CYRANO, *rayonnant.*
C'est à Paris que je retombe !
Tout à fait à son aise, riant, s'époussetant, saluant.
1615 J'arrive – excusez-moi – par la dernière trombe.
Je suis un peu couvert d'éther. J'ai voyagé.
J'ai les yeux tout remplis de poudre d'astres. J'ai
Aux éperons, encor, quelques poils de planète !
Cueillant quelque chose sur sa manche.
Tenez, sur mon pourpoint, un cheveu de comète !...
Il souffle comme pour le faire envoler.

DE GUICHE, *hors de lui.*
1620 Monsieur !...

CYRANO, *au moment où il va passer, tend sa jambe
comme pour y trouver quelque chose et l'arrête.*
Dans mon mollet je rapporte une dent
De la Grande Ourse – et comme, en frôlant le Trident,
Je voulais éviter une de ses trois lances,
Je suis allé tomber assis dans les Balances,
Dont l'aiguille, à présent, là-haut, marque mon poids !
*Empêchant vivement de Guiche de passer et le prenant à un
bouton du pourpoint.*

1625 Si vous serriez mon nez, Monsieur, entre vos doigts,
Il jaillirait du lait !

DE GUICHE

Hein ? du lait ?

CYRANO

De la Voie

Lactée !

DE GUICHE

Oh ! par l'enfer !

CYRANO

C'est le ciel qui m'envoie !

Se croisant les bras.
Non ! croiriez-vous, je viens de le voir en tombant,
Que Sirius, la nuit, s'affuble d'un turban ?
Confidentiel.
1630 L'autre Ourse est trop petite encor pour qu'elle morde !
Riant.
J'ai traversé la Lyre en cassant une corde !
Superbe.
Mais je compte en un livre écrire tout ceci,
Et les étoiles d'or qu'en mon manteau roussi
Je viens de rapporter à mes périls et risques,
1635 Quand on l'imprimera, serviront d'astérisques !

DE GUICHE

À la parfin[1]... je veux...

CYRANO

Vous, je vous vois venir !

DE GUICHE

Monsieur !

CYRANO

Vous voudriez de ma bouche tenir
Comment la lune est faite, et si quelqu'un habite

---

1. **À la parfin** : à la fin.

Dans la rotondité de cette cucurbite[1] ?

DE GUICHE, criant.

1640 Mais non ! je veux...

CYRANO

Savoir comment j'y suis monté ?
Ce fut par un moyen que j'avais inventé.

DE GUICHE, découragé.

C'est un fou !

CYRANO, dédaigneux.

Je n'ai pas refait l'aigle stupide
De Regiomontanus[2], ni le pigeon timide
D'Archytas[3] !...

DE GUICHE

C'est un fou – mais c'est un fou savant.

CYRANO

1645 Non, je n'imitai rien de ce qu'on fit avant !

De Guiche a réussi à passer et il marche vers la porte de
Roxane. Cyrano le suit, prêt à l'empoigner.

J'inventai six moyens de violer l'azur vierge !

DE GUICHE, se retournant.

Six ?

CYRANO, avec volubilité.

Je pouvais, mettant mon corps nu comme un cierge,
Le caparaçonner de fioles de cristal
Toutes pleines des pleurs d'un ciel matutinal,
1650 Et ma personne, alors, au soleil exposée,
L'astre l'aurait humée en humant la rosée[4] !

---

1. **Cucurbite** : partie inférieure d'un alambic. Ici, employé au sens de
courgette, concombre ou autre *cucurbitacée.*
2. **Regiomontanus** : nom d'un astronome allemand de Königsberg
(*Regiomontanus* en latin) qui aurait inventé un aigle mécanique volant.
3. **Archytas** : philosophe grec, inventeur d'une colombe mécanique.
4. Emprunt aux *États et Empires de la Lune* : « Je m'étais attaché autour
de moi quantité de fioles pleines de rosée, et la chaleur du soleil qui les attirait
m'éleva si haut qu'à la fin je me trouvai au-dessus des plus hautes nuées. »

De Guiche, *surpris et faisant un pas vers Cyrano.*
Tiens ! Oui, cela fait un !

    Cyrano, *reculant pour l'entraîner de l'autre côté.*
                          Et je pouvais encor
Faire engouffrer du vent, pour prendre mon essor,
En raréfiant l'air dans un coffre de cèdre
1655 Par des miroirs ardents, mis en icosaèdre[1] !

        De Guiche *fait encore un pas.*

Deux !

        Cyrano, *reculant toujours.*
      Ou bien, machiniste autant qu'artificier,
Sur une sauterelle aux détentes d'acier,
Me faire, par des feux successifs de salpêtre,
Lancer dans les prés bleus où les astres vont paître[2] !

    De Guiche, *le suivant, sans s'en douter,*
          et comptant sur ses doigts.

1660 Trois !

           Cyrano
    Puisque la fumée a tendance à monter,
En souffler dans un globe assez pour m'emporter !

    De Guiche, *même jeu, de plus en plus étonné.*
Quatre !

           Cyrano
    Puisque Phœbé, quand son arc est le moindre,
Aime sucer, ô bœufs, votre moelle... m'en oindre[3] !

---

1. **Icosaèdre** : polyèdre limité à vingt faces. « Quand le soleil débarrassé de nuages commença d'éclairer ma machine, cet icosaèdre transparent qui recevait à travers ses facettes les trésors du soleil en répandait par le bocal la lumière de ma cellule. » (*États et Empires du Soleil.*)
2. « La flamme ayant dévoré un rang de fusées [...] un autre étage s'embrasait, puis un autre, en sorte que le salpêtre embrasé éloignait le péril en le croisant. » (*États et Empires de la Lune.*) Où l'on voit que la NASA n'a rien inventé...
3. « La lune, pendant ce quartier ayant accoutumé de sucer la moelle des animaux, elle buvait celle dont je m'étais enduit avec d'autant plus de force que son globe était plus proche de moi, et que l'interposition des nuées n'en affaiblissait point la vigueur » (*États et Empires de la Lune*).

DE GUICHE, *stupéfait.*

Cinq !

CYRANO, *qui en parlant l'a amené jusqu'à l'autre côté
de la place, près d'un banc.*

Enfin, me plaçant sur un plateau de fer,
1665 Prendre un morceau d'aimant et le lancer en l'air !
Ça, c'est un bon moyen : le fer se précipite,
Aussitôt que l'aimant s'envole, à sa poursuite ;
On relance l'aimant bien vite, et cadédis !
On peut monter ainsi indéfiniment[1].

DE GUICHE

Six !

1670 – Mais voilà six moyens excellents !... Quel système
Choisîtes-vous des six, Monsieur ?

CYRANO

Un septième !

DE GUICHE

Par exemple ! Et lequel ?

CYRANO

Je vous le donne en cent !

DE GUICHE

C'est que ce mâtin-là devient intéressant !

CYRANO, *faisant le bruit des vagues
avec de grands gestes mystérieux.*

Houüh ! houüh !

DE GUICHE

Eh bien !

CYRANO

Vous devinez ?

---

1. « Je fis construire un chariot de fer fort léger et, de là à quelques mois,
tous mes engins étant achevés, j'entrai dans mon industrieuse charrette »
(*États et Empires de la Lune*).

DE GUICHE

Non !

CYRANO

La marée !

1675 À l'heure où l'onde par la lune est attirée,
Je me mis sur le sable – après un bain de mer –
Et la tête partant la première, mon cher
– Car les cheveux, surtout, gardent l'eau dans leur frange ! –
Je m'enlevai dans l'air, droit, tout droit, comme un ange.
1680 Je montais, je montais, doucement, sans efforts,
Quand je sentis un choc !... Alors[1]...

DE GUICHE, *entraîné par la curiosité et s'asseyant sur le banc.*

Alors ?

CYRANO

Alors...

Reprenant sa voix naturelle.
Le quart d'heure est passé, Monsieur, je vous délivre :
Le mariage est fait.

DE GUICHE, *se relevant d'un bond.*

Çà, voyons, je suis ivre !...

Cette voix ?
La porte de la maison s'ouvre, des laquais paraissent portant des candélabres allumés. Lumière. Cyrano ôte son chapeau au bord abaissé.

Et ce nez !... Cyrano ?

CYRANO, *saluant.*

Cyrano.

1685 – Ils viennent à l'instant d'échanger leur anneau.

---

1. Il semble que ce soit Rostand qui ait inventé ce septième moyen, très « classique », d'aller sur la lune.

DE GUICHE

Qui cela ?

Il se retourne. – Tableau. Derrière les laquais, Roxane et Christian se tiennent par la main. Le capucin les suit en souriant. Ragueneau élève aussi un flambeau. La duègne ferme la marche, ahurie, en petit saut-de-lit[1].

Ciel !

Scène 14. Les mêmes, Roxane, Christian, le capucin, Ragueneau, laquais, la duègne.

DE GUICHE, *à Roxane.*

Vous !

Reconnaissant Christian avec stupeur.

Lui ?

Saluant Roxane avec admiration.

Vous êtes des plus fines !

À Cyrano.

Mes compliments, Monsieur l'inventeur des machines :
Votre récit eût fait s'arrêter au portail
Du paradis un saint ! Notez-en le détail,
1690 Car vraiment cela peut resservir dans un livre[2] !

CYRANO, *s'inclinant.*

Monsieur, c'est un conseil que je m'engage à suivre.

LE CAPUCIN, *montrant les amants à de Guiche, et hochant avec satisfaction sa grande barbe blanche.*

Un beau couple, mon fils, réuni là par vous !

---

1. **Saut-de-lit** : peignoir de femme. La duègne a dû se reveiller en sursaut, pour assister à ce mariage.
2. *L'Autre Monde ou les États et Empires de la Lune.*

Repères

1. Relevez le principe d'alternance entre scènes pathétiques et sérieuses et caractérisez les scènes de transition.

Observation

2. Scène 10 : le baiser « se rapproche », mais il est à nouveau différé. Pour l'heure, il est seulement défini de manière métaphorique (v. 1514-1522). Étudiez ces subtiles variations.

3. « *Monte donc, animal !* » (v. 1533) : il est de nouveau question du mouvement ascensionnel. Quelle est sa valeur symbolique ? Quel est le sens possible du terme « *animal* » ? Justifiez l'utilisation de ce terme péjoratif.

4. Scène 11 : l'arrivée du capucin, qui décidément « s'obstine » (v. 1543), non seulement perturbe les « trois » amoureux, mais elle oblige Roxane à prendre une décision et à précipiter le mariage. Est-il un adjuvant ou un opposant ?

5. Relevez la manière dont Roxane organise la cérémonie et manipule les uns et les autres.

6. Scène 13 : comment Cyrano attire-t-il l'attention de son adversaire ?

7. À quel type de discours appartient l'improvisation de Cyrano (scientifique, pseudo-scientifique, philosophique, délirant, onirique, etc.) ? Comment se marient l'invention verbale et le discours « scientifique » ?

Interprétations

8. Christian est réticent, car « *il [lui] semble, à présent, que c'est mal* » (v. 1532). Montrez comment les personnages sont pris dans des situations fausses, dont ils ne peuvent plus sortir.

9. Pourquoi le baiser est-il présenté de manière poétique et indirecte ?

10. En quoi la scène 13 ajoute-t-elle une dimension nouvelle au personnage ? Comment cette dimension se combine-t-elle avec les autres facettes du personnage ?

11. Montrez la difficulté d'exposer sous une forme dramatique ces expériences de science-fiction.

DE GUICHE, *le regardant d'un œil glacé.*

Oui.

À Roxane.

Veuillez dire adieu, Madame, à votre époux.

ROXANE

Comment ?

DE GUICHE, *à Christian.*

Le régiment déjà se met en route.

1695 Joignez-le !

ROXANE

Pour aller à la guerre ?

DE GUICHE

Sans doute.

ROXANE

Mais, Monsieur, les cadets n'y vont pas !

DE GUICHE

Ils iront.

Tirant le papier qu'il avait mis dans sa poche.

Voici l'ordre.

À Christian.

Courez le porter, vous, baron.

ROXANE, *se jetant dans les bras de Christian.*

Christian !

DE GUICHE, *ricanant, à Cyrano.*

La nuit de noce est encore lointaine !

CYRANO, *à part.*

Dire qu'il croit me faire énormément de peine !

CHRISTIAN, *à Roxane.*

1700 Oh ! tes lèvres encore !

CYRANO

Allons, voyons, assez !

CHRISTIAN, *continuant à embrasser Roxane.*

C'est dur de la quitter... Tu ne sais pas...

CYRANO, *cherchant à l'entraîner.*
Je sais.

On entend au loin des tambours qui battent une marche.

DE GUICHE, *qui est remonté au fond.*
Le régiment qui part !

ROXANE, *à Cyrano, en retenant Christian qu'il essaie*
toujours d'entraîner.
Oh !... je vous le confie !
Promettez-moi que rien ne va mettre sa vie
En danger !

CYRANO
J'essaierai... mais ne peux cependant
1705 Promettre...

ROXANE, *même jeu.*
Promettez qu'il sera très prudent !

CYRANO
Oui, je tâcherai, mais...

ROXANE, *même jeu.*
Qu'à ce siège terrible
Il n'aura jamais froid !

CYRANO
Je ferai mon possible.
Mais...

ROXANE, *même jeu.*
Qu'il sera fidèle !

CYRANO
Eh oui ! sans doute, mais...

ROXANE, *même jeu.*
Qu'il m'écrira souvent !

CYRANO, *s'arrêtant.*
Ça, je vous le promets !

RIDEAU

Le balcon et ses séductions

Voici l'acte le plus léger, le plus aérien et le plus élégant de la pièce. Plus de scènes de masse, mais un délicat marivaudage où Cyrano rivalise d'habileté avec Roxane pour triompher des obstacles, mais tandis que Roxane travaille pour elle-même, Cyrano se sacrifie pour faire le bonheur de l'être aimé.

Le balcon est le lieu surélevé et le moment suspendu d'un fragile équilibre entre les délices de la parole amoureuse et les lourdes conséquences d'une action qui engage l'avenir. Cet acte médian est celui de la péripétie : un élément nouveau, le mariage de Roxane et Christian, fait basculer la situation. À plusieurs moments, la pièce pourrait prendre une tout autre tournure : Christian pourrait échouer, Roxane s'apercevoir de la supercherie, Cyrano refuser de collaborer. Pourtant le retournement a bien lieu : l'irrémédiable est commis.

Le balcon se prête au théâtre illusionniste du magicien Cyrano, qui organise un « théâtre dans le théâtre » : bien décidé à tendre un piège où doit succomber la précieuse, trop sensible au beau langage, il se prend lui-même au jeu, déclarant véritablement son amour à Roxane, elle-même bouleversée par tant de sincérité et de beauté. Une fois encore, Cyrano est l'artisan de son propre malheur : le manque de confiance en soi, l'exécution d'un contrat irréfléchi et une part de jeu qui génère pourtant les vrais sentiments le conduisent à l'oubli de soi et à sa perte.

Un balcon légendaire

Au centre de cet acte, au milieu de la scène, et peut-être au cœur de toute la pièce : un balcon. Dispositif théâtral par excellence, le balcon est aussi un objet en trompe-l'œil. Roxane pense y accueillir l'incarnation d'une parole poétique ; elle n'y reçoit que le corps empêché de Christian.

Théâtralement, le balcon est le lieu de tous les échanges, quiproquo et rencontres imprévues. Rostand en fait un magistral usage. C'est d'abord le lieu d'où Roxane écoute et juge les paroles des autres, le lieu d'observation de la précieuse, son regard féminin et artistique sur le monde. Cela devient l'endroit sous lequel se cache le corps de Cyrano, l'objet transitionnel qui libère sa voix et son désir. C'est enfin l'ultime obstacle que Christian escalade avant d'aller cueillir sa récompense sur les lèvres de Roxane.

On admirera autant la virtuosité aérienne des changements de scène, du langage précieux que l'authentique lyrisme de la déclaration d'amour. La palette des émotions et des figures de langage, des inventions et des transformations, est énorme, le talent de magicien du verbe, impressionnant, chez le personnage comme chez Rostand. L'identification au héros malheureux et généreux est à son comble : le spectateur a l'impression d'être lui aussi tapi dans l'ombre et de pouvoir à tout moment escalader le balcon, ne s'en retenant que par une admirable générosité.

Une parole qui fait illusion

Cyrano manifeste la même virtuosité verbale dans les déclarations d'amour que dans les récits fantastiques de voyages sur la lune. Qu'elle soit authentique ou seulement jouée, sa parole conserve toujours la même fraîcheur, la même force de persuasion et de séduction. Tout l'acte III, et d'ailleurs la pièce entière, tient grâce à la maîtrise de cette parole, à la virtuosité et à la préciosité du discours amoureux ou du récit imaginaire. Grâce à ces prouesses verbales, Cyrano travaille cependant contre ses propres intérêts, avec une abnégation admirable, un goût du panache et une générosité sublime.

Le moment dramatique où tout bascule

C'est dans cet acte médian que l'action prend désormais un cours irréversible : le premier baiser, le mariage, le départ pour la guerre. Tous les éléments de la tragédie sont en place : Cyrano n'est étranger à aucun d'eux, il est même celui qui décide de leur apparition. Après la mise en place de l'immense fresque collective des deux premiers actes, la pièce prend à présent une dimension intime, voire intimiste. Elle dépeint la vie affective des individus, en contraste avec les scènes précédentes où il n'était question que des faits d'armes de Cyrano. Tout tient à présent à la fragile parole des êtres : c'est dans l'intimité du langage qu'ils se rencontrent et s'affrontent, qu'ils s'éloignent à jamais l'un de l'autre.

ACTE IV

Les cadets de Gascogne

Le poste qu'occupe la compagnie de Carbon de Castel-Jaloux au siège d'Arras[1].
Au fond, talus traversant toute la scène. Au-delà s'aperçoit un horizon de plaine : le pays couvert de travaux de siège. Les murs d'Arras et la silhouette de ses toits sur le ciel, très loin.
Tentes ; armes éparses ; tambours, etc. – Le jour va se lever. Jaune Orient. – Sentinelles espacées. Feux.
Roulés dans leurs manteaux, les cadets de Gascogne dorment. Carbon de Castel-Jaloux et Le Bret veillent. Ils sont très pâles et très maigris. Christian dort, parmi les autres, dans sa cape, au premier plan, le visage éclairé par un feu. Silence.

SCÈNE PREMIÈRE. CHRISTIAN, CARBON DE CASTEL-JALOUX, LE BRET, LES CADETS, *puis* CYRANO.

LE BRET

1710 C'est affreux !

---

1. Sur le siège d'Arras, Edmond Rostand aurait, selon Jacques Truchet (édition de l'Imprimerie nationale, pp. 373-375), tiré ses informations de deux livres : *Les Sièges d'Arras* d'Achmet d'Héricourt (1845) et les *Mémoires* du maréchal de Gramont, tome LVI de la *Collection des Mémoires relatifs à l'histoire de France* (1826). Retenons simplement que ce siège eut lieu de juin à août 1640 et qu'il présente lui aussi une forme de « théâtre dans le théâtre », puisque les assiégeants sont eux-mêmes les assiégés.

CARBON

Oui, plus rien.

LE BRET

Mordious[1] !

CARBON, *lui faisant signe de parler plus bas.*

Jure en sourdine !

Tu vas les réveiller.
Aux cadets.

Chut ! Dormez !

À Le Bret.

Qui dort dîne !

LE BRET

Quand on a l'insomnie on trouve que c'est peu :
Quelle famine !
On entend au loin quelques coups de feu.

CARBON

Ah ! maugrébis[2] des coups de feu !...
Ils vont me réveiller mes enfants !
Aux cadets qui lèvent la tête.

Dormez !

On se recouche. Nouveaux coups de feu plus rapprochés.

UN CADET, *s'agitant.*

Diantre !

1715 Encore ?

CARBON

Ce n'est rien ! C'est Cyrano qui rentre !
Les têtes qui s'étaient relevées se recouchent.

UNE SENTINELLE, *au-dehors.*

Ventrebieu[3] ! qui va là ?

---

1. **Mordious :** juron gascon probablement calqué sur « Mort de Dieu ».
2. **Maugrébis :** exclamation pour protester (maugréer) contre quelque chose.
3. **Ventrebieu :** nouveau juron.

LA VOIX DE CYRANO
Bergerac !

LA SENTINELLE, *qui est sur le talus.*
Ventrebieu !...

Qui va là ?

CYRANO, *paraissant sur la crête.*
Bergerac, imbécile !
Il descend. Le Bret va au-devant de lui, inquiet.

LE BRET
Ah ! grand Dieu !

CYRANO, *lui faisant signe de ne réveiller personne.*
Chut !

LE BRET
Blessé ?

CYRANO
Tu sais bien qu'ils ont pris l'habitude
De me manquer tous les matins !

LE BRET
C'est un peu rude,
1720 Pour porter une lettre, à chaque jour levant,
De risquer...

CYRANO, *s'arrêtant devant Christian.*
J'ai promis qu'il écrirait souvent !
Il le regarde.
Il dort. Il est pâli. Si la pauvre petite
Savait qu'il meurt de faim... Mais toujours beau !

LE BRET
Va vite

Dormir !

CYRANO
Ne grogne pas, Le Bret !... Sache ceci :
1725 Pour traverser les rangs espagnols, j'ai choisi
Un endroit où je sais, chaque nuit, qu'ils sont ivres.

Le Bret

Tu devrais bien un jour nous rapporter des vivres.

Cyrano

Il faut être léger pour passer ! – Mais je sais
Qu'il y aura ce soir du nouveau. Les Français
1730 Mangeront ou mourront – si j'ai bien vu...

Le Bret

Raconte !

Cyrano

Non. Je ne suis pas sûr... vous verrez...

Carbon

Quelle honte,
Lorsqu'on est assiégeant, d'être affamé !

Le Bret

Hélas !
Rien de plus compliqué que ce siège d'Arras :
Nous assiégeons Arras – nous-mêmes, pris au piège,
1735 Le cardinal infant d'Espagne nous assiège...

Cyrano

Quelqu'un devrait venir l'assiéger à son tour.

Le Bret

Je ne ris pas.

Cyrano

Oh ! oh !

Le Bret

Penser que chaque jour
Vous risquez une vie, ingrat, comme la vôtre,
Pour porter...
Le voyant qui se dirige vers une tente.

Où vas-tu ?

Cyrano

J'en vais écrire une autre.
Il soulève la toile et disparaît.

SCÈNE 2. LES MÊMES, *moins* CYRANO.

Le jour s'est un peu levé. Lueurs roses. La ville d'Arras se dore à l'horizon. On entend un coup de canon immédiatement suivi d'une batterie de tambours, très au loin, vers la gauche. D'autres tambours battent plus près. Les batteries vont se répondant, et se rapprochant, éclatent presque en scène et s'éloignent vers la droite, parcourant le camp. Rumeurs de réveil. Voix lointaines d'officiers.

CARBON, *avec un soupir.*

1740 La diane !... Hélas !

Les cadets s'agitent dans leurs manteaux, s'étirent.

Sommeil succulent, tu prends fin !...

Je sais trop quel sera leur premier cri !

UN CADET, *se mettant sur son séant.*

J'ai faim !

UN AUTRE

Je meurs !

TOUS

Oh !

CARBON

Levez-vous !

TROISIÈME CADET

Plus un pas !

QUATRIÈME CADET

Plus un geste !

LE PREMIER, *se regardant dans un morceau de cuirasse.*

Ma langue est jaune : l'air du temps est indigeste !

UN AUTRE

Mon tortil de baron pour un peu de Chester[1] !

---

1. **Chester** : fromage fabriqué dans la région de Chester, en Angleterre. Et allusion parodique à Richard III qui, à la bataille de Bosworth, était prêt à échanger « son royaume pour un cheval ».

UN AUTRE

1745 Moi, si l'on ne veut pas fournir à mon gaster[1]
De quoi m'élaborer une pinte de chyle[2],
Je me retire sous ma tente, – comme Achille !

UN AUTRE

Oui, du pain !

CARBON, *allant à la tente où est entré Cyrano, à mi-voix.*
Cyrano !

D'AUTRES

Nous mourons !

CARBON, *toujours à mi-voix, à la porte de la tente.*
Au secours !

Toi qui sais si gaiement leur répliquer toujours,
1750 Viens les ragaillardir !

DEUXIÈME CADET, *se précipitant vers le premier*
qui mâchonne quelque chose.
Qu'est-ce que tu grignotes ?

LE PREMIER

De l'étoupe[3] à canon que dans les bourguignotes[4]
On fait frire en la graisse à graisser les moyeux[5].
Les environs d'Arras sont très peu giboyeux !

UN AUTRE, *entrant.*
Moi je viens de chasser !

UN AUTRE, *même jeu.*
J'ai pêché dans la Scarpe !

TOUS, *debout, se ruant sur les deux nouveaux venus.*
1755 Quoi ? – Que rapportez-vous ? – Un faisan ? – Une
[carpe ?

---

1. **Gaster** : estomac, selon l'étymologie grecque du mot (*gaster, gastros* : ventre, estomac).
2. **Chyle** : suc intestinal constitué des substances en voie de digestion.
3. **Étoupe** : partie la plus grossière de la filasse de lin ou de chanvre.
4. **Bourguignotes** : casques de soldat.
5. **Moyeux** : parties centrales des roues.

– Vite, vite, montrez !

LE PÊCHEUR

Un goujon !

LE CHASSEUR

Un moineau !

TOUS, *exaspérés.*

Assez ! – Révoltons-nous !

CARBON

Au secours, Cyrano !

Il fait maintenant tout à fait jour.

SCÈNE 3. LES MÊMES, CYRANO.

CYRANO, *sortant de sa tente, tranquille,*
une plume à l'oreille, un livre à la main.

Hein ?

Silence. Au premier cadet.

Pourquoi t'en vas-tu, toi, de ce pas qui traîne ?

LE CADET

J'ai quelque chose, dans les talons, qui me gêne !

CYRANO

1760 Et quoi donc ?

LE CADET

L'estomac !

CYRANO

Moi de même, pardi !

LE CADET

Cela doit te gêner ?

CYRANO

Non, cela me grandit.

DEUXIÈME CADET

J'ai les dents longues !

CYRANO

Tu n'en mordras que plus large.

UN TROISIÈME

Mon ventre sonne creux !

CYRANO

Nous y battrons la charge.

UN AUTRE

Dans les oreilles, moi, j'ai des bourdonnements.

CYRANO

1765 Non, non ; ventre affamé, pas d'oreilles : tu mens !

UN AUTRE

Oh ! manger quelque chose – à l'huile !

CYRANO, *le décoiffant et lui mettant son casque dans la main.*

Ta salade.

UN AUTRE

Qu'est-ce qu'on pourrait bien dévorer ?

CYRANO, *lui jetant le livre qu'il tient à la main,*

l'Iliade.

UN AUTRE

Le ministre, à Paris, fait ses quatre repas !

CYRANO

Il devrait t'envoyer du perdreau ?

LE MÊME

Pourquoi pas ?

1770 Et du vin !

CYRANO

Richelieu, du bourgogne, *if you please ?*

LE MÊME

Par quelque capucin !

CYRANO

L'Éminence qui grise ?

UN AUTRE

J'ai des faims d'ogre !

CYRANO

Eh bien, tu croques le marmot[1] !

LE PREMIER CADET, *haussant les épaules.*

Toujours le mot, la pointe !

CYRANO

Oui, la pointe, le mot !

Et je voudrais mourir, un soir, sous un ciel rose,
1775 En faisant un bon mot, pour une belle cause !
Oh ! frappé par la seule arme noble qui soit,
Et par un ennemi qu'on sait digne de soi,
Sur un gazon de gloire et loin d'un lit de fièvres,
Tomber la pointe au cœur en même temps qu'aux lèvres !

CRIS DE TOUS

1780 J'ai faim !

CYRANO, *se croisant les bras.*

Ah çà ! mais vous ne pensez qu'à manger ?
– Approche, Bertrandou le fifre, ancien berger ;
Du double étui de cuir tire l'un de tes fifres,
Souffle, et joue à ce tas de goinfres et de piffres
Ces vieux airs du pays, au doux rythme obsesseur,
1785 Dont chaque note est comme une petite sœur,
Dans lesquels restent pris des sons de voix aimées,
Ces airs dont la lenteur est celle des fumées
Que le hameau natal exhale de ses toits,
Ces airs dont la musique a l'air d'être en patois !...
Le vieux s'assied et prépare son fifre.
1790 Que la flûte, aujourd'hui, guerrière qui s'afflige,
Se souvienne un moment, pendant que sur sa tige
Tes doigts semblent danser un menuet d'oiseau,
Qu'avant d'être d'ébène, elle fut de roseau ;

---

1. **Tu croques le marmot** : expression familière signifiant « tu attends ».

Que sa chanson l'étonne, et qu'elle y reconnaisse
1795 L'âme de sa rustique et paisible jeunesse !
Le vieux commence à jouer des airs languedociens.
Écoutez, les Gascons... Ce n'est plus, sous ses doigts,
Le fifre aigu des camps, c'est la flûte des bois !
Ce n'est plus le sifflet du combat, sous ses lèvres,
C'est le lent galoubet[1] de nos meneurs de chèvres !
1800 Écoutez... c'est le val, la lande, la forêt,
Le petit pâtre brun sous son rouge béret,
C'est la verte douceur des soirs sur la Dordogne...
Écoutez, les Gascons : c'est toute la Gascogne !
Toutes les têtes se sont inclinées ; – tous les yeux rêvent ;
– et des larmes sont furtivement essuyées, avec un revers
de manche, un coin de manteau.

CARBON, *à Cyrano, bas.*

Mais tu les fais pleurer !

CYRANO

De nostalgie !... Un mal
1805 Plus noble que la faim !... pas physique : moral !
J'aime que leur souffrance ait changé de viscère,
Et que ce soit leur cœur, maintenant, qui se serre !

CARBON

Tu vas les affaiblir en les attendrissant !

CYRANO, *qui a fait signe au tambour d'approcher.*

Laisse donc ! Les héros qu'ils portent dans leur sang
1810 Sont vite réveillés ! Il suffit...
Il fait un geste. Le tambour roule.

TOUS, *se levant et se précipitant sur leurs armes.*

Hein ?... Quoi ?... Qu'est-ce ?

CYRANO, *souriant.*

Tu vois, il a suffi d'un roulement de caisse !
Adieu, rêves, regrets, vieille province, amour...
Ce qui du fifre vient s'en va par le tambour !

---

1. **Galoubet** : instrument à vent proche du flageolet et de la flûte à bec.

UN CADET, *qui regarde au fond.*
Ah ! Ah ! Voici monsieur de Guiche !

TOUS LES CADETS, *murmurant.*
Hou...

CYRANO, *souriant.*
Murmure

1815 Flatteur !

UN CADET
Il nous ennuie !

UN AUTRE
Avec, sur son armure,
Son grand col de dentelle, il vient faire le fier !

UN AUTRE
Comme si l'on portait du linge sur du fer !

LE PREMIER
C'est bon lorsque à son cou l'on a quelque furoncle !

LE DEUXIÈME
Encore un courtisan !

UN AUTRE
Le neveu de son oncle !

CARBON
1820 C'est un Gascon pourtant !

LE PREMIER
Un faux !... Méfiez-vous !
Parce que, les Gascons... ils doivent être fous :
Rien de plus dangereux qu'un Gascon raisonnable.

LE BRET
Il est pâle !

UN AUTRE
Il a faim... autant qu'un pauvre diable !
Mais comme sa cuirasse a des clous de vermeil,
1825 Sa crampe d'estomac étincelle au soleil !

CYRANO, *vivement.*

N'ayons pas l'air non plus de souffrir ! Vous, vos cartes,
Vos pipes et vos dés...

*Tous rapidement se mettent à jouer sur des tambours, sur
des escabeaux et, par terre, sur leurs manteaux, et ils
allument de longues pipes de pétun[1].*

Et moi, je lis Descartes.

*Il se promène de long en large et lit dans un petit livre qu'il
a tiré de sa poche. – Tableau. – De Guiche entre. Tout le
monde a l'air absorbé et content. Il est très pâle. Il va vers
Carbon.*

---

1. **Pétun :** tabac.

Repères

1. Étudiez la façon dont est repris le thème de la faim dans ces trois scènes.

2. Caractérisez, notamment d'après la didascalie, le nouveau décor décrit au début de l'acte IV. Quelles traces de la guerre et du siège y sont visibles ? Par quels indices se manifeste le changement radical d'atmosphère (scène 1) ?

3. Sur quels principes Rostand constitue-t-il le cadre de ses tableaux contrastés ?

Observation

4. Quelle image de la guerre est donnée en début d'acte ? Comment évolue-t-elle ?

5. Analysez la nostalgie patriotique des Gascons. En quoi consiste leur héroïsme ?

6. La scène 3 est encore une scène statique (le calme avant la bataille) qui reprend inlassablement le leitmotiv de la faim. Quels problèmes se posent au dramaturge pour animer, dialoguer et mettre en scène cette même thématique ?

7. Tous les personnages masculins principaux sont présents dans cet acte. Observez la reprise de leurs principales caractéristiques.

Interprétations

8. Fresque historique et action individuelle héroïque : comment les deux motifs sont-ils intégrés dans cette présentation ?

9. **La théorie de la pointe** : Cyrano sait jouer de la pointe, dans tous les sens du terme, qu'il s'agisse notamment de faire de l'esprit ou de se battre à l'épée, de manier le vers ou le fer. Le bon mot est, comme pour l'esthète ou le dandy, le seul sens de son existence. La pointe est aussi ce qui lui permet de réconcilier l'agressivité de son discours et la force argumentative de son arme. L'écriture et le combat procèdent du même désir de toucher l'autre (« *À la fin de l'envoi, je touche* », acte I, scène 4) ou de « *tomber la pointe au cœur* » (v. 1779). Il faut enfin que la pointe soit la marque de l'art pour l'art,

du beau geste, de la recherche formelle et du panache, pointe fleurie et qui invite l'autre à le viser. « *Tomber la pointe au cœur* », c'est savoir terminer un discours sur un bon mot, finir en beauté. La pointe, c'est aussi ce qui sait mettre un point final à un raisonnement ou à une démonstration ; c'est le sel de l'histoire, le point au sens anglais du terme. C'est enfin la concentration paradoxale, l'oxymore de pensées habituellement antithétiques (« *Je voudrais mourir* [...] *Tomber la pointe au cœur...* », v. 1774-1779 ; « *Vous aurez l'obligeance / De vous faire tuer* », v. 1902-1903). On comprend que cette figure tienne tant à cœur à notre poète.

Rostand donne sa propre définition dans la préface de ses *Entretiens pointus* : « *La pointe n'est pas d'accord avec la raison, c'est l'agréable jeu de l'esprit, et merveilleux à ce point qu'il réduit toutes choses sur le pied nécessaire à ses agréments, sans avoir égard à leur propre substance. S'il faut que pour la pointe l'on fasse d'une belle chose une laide, cette étrange et prompte métamorphose se peut faire sans scrupule, et toujours on a bien fait pourvu qu'on ait bien dit ; on ne pèse pas les choses, pourvu qu'elles brillent il n'importe ; et s'il s'y trouve d'ailleurs quelques défauts, ils sont purifiés par le feu qui les accompagne...* »

En quoi cette définition de Rostand s'applique-t-elle à l'art de la pointe illustré dans la scène 3 ?

10. Quelles valeurs Cyrano défend-il et en quoi s'oppose-t-il aux autres ?

11. Quelle est la valeur symbolique de la nourriture dans ces trois scènes et plus généralement dans l'ensemble de la pièce ?

SCÈNE 4. LES MÊMES, DE GUICHE.

DE GUICHE, *à Carbon.*

Ah ! Bonjour !
Ils s'observent tous les deux. À part, avec satisfaction.
Il est vert.

CARBON, *de même.*
Il n'a plus que les yeux.

DE GUICHE, *regardant les cadets.*
Voici donc les mauvaises têtes ?... Oui, Messieurs.
1830 Il me revient de tous côtés qu'on me brocarde[1]
Chez vous, que les cadets, noblesse montagnarde,
Hobereaux béarnais, barons périgourdins,
N'ont pour leur colonel pas assez de dédains,
M'appellent intrigant, courtisan, qu'il les gêne
1835 De voir sur ma cuirasse un col au point de Gêne,
Et qu'ils ne cessent pas de s'indigner entre eux
Qu'on puisse être Gascon et ne pas être gueux !
Silence. On joue. On fume.
Vous ferai-je punir par votre capitaine ?
Non.

CARBON
D'ailleurs, je suis libre et n'inflige de peine...

DE GUICHE

1840 Ah !

CARBON
J'ai payé ma compagnie, elle est à moi.
Je n'obéis qu'aux ordres de guerre.

DE GUICHE
Ah ?... Ma foi !

Cela suffit.
S'adressant aux cadets.

---

1. **Brocarde** : raille.

Cyrano joué et mis en scène par Jean-Claude Drouot.
Maison de la culture André-Malraux, Reims, 1985.

Je peux mépriser vos bravades.
On connaît ma façon d'aller aux mousquetades :
Hier, à Bapaume, on vit la furie avec quoi
1845 J'ai fait lâcher le pied au comte de Bucquoi ;
Ramenant sur ses gens les miens en avalanche,
J'ai chargé par trois fois !

       CYRANO, *sans lever le nez de son livre.*
           Et votre écharpe blanche ?

     DE GUICHE, *surpris et satisfait.*
Vous savez ce détail ? En effet, il advint,
Durant que je faisais ma caracole[1], afin
1850 De rassembler mes gens pour la troisième charge,

---

1. **Caracole :** manœuvre de troupes à cheval préludant au tir.

Qu'un remous de fuyards m'entraîna sur la marge
Des ennemis ; j'étais en danger qu'on me prît
Et qu'on m'arquebusât, quand j'eus le bon esprit
De dénouer et de laisser couler à terre
1855 L'écharpe qui disait mon grade militaire ;
En sorte que je pus, sans attirer les yeux,
Quitter les Espagnols, et revenant sur eux,
Suivi de tous les miens réconfortés, les battre !
– Eh bien ! que dites-vous de ce trait ?

*Les cadets n'ont pas l'air d'écouter ; mais ici les cartes et
les cornets à dés restent en l'air, la fumée des pipes demeure
dans les joues : attente.*

CYRANO

Qu'Henri quatre
1860 N'eût jamais consenti, le nombre l'accablant,
À se diminuer de son panache blanc.

*Joie silencieuse. Les cartes s'abattent. Les dés tombent. La
fumée s'échappe.*

DE GUICHE

L'adresse a réussi, cependant !

Même attente suspendant les jeux et les pipes.

CYRANO

C'est possible.
Mais on n'abdique pas l'honneur d'être une cible.

*Cartes, dés, fumées s'abattent, tombent, s'envolent avec une
satisfaction croissante.*

Si j'eusse été présent quand l'écharpe coula
1865 – Nos courages, monsieur, diffèrent en cela –
Je l'aurais ramassée et me la serais mise.

DE GUICHE

Oui, vantardise, encor, de Gascon !

CYRANO

Vantardise ?...
Prêtez-la-moi. Je m'offre à monter, dès ce soir,
À l'assaut, le premier, avec elle en sautoir.

De Guiche

1870 Offre encor de Gascon ! Vous savez que l'écharpe
Resta chez l'ennemi, sur les bords de la Scarpe,
En un lieu que depuis la mitraille cribla,
Où nul ne peut aller la chercher !

Cyrano, *tirant de sa poche l'écharpe blanche*
et la lui tendant.

La voilà.

*Silence. Les cadets étouffent leurs rires dans les cartes et
dans les cornets à dés. De Guiche se retourne, les regarde ;
immédiatement ils reprennent leur gravité, leurs jeux ; l'un
d'eux sifflote avec indifférence l'air montagnard joué par
le fifre.*

De Guiche, *prenant l'écharpe.*

Merci. Je vais, avec ce bout d'étoffe claire,
1875 Pouvoir faire un signal – que j'hésitais à faire.

*Il va au talus, y grimpe, et agite plusieurs fois l'écharpe
en l'air.*

Tous

Hein !

La sentinelle, *en haut du talus.*

Cet homme, là-bas qui se sauve en courant !...

De Guiche, *redescendant.*

C'est un faux espion espagnol. Il nous rend
De grands services. Les renseignements qu'il porte
Aux ennemis sont ceux que je lui donne, en sorte
1880 Que l'on peut influer sur leurs décisions.

Cyrano

C'est un gredin !

De Guiche, *se nouant nonchalamment son écharpe.*

C'est très commode. Nous disions ?...
Ah !... J'allais vous apprendre un fait. Cette nuit même,
Pour nous ravitailler tentant un coup suprême,
Le maréchal s'en fut vers Dourlens, sans tambours ;

1885 Les vivandiers du roi sont là ; par les labours
Il les joindra ; mais pour revenir sans encombre,
Il a pris avec lui des troupes en tel nombre
Que l'on aurait beau jeu, certes, en nous attaquant :
La moitié de l'armée est absente du camp !

CARBON

1890 Oui, si les Espagnols savaient, ce serait grave.
Mais ils ne savent pas ce départ ?

DE GUICHE

Ils le savent.

Ils vont nous attaquer.

CARBON

Ah !

DE GUICHE

Mon faux espion

M'est venu prévenir de leur agression.
Il ajouta : « J'en peux déterminer la place ;
1895 Sur quel point voulez-vous que l'attaque se fasse ?
Je dirai que de tous c'est le moins défendu,
Et l'effort portera sur lui. » J'ai répondu :
« C'est bon. Sortez du camp. Suivez des yeux la ligne :
Ce sera sur le point d'où je vous ferai signe. »

CARBON, *aux cadets.*

1900 Messieurs, préparez-vous !

Tous se lèvent. Bruit d'épées et de ceinturons qu'on boucle.

DE GUICHE

C'est dans une heure.

PREMIER CADET

Ah !

[bien !...

Ils se rasseyent tous. On reprend la partie interrompue.

DE GUICHE, *à Carbon.*
Il faut gagner du temps. Le maréchal revient.

CARBON
Et pour gagner du temps ?

DE GUICHE
Vous aurez l'obligeance
De vous faire tuer.

CYRANO
Ah ! voilà la vengeance ?

DE GUICHE
Je ne prétendrai pas que si je vous aimais
1905 Je vous eusse choisis vous et les vôtres, mais,
Comme à votre bravoure on n'en compare aucune,
C'est mon Roi que je sers en servant ma rancune.

CYRANO, *saluant.*
Souffrez que je vous sois, monsieur, reconnaissant.

DE GUICHE, *saluant.*
Je sais que vous aimez vous battre un contre cent.
1910 Vous ne vous plaindrez pas de manquer de besogne.
Il remonte, avec Carbon.

CYRANO, *aux cadets.*
Eh bien donc ! nous allons au blason de Gascogne,
Qui porte six chevrons, messieurs, d'azur et d'or,
Joindre un chevron de sang qui lui manquait encor !
*De Guiche cause bas avec Carbon de Castel-Jaloux, au
fond. On donne des ordres. La résistance se prépare.
Cyrano va vers Christian qui est resté immobile, les bras
croisés.*

CYRANO, *lui mettant la main sur l'épaule.*
Christian ?

CHRISTIAN, *secouant la tête.*
Roxane !

CYRANO
Hélas !

CHRISTIAN
                              Au moins, je voudrais mettre
1915 Tout l'adieu de mon cœur dans une belle lettre !...

CYRANO
Je me doutais que ce serait pour aujourd'hui.
Il tire un billet de son pourpoint.
Et j'ai fait tes adieux.

CHRISTIAN
Montre !...

CYRANO
                              Tu veux ?...

CHRISTIAN, *lui prenant la lettre.*
                                        Mais oui !

Il l'ouvre, lit et s'arrête.
Tiens !...

CYRANO
        Quoi ?

CHRISTIAN
            Ce petit rond ?...

CYRANO, *reprenant la lettre vivement, et regardant
d'un air naïf.*
                              Un rond ?...

CHRISTIAN
                                        C'est une larme !

CYRANO
Oui... Poète, on se prend à son jeu, c'est le charme !...
1920 Tu comprends... ce billet, – c'était très émouvant :
Je me suis fait pleurer moi-même en l'écrivant.

CHRISTIAN
Pleurer ?...

CYRANO
            Oui.. parce que... mourir n'est pas terrible...
Mais... ne plus la revoir jamais... voilà l'horrible !

Car enfin je ne la...
Christian le regarde.

Nous ne la...

Vivement.

Tu ne la...

CHRISTIAN, *lui arrachant la lettre.*

1925 Donne-moi ce billet !
On entend une rumeur, au loin, dans le camp.

LA VOIX D'UNE SENTINELLE
Ventrebieu, qui va là ?
Coups de feu. Bruits de voix. Grelots.

CARBON

Qu'est-ce ?

LA SENTINELLE, *qui est sur le talus.*
Un carrosse !
On se précipite pour voir.

CRIS
Quoi ? Dans le camp ? – Il y entre !
– Il a l'air de venir de chez l'ennemi ! – Diantre !
Tirez ! – Non ! le cocher a crié ! – Crié quoi ? –
Il a crié : Service du roi !
Tout le monde est sur le talus et regarde au-dehors. Les grelots se rapprochent.

DE GUICHE
Hein ? Du roi ?...
On redescend, on s'aligne.

CARBON

1930 Chapeau, bas, tous !

DE GUICHE, *à la cantonade.*
Du roi ! – Rangez-vous, vile tourbe,
Pour qu'il puisse décrire avec pompe sa courbe !
Le carrosse entre au grand trot. Il est couvert de boue et de poussière. Les rideaux sont tirés. Deux laquais derrière. Il s'arrête net.

CARBON, *criant.*

Battez aux champs !
Roulement de tambours. Tous les cadets se découvrent.

DE GUICHE

Baissez le marchepied !
Deux hommes se précipitent. La portière s'ouvre.

ROXANE, *sautant du carrosse.*

Bonjour !

Le son d'une voix de femme relève d'un seul coup tout ce monde profondément incliné. – Stupeur.

SCÈNE 5. LES MÊMES, ROXANE.

DE GUICHE

Service du roi ! Vous ?

ROXANE

Mais du seul roi, l'Amour !

CYRANO

Ah ! grand Dieu !

CHRISTIAN, *s'élançant.*

Vous ! Pourquoi ?

ROXANE

C'était trop long, ce siège !

CHRISTIAN

1935 Pourquoi ?...

ROXANE

Je te dirai !

CYRANO, *qui, au son de sa voix, est resté cloué immobile, sans oser tourner les yeux vers elle.*

Dieu ! La regarderai-je ?

DE GUICHE

Vous ne pouvez rester ici !

ROXANE, *gaiement.*

Mais si ! mais si !

Voulez-vous m'avancer un tambour ?...

Elle s'assied sur un tambour qu'on avance.

Là merci !

Elle rit.

On a tiré sur mon carrosse !

Fièrement.

Une patrouille !

– Il a l'air d'être fait avec une citrouille,

1940 N'est-ce pas ? comme dans le conte, et les laquais

Avec des rats.

Envoyant des lèvres un baiser à Christian.

Bonjour !
Les regardant tous.

Vous n'avez pas l'air gais !
– Savez-vous que c'est loin, Arras ?
Apercevant Cyrano.

Cousin, charmée !
CYRANO, *s'avançant.*
Ah çà ! comment ?...

ROXANE

Comment j'ai retrouvé l'armée ?
Oh ! mon Dieu, mon ami, mais c'est tout simple : j'ai
1945 Marché tant que j'ai vu le pays ravagé.
Ah ! ces horreurs il a fallu que je les visse
Pour y croire ! Messieurs, si c'est là le service
De votre roi, le mien vaut mieux !

CYRANO

Voyons, c'est fou !
Par où diable avez-vous bien pu passer ?

ROXANE

Par où ?
1950 Par chez les Espagnols.

PREMIER CADET

Ah ! Qu'elles sont malignes.

DE GUICHE

Comment avez-vous fait pour traverser leurs lignes ?

LE BRET

Cela dut être très difficile !...

ROXANE

Par trop.
J'ai simplement passé dans mon carrosse, au trot.
Si quelque hidalgo[1] montrait sa mine altière,
1955 Je mettais mon plus beau sourire à la portière,

___
1. **Hidalgo** : nom espagnol pour « noble ».

Et ces messieurs étant, n'en déplaise aux Français,
Les plus galantes gens du monde, – je passais !

CARBON

Oui, c'est un passeport, certes, que ce sourire !
Mais on a fréquemment dû vous sommer de dire
1960 Où vous alliez ainsi, madame ?

ROXANE

Fréquemment.

Alors je répondais : « Je vais voir mon amant. »
Aussitôt l'Espagnol à l'air le plus féroce
Refermait gravement la porte du carrosse,
D'un geste de la main à faire envie au roi
1965 Relevait les mousquets déjà braqués sur moi,
Et superbe de grâce, à la fois, et de morgue,
L'ergot[1] tendu sous la dentelle en tuyau d'orgue,
Le feutre au vent pour que la plume palpitât,
S'inclinait en disant : « Passez, señorita ! »

CHRISTIAN

1970 Mais, Roxane...

ROXANE

J'ai dit : mon amant, oui... pardonne !
Tu comprends, si j'avais dit : mon mari, personne
Ne m'eût laissé passer !

CHRISTIAN

Mais...

ROXANE

Qu'avez-vous ?

DE GUICHE

Il faut

Vous en aller d'ici !

ROXANE

Moi ?

---

1. « Se dresser sur ses ergots » signifie prendre une attitude hautaine.

CYRANO
Bien vite !

LE BRET
Au plus tôt !

CHRISTIAN
Oui !

ROXANE
Mais comment ?

CHRISTIAN, *embarrassé.*
C'est que...

CYRANO, *de même.*
Dans trois quarts d'heure...

DE GUICHE, *de même.*
[Ou... quatre...

CARBON, *de même.*

1975 Il vaut mieux...

LE BRET, *de même.*
Vous pourriez...

ROXANE
Je reste. On va se battre.

TOUS
Oh ! non !

ROXANE
C'est mon mari !
Elle se jette dans les bras de Christian.
Qu'on me tue avec toi !

CHRISTIAN
Mais quels yeux vous avez !

ROXANE
Je te dirai pourquoi !

DE GUICHE, *désespéré.*
C'est un poste terrible !

ROXANE, *se retournant.*

Hein ! terrible ?

CYRANO

Et la preuve

C'est qu'il nous l'a donné !

ROXANE, *à de Guiche.*

Ah ! vous me vouliez veuve ?

DE GUICHE

1980 Oh ! je vous jure !...

ROXANE

Non ! Je suis folle à présent !

Et je ne m'en vais plus ! D'ailleurs, c'est amusant.

CYRANO

Eh quoi ! la précieuse était une héroïne ?

ROXANE

Monsieur de Bergerac, je suis votre cousine.

UN CADET

Nous vous défendrons bien !

ROXANE, *enfiévrée de plus en plus.*

Je le crois, mes amis !

UN AUTRE, *avec enivrement.*

1985 Tout le camp sent l'iris !

ROXANE

Et j'ai justement mis

Un chapeau qui fera très bien dans la bataille !...

Regardant de Guiche.

Mais peut-être est-il temps que le comte s'en aille :

On pourrait commencer.

DE GUICHE

Ah ! c'en est trop ! Je vais

Inspecter mes canons, et reviens... Vous avez

1990 Le temps encor : changez d'avis !

ROXANE

Jamais !

De Guiche sort.

Repères

1. Le début de ces scènes est marqué par l'arrivée de deux personnages. Lesquels ? Pourquoi donnent-ils une impression de décalage par rapport aux autres ?

2. Étudiez la transition entre la scène 4 et la scène 5.

Observation

3. La vantardise de de Guiche (v. 1841-1858). Correspond-il à l'idéal des Gascons ?

4. Quelle est la valeur de l'allusion au panache blanc d'Henri IV (v. 1861) ?

5. Relevez des clichés concernant les femmes.

6. Quelle image des Espagnols Rostand nous donne-t-il ici ?

7. Commentez la remarque du cadet au vers 1950 : « *Ah ! Qu'elles sont malignes.* »

8. « *Eh quoi ! la précieuse était une héroïne ?* » (v. 1982) : que pensez-vous de cette remarque de Cyrano, qui est plus moqueuse qu'admirative ?

9. À partir de l'arrivée de Roxane au campement et jusqu'à la fin de la scène 5, Rostand joue sur le registre du comique troupier : sur quel type de situation fait-il reposer un tel comique ? Relevez d'autres procédés comiques.

Interprétations

10. Commentez la réaction de Cyrano au récit de de Guiche et définissez la fonction des récits des deux personnages (scène 4). Quelles oppositions sont mises en lumière ?

11. Comment s'insère l'épisode de la lettre à Roxane dans cette fresque militaire ?

12. L'arrivée de Roxane (scène 5) : en quoi sa présence est-elle indispensable au dénouement de l'intrigue ? Est-elle pour autant vraisemblable ? Quelle est la signification symbolique de l'entrée de Roxane dans le camp des hommes ?

13. Quel éclairage nouveau Roxane apporte-t-elle sur la guerre et l'héroïsme des soldats ?

SCÈNE 6. LES MÊMES, *moins* DE GUICHE.

CHRISTIAN, *suppliant.*

Roxane !...

ROXANE

Non !

PREMIER CADET, *aux autres.*

Elle reste !

TOUS, *se précipitant, se bousculant, s'astiquant.*

Un peigne ! – Un savon ! – Ma basane
Est trouée : une aiguille ! – Un ruban ! – Ton miroir !
– Mes manchettes ! – Ton fer à moustache ! – Un rasoir !

ROXANE, *à Cyrano qui la supplie encore.*

Non ! rien ne me fera bouger de cette place !

CARBON, *après s'être, comme les autres, sanglé,*
épousseté, avoir brossé son chapeau, redressé sa plume
et tiré ses manchettes, s'avance vers Roxane,
et cérémonieusement.

1995 Peut-être siérait-il que je vous présentasse,
Puisqu'il en est ainsi, quelques de ces messieurs
Qui vont avoir l'honneur de mourir sous vos yeux.
Roxane s'incline et elle attend, debout au bras de Christian.
Carbon présente.
Baron de Peyrescous de Colignac !

LE CADET, *saluant.*

Madame...

CARBON, *continuant.*

Baron de Casterac de Cahuzac. – Vidame
2000 De Malgouvre Estressac Lesbas d'Escarabiot. –
Chevalier d'Antignac-Juzet. – Baron Hillot
De Blagnac-Saléchan de Castel-Crabioules...

ROXANE

Mais combien avez-vous de noms, chacun ?

LE BARON HILLOT

Des foules !

CARBON, *à Roxane.*
Ouvrez la main qui tient votre mouchoir.

ROXANE *ouvre la main et le mouchoir tombe.*

Pourquoi ?
Toute la compagnie fait le mouvement de s'élancer pour le ramasser.

CARBON, *le ramassant, vivement.*
2005 Ma compagnie étant sans drapeau ! Mais, ma foi,
C'est le plus beau du camp qui flottera sur elle !

ROXANE, *souriant.*
Il est un peu petit.

CARBON, *attachant le mouchoir à la hampe de sa lance de capitaine.*
Mais il est en dentelle !

UN CADET, *aux autres.*
Je mourrais sans regret ayant vu ce minois,
Si j'avais seulement dans le ventre une noix !...

CARBON, *qui l'a entendu, indigné.*
2010 Fi ! parler de manger lorsqu'une exquise femme !...

ROXANE
Mais l'air du camp est vif et, moi-même, m'affame :
Pâtés, chauds-froids, vins fins : mon menu, le voilà !
Voulez-vous m'apporter tout cela ?
Consternation.

UN CADET

Tout cela !

UN AUTRE
Où le prendrions-nous, grand Dieu ?

ROXANE, *tranquillement.*

Dans mon carrosse.

TOUS
2015 Hein ?...

ROXANE

Mais il faut qu'on serve et découpe, et désosse !
Regardez mon cocher d'un peu plus près, messieurs.
Et vous reconnaîtrez un homme précieux :
Chaque sauce sera, si l'on veut, réchauffée !

LES CADETS, *se ruant vers le carrosse.*

C'est Ragueneau !
Acclamations.

Oh ! Oh !

ROXANE, *les suivant des yeux.*

Pauvres gens !

CYRANO, *lui baisant la main.*

Bonne fée !

RAGUENEAU, *debout sur le siège comme un charlatan
en place publique.*

2020 Messieurs !...
Enthousiasme.

LES CADETS

Bravo ! Bravo !

RAGUENEAU

Les Espagnols n'ont pas,

Quand passaient tant d'appas, vu passer le repas !
Applaudissements.

CYRANO, *bas à Christian.*

Hum ! hum ! Christian !

RAGUENEAU

Distraits par la galanterie

Ils n'ont pas vu...
Il tire de son siège un plat qu'il élève.

la galantine !...
Applaudissements. La galantine passe de mains en mains.

CYRANO, *bas à Christian.*

Je t'en prie,

Un seul mot !

RAGUENEAU
Et Vénus sut occuper leur œil
2025 Pour que Diane, en secret, pût passer...
Il brandit un gigot.

son chevreuil !
Enthousiasme. Le gigot est saisi par vingt mains tendues.

CYRANO, *bas à Christian.*
Je voudrais te parler !

ROXANE, *aux cadets qui redescendent,*
les bras chargés de victuailles.
Posez cela par terre !
Elle met le couvert sur l'herbe, aidée des deux laquais
imperturbables qui étaient derrière le carrosse.

ROXANE, *à Christian, au moment*
où Cyrano allait l'entraîner à part.
Vous, rendez-vous utile !
Christian vient l'aider. Mouvement d'inquiétude de
Cyrano.

RAGUENEAU
Un paon truffé !

PREMIER CADET, *épanoui, qui descend en coupant*
une large tranche de jambon.
Tonnerre !
Nous n'aurons pas couru notre dernier hasard
Sans faire un gueuleton...
Se reprenant vivement en voyant Roxane.
pardon ! un balthazar[1] !

RAGUENEAU, *lançant les coussins du carrosse.*
2030 Les coussins sont remplis d'ortolans !
Tumulte. On éventre les coussins. Rire. Joie.

---

1. **Balthazar** : au XIXᵉ siècle, mot poli pour « gueuleton », par allusion aux
festins auxquels se livrait le roi de Babylone pendant que Cyrus assiégeait sa
capitale.

TROISIÈME CADET

Ah ! viédaze !

RAGUENEAU, *lançant des flacons de vin rouge.*
Des flacons de rubis !...
De vin blanc.

Des flacons de topaze !

ROXANE, *jetant une nappe pliée à la figure de Cyrano.*
Défaites cette nappe !... Eh ! hop ! Soyez léger !

RAGUENEAU, *brandissant une lanterne arrachée.*
Chaque lanterne est un petit garde-manger !

CYRANO, *bas à Christian, pendant qu'ils arrangent la
nappe ensemble.*
Il faut que je te parle avant que tu lui parles !

RAGUENEAU, *de plus en plus lyrique.*
2035 Le manche de mon fouet est un saucisson d'Arles !

ROXANE, *versant du vin, servant.*
Puisqu'on nous fait tuer, morbleu ! nous nous moquons
Du reste de l'armée ! – Oui ! tout pour les Gascons !
Et si de Guiche vient, personne ne l'invite !
Allant de l'un à l'autre.
Là, vous avez le temps. – Ne mangez pas si vite ! –
2040 Buvez un peu. – Pourquoi pleurez-vous ?

PREMIER CADET

C'est trop bon !

ROXANE
Chut ! – Rouge ou blanc ? – Du pain pour monsieur de
[Carbon !
– Un couteau ! – Votre assiette ! – Un peu de croûte ?
[Encore ?
– Je vous sers ! – Du bourgogne ? – Une aile ?

CYRANO, *qui la suit, les bras chargés de plats,
l'aidant à servir.*

Je l'adore !

>   ROXANE, *allant à Christian.*

Vous ?

>   CHRISTIAN

> Rien.

>   ROXANE

> Si ! ce biscuit, dans du muscat... deux doigts !

>   CHRISTIAN, *essayant de la retenir.*
2045 Oh ! dites-moi pourquoi vous vîntes ?

>   ROXANE

>   Je me dois
À ces malheureux... Chut ! Tout à l'heure !...

LE BRET, *qui était remonté au fond, pour passer, au bout
> d'une lance, un pain à la sentinelle du talus.*

>   De Guiche !

>   CYRANO

Vite, cachez flacon, plat, terrine, bourriche[1] !
Hop ! – N'ayons l'air de rien !...
À Ragueneau.

>   Toi, remonte d'un bond
Sur ton siège ! – Tout est caché ?...
*En un clin d'œil tout a été repoussé dans les tentes, ou caché
sous les vêtements, sous les manteaux, dans les feutres.
– De Guiche entre vivement – et s'arrête, tout d'un coup,
reniflant. – Silence.*

---

1. **Bourriche :** panier contenant du gibier ou du poisson.

Scène 7. Les mêmes, de Guiche.

DE GUICHE
                                    Cela sent bon.

UN CADET, *chantonnant.*

2050 To lo lo !...

DE GUICHE, *s'arrêtant et le regardant.*
                Qu'avez-vous, vous ?... Vous êtes tout rouge !

LE CADET

Moi ?... Mais rien. C'est le sang. On va se battre : il bouge !

UN AUTRE

Poum... poum... poum...

DE GUICHE, *se retournant.*
                            Qu'est cela ?

LE CADET, *légèrement gris.*
                                    Rien ! C'est une
                                            [chanson !

Une petite...

DE GUICHE
                Vous êtes gai, mon garçon !

LE CADET

L'approche du danger !

DE GUICHE, *appelant Carbon de Castel-Jaloux,*
                pour donner un ordre.
                            Capitaine ! je...

Il s'arrête en le voyant.

                                    Peste !

2055 Vous avez bonne mine aussi !

CARBON, *cramoisi, et cachant une bouteille*
                derrière son dos, avec un geste évasif.
                            Oh !...

DE GUICHE
                                    Il me reste

Un canon que j'ai fait porter...

Il montre un endroit dans la coulisse.
là, dans ce coin,

Et vos hommes pourront s'en servir au besoin.

UN CADET, se dandinant.

Charmante attention !

UN AUTRE, lui souriant gracieusement.
Douce sollicitude !

DE GUICHE

Ah çà ! mais ils sont fous !
Sèchement.
N'ayant pas l'habitude

2060 Du canon, prenez garde au recul.

LE PREMIER CADET
Ah ! pfftt !

DE GUICHE, allant à lui, furieux.
Mais !...

LE CADET

Le canon des Gascons ne recule jamais !

DE GUICHE, le prenant par le bras et le secouant.

Vous êtes gris !... De quoi ?

LE CADET, superbe.
De l'odeur de la poudre !

DE GUICHE, haussant les épaules, le repousse
et va vivement à Roxane.

Vite, à quoi daignez-vous, madame, vous résoudre ?

ROXANE

Je reste !

DE GUICHE
Fuyez !

ROXANE
Non !

DE GUICHE
Puisqu'il en est ainsi,

2065 Qu'on me donne un mousquet !

CARBON
Comment ?

DE GUICHE
Je reste aussi.

CYRANO
Enfin, Monsieur ! voilà de la bravoure pure !

PREMIER CADET
Seriez-vous un Gascon malgré votre guipure[1] ?

ROXANE
Quoi !...

DE GUICHE
Je ne quitte pas une femme en danger.

DEUXIÈME CADET, *au premier.*
Dis donc ! Je crois qu'on peut lui donner à manger !

Toutes les victuailles reparaissent comme par enchantement.

DE GUICHE, *dont les yeux s'allument.*
2070 Des vivres !

UN TROISIÈME CADET
Il en sort de sous toutes les vestes !

DE GUICHE, *se maîtrisant, avec hauteur.*
Est-ce que vous croyez que je mange vos restes ?

CYRANO, *saluant.*
Vous faites des progrès !

DE GUICHE, *fièrement, et à qui échappe*
sur le dernier mot une légère pointe d'accent.
Je vais me battre à jeun !

PREMIER CADET, *exultant de joie.*
À *jeung* ! Il vient d'avoir l'accent !

DE GUICHE, *riant.*
Moi !

---

1. **Guipure** : dentelle.

LE CADET

C'en est un !

Ils se mettent tous à danser.

CARBON DE CASTEL-JALOUX, *qui a disparu depuis un moment derrière le talus, reparaissant sur la crête.*
J'ai rangé mes piquiers[1], leur troupe est résolue.

Il montre une ligne de piques qui dépasse la crête.

DE GUICHE, *à Roxane, en s'inclinant.*
2075 Acceptez-vous ma main pour passer leur revue ?...

Elle la prend, ils remontent vers le talus. Tout le monde se découvre et les suit.

CHRISTIAN, *allant à Cyrano, vivement.*
Parle vite !
Au moment où Roxane paraît sur la crête, les lances disparaissent, abaissées pour le salut, un cri s'élève : elle s'incline.

LES PIQUIERS, *au-dehors.*
Vivat !

CHRISTIAN
Quel était ce secret ?

CYRANO
Dans le cas où Roxane...

CHRISTIAN
Eh bien ?

CYRANO

Te parlerait
Des lettres ?...

CHRISTIAN
Oui, je sais !...

---

1. **Piquiers** : soldats armés d'une pique.

CYRANO
Ne fais pas la sottise

De t'étonner...

CHRISTIAN
De quoi ?

CYRANO
Il faut que je te dise !...

2080 Oh ! mon Dieu, c'est tout simple, et j'y pense aujourd'hui
En la voyant. Tu lui...

CHRISTIAN
Parle vite !

CYRANO
Tu lui...

As écrit plus souvent que tu ne crois.

CHRISTIAN
Hein ?

CYRANO
Dame !

Je m'en étais chargé : j'interprétais ta flamme !
J'écrivais quelquefois sans te dire : j'écris !

CHRISTIAN

2085 Ah !

CYRANO
C'est tout simple !

CHRISTIAN
Mais comment t'y es-tu pris,

Depuis qu'on est bloqué pour ?...

CYRANO
Oh !... avant l'aurore

Je pouvais traverser...

CHRISTIAN, *se croisant les bras.*
Ah ! c'est tout simple encore ?

Et qu'ai-je écrit de fois par semaine ? Deux ? Trois ?...
Quatre ?

CYRANO

Plus.

CHRISTIAN

Tous les jours ?

CYRANO

Oui, tous les jours. Deux fois.

CHRISTIAN, *violemment.*

2090 Et cela t'enivrait, et l'ivresse était telle
Que tu bravais la mort...

CYRANO, *voyant Roxane qui revient.*

Tais-toi ! Pas devant elle !

Il rentre vivement dans sa tente.

SCÈNE 8. ROXANE, CHRISTIAN ; *au fond, allées
et venues de* CADETS. CARBON *et* DE GUICHE
donnent des ordres.

ROXANE, *courant à Christian.*

Et maintenant, Christian !...

CHRISTIAN, *lui prenant les mains.*

Et maintenant, dis-moi

Pourquoi, par ces chemins effroyables, pourquoi
À travers tous ces rangs de soudards et de reîtres[1],
2095 Tu m'as rejoint ici ?

ROXANE

C'est à cause des lettres !

CHRISTIAN

Tu dis ?

---

1. **Reîtres** : ce mot venant de l'allemand *Reiter*, cavalier, a pris le sens de
« soudard », « guerrier brutal ».

Repères

1. Scène 6 : quels en sont les deux grands moments ? Comment se fait la transition de l'un à l'autre ?
2. Scène 7 : quelles en sont les deux grandes étapes ?

Observation

3. Scène 6 : comment Cyrano attire-t-il l'attention de Christian ? Relevez ses apartés, ainsi que les moments où Christian veut parler à Roxane.
4. Le festin après la pénurie : quels effets comiques en résultent ?
5. Analysez le comique du pays de Cocagne où tout est fait de nourriture. Comment le spectateur perçoit-il, dans cette situation, les apartés où Cyrano s'adresse à Christian et Christian à Roxane ?
6. L'amour, la mort : « *Et cela t'enivrait, et l'ivresse était telle / Que tu bravais la mort...* » (v. 2090-2091). Christian est-il encore un personnage naïf et dérisoire ?
7. Comparez l'explication entre Cyrano et Christian avec celle entre Roxane et Christian. Notez que l'image (l'ivresse) est parfois la même.
8. Comment de Guiche redevient-il Gascon aux yeux des autres cadets ?

Interprétations

9. Comment Rostand mêle-t-il les aspects comiques et les instants pathétiques d'explication ? Dans quel but ?
10. Scène 6 : comment manipuler et utiliser la nourriture sur une scène de théâtre ? Comment percevez-vous cette représentation de la fête ? Quelles techniques scéniques se révéleront utiles ici ?
11. Scène 7 : comment s'expliquent l'évolution, la « gasconisation » de de Guiche ? Pourquoi tous les personnages de la pièce connaissent-ils cette évolution unanime vers des caractères positifs ?

Christian (Vincent Perez) et Roxane (Anne Brochet)
dans le film de Jean-Paul Rappeneau, 1990.

ROXANE

Tant pis pour vous si je cours ces dangers !
Ce sont vos lettres qui m'ont grisée ! Ah ! songez
Combien depuis un mois vous m'en avez écrites,
Et plus belles toujours !

CHRISTIAN

Quoi ! pour quelques petites
2100 Lettres d'amour...

ROXANE

Tais-toi ! Tu ne peux pas savoir !
Mon Dieu, je t'adorais, c'est vrai, depuis qu'un soir,
D'une voix que je t'ignorais, sous ma fenêtre,
Ton âme commença de se faire connaître...
Eh bien ! tes lettres, c'est, vois-tu, depuis un mois,
2105 Comme si tout le temps, je l'entendais, ta voix
De ce soir-là, si tendre, et qui vous enveloppe !
Tant pis pour toi, j'accours. La sage Pénélope[1]
Ne fût pas demeurée à broder sous son toit,
Si le Seigneur Ulysse eût écrit comme toi ;
2110 Mais pour le joindre, elle eût, aussi folle qu'Hélène[2],
Envoyé promener ses pelotons de laine !...

CHRISTIAN

Mais...

ROXANE

Je lisais, je relisais, je défaillais,
J'étais à toi. Chacun de ces petits feuillets
Était comme un pétale envolé de ton âme.
2115 On sent, à chaque mot de ces lettres de flamme,

---

1. **Pénélope** : allusion à la figure gecque qui, pendant l'absence de son mari Ulysse, défaisait, la nuit, la toile qu'elle tissait le jour, de façon à décourager les prétendants qui attendaient la fin de l'ouvrage. Cette image est reprise à l'acte V, lorsque Cyrano désespère de voir la fin de la tapisserie de Roxane (scène 5).
2. **Hélène** : princesse grecque. Elle fut enlevée par Pâris, ce qui déclencha la guerre de Troie.

L'amour puissant, sincère...

CHRISTIAN

     Ah ! sincère et puissant ?

Cela se sent, Roxane ?...

ROXANE

    Oh ! si cela se sent !

CHRISTIAN

Et vous venez ?...

ROXANE

    Je viens – ô mon Christian, mon maître !
Vous me relèveriez si je voulais me mettre
2120 À vos genoux, c'est donc mon âme que j'y mets,
Et vous ne pourrez plus la relever jamais ! –
Je viens te demander pardon (et c'est bien l'heure
De demander pardon, puisqu'il se peut qu'on meure !)
De t'avoir fait d'abord, dans ma frivolité,
2125 L'insulte de t'aimer pour ta seule beauté !

CHRISTIAN, *avec épouvante.*

Ah ! Roxane !

ROXANE

    Et plus tard, mon ami, moins frivole,
– Oiseau qui saute avant tout à fait qu'il s'envole –
Ta beauté m'arrêtant, ton âme m'entraînant,
Je t'aimais pour les deux ensemble !...

CHRISTIAN

      Et maintenant ?

ROXANE

2130 Eh bien ! toi-même enfin l'emporte sur toi-même
Et ce n'est plus que pour ton âme que je t'aime.

CHRISTIAN, *reculant.*

Ah ! Roxane !

ROXANE

    Sois donc heureux. Car n'être aimé
Que pour ce dont on est un instant costumé,

Doit mettre un cœur avide et noble à la torture ;
2135 Mais ta chère pensée efface ta figure,
Et la beauté par quoi tout d'abord tu me plus,
Maintenant j'y vois mieux... et je ne la vois plus !

CHRISTIAN

Oh !...

ROXANE

Tu doutes encor d'une telle victoire ?...

CHRISTIAN, *douloureusement.*

Roxane !

ROXANE

Je comprends, tu ne peux pas y croire,
2140 À cet amour ?...

CHRISTIAN

Je ne veux pas de cet amour !
Moi, je veux être aimé plus simplement pour...

ROXANE

Pour

Ce qu'en vous elles ont aimé jusqu'à cette heure ?
Laissez-vous donc aimer d'une façon meilleure !

CHRISTIAN

Non ! c'était mieux avant !

ROXANE

Ah ! tu n'y entends rien !
2145 C'est maintenant que j'aime mieux, que j'aime bien !
C'est ce qui te fait toi, tu m'entends, que j'adore,
Et moins brillant...

CHRISTIAN

Tais-toi !

ROXANE

Je t'aimerais encore !
Si toute ta beauté d'un coup s'envolait...

CHRISTIAN

Oh ! ne dis pas cela !

ROXANE
Si ! je le dis !

CHRISTIAN
Quoi ? laid ?

ROXANE
2150 Laid ! je le jure !

CHRISTIAN
Dieu !

ROXANE
Et ta joie est profonde ?

CHRISTIAN, *d'une voix étouffée.*
Oui...

ROXANE
Qu'as-tu ?...

CHRISTIAN, *la repoussant doucement.*
Rien. Deux mots à dire : une seconde...

ROXANE
Mais ?...

CHRISTIAN, *lui montrant un groupe de cadets, au fond.*
À ces pauvres gens mon amour t'enleva :
Va leur sourire un peu puisqu'ils vont mourir... va !

ROXANE, *attendrie.*
Cher Christian !
Elle remonte vers les Gascons qui s'empressent respectueusement autour d'elle.

SCÈNE 9. CHRISTIAN, CYRANO ;
au fond ROXANE, *causant avec* CARBON
et QUELQUES CADETS.

CHRISTIAN, *appelant vers la tente de Cyrano.*
Cyrano ?

CYRANO, *reparaissant, armé pour la bataille.*
Qu'est-ce ? Te voilà blême !

CHRISTIAN

2155 Elle ne m'aime plus !

CYRANO
Comment ?

CHRISTIAN
C'est toi qu'elle aime !

CYRANO

Non !

CHRISTIAN
Elle n'aime plus que mon âme !

CYRANO
Non !

CHRISTIAN
Si !
C'est donc bien toi qu'elle aime – et tu l'aimes aussi !

CYRANO

Moi ?

CHRISTIAN
Je le sais.

CYRANO
C'est vrai.

CHRISTIAN
Comme un fou.

CYRANO
Davantage.

CHRISTIAN

Dis-le-lui !

CYRANO

Non !

CHRISTIAN

Pourquoi ?

CYRANO

Regarde mon visage !

CHRISTIAN

2160 Elle m'aimerait laid !

CYRANO

Elle te l'a dit ?

CHRISTIAN

Là !

CYRANO

Ah ! je suis bien content qu'elle t'ait dit cela !
Mais va, va, ne crois pas cette chose insensée !
– Mon Dieu, je suis content qu'elle ait eu la pensée
De la dire, – mais va, ne la prends pas au mot,
2165 Va, ne deviens pas laid : elle m'en voudrait trop !

CHRISTIAN

C'est ce que je veux voir !

CYRANO

Non, non !

CHRISTIAN

Qu'elle choisisse !

Tu vas lui dire tout !

CYRANO

Non, non ! Pas ce supplice.

CHRISTIAN

Je tuerais ton bonheur parce que je suis beau ?
C'est trop injuste !

CYRANO

Et moi, je mettrais au tombeau

2170 Le tien parce que, grâce au hasard qui fait naître,
J'ai le don d'exprimer... ce que tu sens peut-être ?

CHRISTIAN

Dis-lui tout !

CYRANO

Il s'obstine à me tenter, c'est mal !

CHRISTIAN

Je suis las de porter en moi-même un rival !

CYRANO

Christian !

CHRISTIAN

Notre union, sans témoins, clandestine,
2175 Peut se rompre, si nous survivons !

CYRANO

Il s'obstine !...

CHRISTIAN

Oui, je veux être aimé moi-même, ou pas du tout !
Je vais voir ce qu'on fait, tiens ! Je vais jusqu'au bout
Du poste ; je reviens : parle, et qu'elle préfère
L'un de nous deux !

CYRANO

Ce sera toi !

CHRISTIAN

Mais... je l'espère !

Il appelle.
2180 Roxane !

CYRANO

Non ! Non !

ROXANE, *courant.*

Quoi ?

CHRISTIAN

Cyrano vous dira

Une chose importante...
Elle va vivement à Cyrano. Christian sort.

Scène 10. Roxane, Cyrano, *puis* Le Bret, Carbon de Castel-Jaloux, les cadets, Ragueneau, de Guiche, *etc.*

ROXANE
Importante ?

CYRANO, *éperdu.*
Il s'en va !...

À Roxane.
Rien... Il attache, – oh ! Dieu ! vous devez le connaître ! –
De l'importance à rien !

ROXANE, *vivement.*
Il a douté peut-être
De ce que j'ai dit là ?... J'ai vu qu'il a douté !..

CYRANO, *lui prenant la main.*
2185   Mais avez-vous bien dit, d'ailleurs, la vérité ?

ROXANE
Oui, oui, je l'aimerais même...
Elle hésite une seconde.

CYRANO, *souriant tristement.*
Le mot vous gêne
Devant moi ?

ROXANE
Mais...

CYRANO
Il ne me fera pas de peine !
– Même laid ?

ROXANE
Même laid !
Mousqueterie au-dehors.
Ah ! tiens, on a tiré.

CYRANO, *ardemment.*
Affreux ?

ROXANE

Affreux !

CYRANO

Défiguré ?

ROXANE

Défiguré !

CYRANO

2190 Grotesque ?

ROXANE

Rien ne peut me le rendre grotesque !

CYRANO

Vous l'aimeriez encore ?

ROXANE

Et davantage presque !

CYRANO, *perdant la tête, à part.*

Mon Dieu, c'est vrai, peut-être, et le bonheur est là.

À Roxane.

Je... Roxane... écoutez !...

LE BRET, *entrant rapidement, appelle à mi-voix.*

Cyrano !

CYRANO, *se retournant.*

Hein ?

LE BRET

Chut !

Il lui dit un mot tout bas.

CYRANO, *laissant échapper la main de Roxane,*
avec un cri.

Ah !...

ROXANE

Qu'avez-vous ?

CYRANO, *à lui-même, avec stupeur.*

C'est fini.

Détonations nouvelles.

ROXANE

Quoi ? Qu'est-ce encore ? On tire ?

Elle remonte pour regarder au-dehors.

CYRANO

2195 C'est fini, jamais plus je ne pourrai le dire !

ROXANE, *voulant s'élancer.*

Que se passe-t-il ?

CYRANO, *vivement, l'arrêtant.*

Rien !

Des cadets sont entrés, cachant quelque chose qu'ils portent, et ils forment un groupe empêchant Roxane d'approcher.

ROXANE

Ces hommes ?

CYRANO, *l'éloignant.*

Laissez-les !...

ROXANE

Mais qu'alliez-vous me dire avant ?...

CYRANO

Ce que j'allais

Vous dire ?... rien, oh ! rien, je le jure, madame !
Solennellement.
Je jure que l'esprit de Christian, que son âme
2200 Étaient...
Se reprenant avec terreur.
Sont les plus grands...

ROXANE

Étaient ?

Avec un grand cri.

Ah !...

Elle se précipite et écarte tout le monde.

CYRANO

C'est fini.

ROXANE, *voyant Christian couché dans son manteau.*
Christian !

LE BRET, *à Cyrano.*
Le premier coup de feu de l'ennemi !
Roxane se jette sur le corps de Christian. Nouveaux coups de feu. Cliquetis. Rumeurs. Tambours.

CARBON DE CASTEL-JALOUX, *l'épée au poing.*
C'est l'attaque ! Aux mousquets !
Suivi des cadets, il passe de l'autre côté du talus.

ROXANE
Christian.

LA VOIX DE CARBON, *derrière le talus.*
Qu'on se dépêche !

ROXANE
Christian !

CARBON
Alignez-vous !

ROXANE
Christian !

CARBON
Mesurez... mèche !
Ragueneau est accouru, apportant de l'eau dans un casque.

CHRISTIAN, *d'une voix mourante.*
Roxane !...

CYRANO, *vite et bas à l'oreille de Christian, pendant que
Roxane affolée trempe dans l'eau, pour le panser,
un morceau de linge arraché à sa poitrine.*
J'ai tout dit. C'est toi qu'elle aime encor !
Christian ferme les yeux.

ROXANE
2205 Quoi, mon amour ?

CARBON
Baguette haute !

ROXANE, *à Cyrano.*

Il n'est pas mort ?...

CARBON

Ouvrez la charge avec les dents !

ROXANE

Je sens sa joue

Devenir froide, là, contre la mienne !

CARBON

En joue !

ROXANE

Une lettre sur lui !
Elle l'ouvre.

Pour moi !

CYRANO, *à part.*

Ma lettre !

CARBON

Feu !

Mousquetaire. Cris. Bruit de bataille.

CYRANO, *voulant dégager sa main*
que tient Roxane agenouillée.

Mais, Roxane, on se bat !

ROXANE, *le retenant.*

Restez encore un peu.

2210 Il est mort. Vous étiez le seul à le connaître.
Elle pleure doucement.
N'est-ce pas que c'était un être exquis, un être
Merveilleux ?

CYRANO, *debout, tête nue.*

Oui, Roxane.

ROXANE

Un poète inouï,

Adorable ?

CYRANO

Oui, Roxane.

ROXANE
Un esprit sublime ?

CYRANO

Oui,

Roxane !

ROXANE
Un cœur profond, inconnu du profane,
2215 Une âme magnifique et charmante ?

CYRANO, *fermement.*

Oui, Roxane !

ROXANE, *se jetant sur le corps de Christian.*
Il est mort !

CYRANO, *à part, tirant l'épée.*
Et je n'ai qu'à mourir aujourd'hui,
Puisque, sans le savoir, elle me pleure en lui !
Trompettes au loin.

DE GUICHE, *qui reparaît sur le talus, décoiffé,*
blessé au front, d'une voix tonnante.
C'est le signal promis ! Des fanfares de cuivres !
Les Français vont rentrer au camp avec des vivres !
2220 Tenez encore un peu !

ROXANE
Sur sa lettre, du sang,

Des pleurs !

UNE VOIX, *au-dehors, criant.*
Rendez-vous !

VOIX DES CADETS
Non !

RAGUENEAU, *qui, grimpé, sur son carrosse,*
regarde la bataille par-dessus le talus.

Le péril va croissant !

CYRANO, *à de Guiche lui montrant Roxane.*
Emportez-la ! Je vais charger !

ROXANE, *baisant la lettre, d'une voix mourante.*
                              Son sang ! ses larmes !...
RAGUENEAU, *sautant à bas du carrosse pour courir*
                              vers elle.
Elle s'évanouit !
        DE GUICHE, *sur le talus, aux cadets, avec rage.*
                    Tenez bon !
            UNE VOIX, *au-dehors.*
                              Bas les armes !
                VOIX DES CADETS
Non !

                CYRANO, *à de Guiche.*
        Vous avez prouvé, Monsieur, votre valeur :
Lui montrant Roxane.
2225 Fuyez en la sauvant !
        DE GUICHE, *qui court à Roxane et l'enlève dans ses bras.*
                              Soit ! Mais on est vainqueur
Si vous gagnez du temps !
                    CYRANO
                    C'est bon !
Criant vers Roxane que de Guiche, aidé de Ragueneau,
emporte évanouie.
                              Adieu, Roxane !
Tumulte. Cris. Des cadets reparaissent blessés et viennent
tomber en scène. Cyrano se précipitant au combat est arrêté
sur la crête par Carbon de Castel-Jaloux, couvert de sang.
                    CARBON
Nous plions ! J'ai reçu deux coups de pertuisane !
                CYRANO, *criant aux Gascons.*
Hardi ! Reculés pas, drôles !
À Carbon, qu'il soutient.
                              N'ayez pas peur !
J'ai deux morts à venger : Christian et mon bonheur !
Ils redescendent. Cyrano brandit la lance où est attaché le
mouchoir de Roxane.

2230 Flotte, petit drapeau de dentelle à son chiffre !
Il la plante en terre ; il crie aux cadets.
Toumbè dèssus ! Escrasas lous !
Au fifre.

Un air de fifre !

Le fifre joue. Des blessés se relèvent. Des cadets, dégringolant le talus, viennent se grouper autour de Cyrano et du petit drapeau. Le carrosse se couvre et se remplit d'hommes, se hérisse d'arquebuses, se transforme en redoute.

UN CADET, *paraissant, à reculons, sur la crête, se battant toujours, crie :*

Ils montent le talus !
Et tombe mort.

CYRANO

On va les saluer !
Le talus se couronne en un instant d'une rangée terrible d'ennemis. Les grands étendards des Impériaux se lèvent.

CYRANO

Feu !
Décharge générale.

CRI, *dans les rangs ennemis.*

Feu !
Riposte meurtrière. Les cadets tombent de tous côtés.

UN OFFICIER ESPAGNOL, *se découvrant.*

Quels sont ces gens qui se font tous tuer ?

CYRANO, *récitant debout au milieu des balles.*

Ce sont les cadets de Gascogne
2235 De Carbon de Castel-Jaloux ;
Bretteurs et menteurs sans vergogne...
Il s'élance, suivi de quelques survivants.
Ce sont les cadets...
Le reste se perd dans la bataille.

RIDEAU

Repères

1. Montrez que ces trois courtes scènes ont un rythme de plus en plus accéléré et dramatique et, comme volées à la folie guerrière ambiante, précipitent la rencontre entre les trois personnages principaux.

2. Observez comment chaque scène est introduite, dans l'urgence, par chacun des trois personnages :
– scène 8 : Roxane s'ouvre à Christian de sa transformation ;
– scène 9 : Christian prend Cyrano à témoin de la nouvelle situation ;
– scène 10 : lorsqu'elle lui révèle qu'elle aimerait même laid l'auteur des lettres bouleversantes, Cyrano est sur le point d'avouer à Roxane la supercherie, et donc son amour pour elle.

Observation

3. Scène 8 : analysez le choix des pronoms personnels dans les dialogues entre Christian et Roxane..

4. Scène 9 : en quoi cette scène est-elle le tournant de toute la pièce ? Que pourrait-il advenir, et à quelles conditions ?

5. Montrez que l'aveu de l'amour de Cyrano pour Roxane est indirect. Que représente Christian ?

6. Scène 10 : la notion de grotesque, commentée brillamment par Hugo dans sa *Préface de Cromwell*, est abondamment illustrée par Rostand dans cette pièce. Étudiez l'alliance des contraires chez Cyrano.

7. À la différence de la scène précédente, la scène 10 continue la comédie que Cyrano est tenu de jouer à Roxane. On passe très près d'une solution positive, mais c'est sans compter avec la décision de Christian. Pourquoi entend-on le coup de feu (qui tue Christian, comme on l'apprendra bientôt) juste après l'aveu de Roxane ? Y a-t-il un lien symbolique entre les deux actions ?

8. Comment l'assaut final, la scène de masse et le drame individuel des personnages se rejoignent-ils à la fin de l'acte ? Montrez l'imbrication dramaturgique des scènes de bataille et du drame privé des trois personnages ?

9. Quelle est l'étendue de la palette des émotions dans la scène 10 ? Indiquez pour chaque moment de l'acte IV l'émotion dominante.

Interprétations

10. Scène 8 : la « conversion » sentimentale de Roxane n'en annonce-t-elle pas une autre ? Sur quels présupposés philosophiques repose cette distinction de l'âme et du corps ?

11. Scène 10 : pourquoi Cyrano fait-il ce serment (v. 2198) ? Pourquoi ne parle-t-il que de l'esprit et de l'âme de Christian ?

12. Comment expliquer le lapsus de Cyrano (« *étaient* », v. 2200) ?

13. La fonction du pieux mensonge de Cyrano à son ami (v. 2204) est claire, mais la réalisation scénique en est très difficile. Comment donc représenter la mort au théâtre ? Doit-elle faire, comme pour la tragédie classique, l'objet d'un récit ou bien être, comme ici, l'occasion d'une représentation directe ? Quels problèmes pose chacune des deux options ?

14. Comment interprétez-vous la mort de Christian ? Qu'est-ce qui peut faire penser à un suicide ? Pourquoi n'est-ce pas clairement énoncé par l'un des personnages ?

Un siège animé

Il n'est pas aisé de représenter des batailles sur une scène de théâtre, surtout de manière mimétique. C'est pourtant ce qui est tenté tout au long de l'acte IV. Nous voici transportés dans le camp des cadets, nous vivons un instant au rythme d'un temps arrêté, d'une vie sans nourriture. C'est à travers leur vie quotidienne que Rostand évoque la famine, l'inactivité, mais aussi la gloire et l'héroïsme. Tableau mitigé, mais qui se refuse à condamner la guerre, à en suggérer l'absurdité.

Au cours de cet acte, la pièce connaît son point culminant, son moment de plus grande tension dramatique. Mais le moment de reconnaissance n'est pas encore tout à fait venu, car Cyrano, après la mort de son ami, ne peut plus révéler la vérité. Sa découverte, aux yeux de Roxane du moins, est donc repoussée à plus tard. Il faudra encore un acte pour qu'elle éclate et que le drame connaisse un certain apaisement.

Pour l'heure, en ce siège d'Arras, c'est la guerre qui fait rage, sur le champ de bataille et dans les cœurs. La violence a plusieurs visages, le plus terrible est sûrement le mensonge, le silence, le refoulement du désir et de la vérité : c'est pourquoi cet acte est particulièrement animé, non pas tant dans ce qui est visible, la bataille, que dans ce qui demeure caché, le mensonge inextricable qui relie et étouffe ces trois êtres, laissant sa trace de poison en chacun d'eux.

Un mécanisme tragique

La tension dramatique est particulièrement sensible, avec deux grands sommets : le presque aveu de Cyrano et la mort de Christian. On passe très près d'une solution possible, mais c'est sans compter avec le sort (la guerre et la mort accidentelle de Christian) et, plus probablement, avec le désespoir de Christian, son sacrifice pour dénouer le funeste pacte avec Cyrano. Le trio est lui aussi en guerre et il est trop tard pour échapper au mécanisme tragique. La guerre n'est finalement qu'un décor général pour signifier la mort rampante, absurde et inévitable. L'art dramatique de Rostand a consisté à intégrer le conflit personnel dans le siège et la bataille, à illustrer l'un par l'autre. Tous sont pris dans la même rage de tuer, voire, pour les héros amoureux, de se faire tuer au combat. La guerre devient une machine à résoudre des conflits personnels ; malgré la famine, la mort, l'attente absurde, il y a une certaine héroïsation du combat, qui s'explique peut-être par l'atmosphère revancharde de la France de cette fin de siècle, et qui choquera à présent plus d'un spectateur.

Les assiégeurs sont ici aussi les assiégés : situation absurde et qui rappelle le mécanisme tragique et bloqué qui emprisonne les trois protagonistes. Nourris et repus, ivres et exaltés, contents d'eux-mêmes et persuadés de leur supériorité ethnique, les Gascons sont des têtes brûlées qui se jettent dans la bataille et qui tuent et se font tuer pour l'amour de la patrie.

Une stratégie militaire et scénique

Théâtralement, c'est plutôt une réussite, malgré la longueur des scènes de foule ou les plaisanteries lourdes dignes du théâtre aux armées et du comique troupier. Rostand n'a pas hésité à diriger les comédiens comme des soldats de plomb et de chair qui, assiégés, montent à l'attaque : la stratégie est aussi militaire que scénique. Il paraît difficile d'échapper à un certain réalisme des batailles, avec des effets de combat, même si les rangs ennemis restent invisibles et que les combats ne sont pas reconstitués sur scène. Une stylisation des réactions au feu de l'ennemi n'est pas impossible, mais elle risque fort d'atténuer, voire de distancier la représentation héroïque de la guerre. Il y a d'ailleurs, pour le drame héroïque, ou pour la pièce de cape et d'épée, un danger à tirer un peu trop sur la corde sensible, et à paraître, soit excessif, soit un peu ridicule et parodique, lorsque la représentation n'y croit plus ou que les effets sont trop voyants. Les effets spectaculaires et spéciaux, notamment au cinéma, nous ont habitués à tous les trucages et toutes les illusions, et le drame héroïque doit donc revoir son style de jeu, ramener – ce qui est essentiel pour la pièce – la représentation au langage, aux suggestions, à l'atmosphère. Faute de quoi la pièce risque d'un seul coup d'accuser son âge, son appartenance à un monde révolu, à une idéologie contestable.

L'amour et la mort

L'émotion et le tragique atteignent leur paroxysme dans cet acte de tous les conflits. Toutes les nuances des sentiments, de la peur à l'amour, du grotesque au pathétique, de l'espoir au désespoir, s'y rencontrent. L'héroïsme et le pathétique y côtoient le comique troupier. Les nerfs sont à vif, les passions sont exacerbées, les grands sentiments déchaînés ; aucune réflexion critique, même après la mort de Christian, ne vient atténuer cette glorification des militaires. Certes, Rostand a l'art de juxtaposer à la fresque historique un contrepoint lyrique, en ménageant au cœur de la bataille des moments de révélation individuelle. Mais il est trop tard, la machine de guerre ne laisse plus le temps de s'expliquer ni de vivre de vrais sentiments. En ce sens, la guerre est l'instrument, plus dérisoire qu'héroïque, des passions secrètes, des mensonges inextricables, des malentendus tenaces, des vies gâchées. L'héroïsme de façade, la folie meurtrière collective – qui seront aussi ceux de la Grande Guerre vingt ans plus tard – n'en cachent pas moins une détresse affective et morale qui fait le tragique de la pièce, et que Rostand nous donne à ressentir avec amertume.

ACTE V

La gazette de Cyrano

Quinze ans après, en 1655. Le parc du couvent que les Dames de la Croix occupaient à Paris[1].

Superbes ombrages. À gauche, la maison ; vaste perron sur lequel ouvrent plusieurs portes. Un arbre énorme au milieu de la scène, isolé au milieu d'une petite place ovale. À droite, premier plan, parmi de grands buis, un banc de pierre demi-circulaire.

Tout le fond du théâtre est traversé par une allée de marronniers qui aboutit à droite, quatrième plan, à la porte d'une chapelle entrevue parmi les branches. À travers le double rideau d'arbres de cette allée, on aperçoit des fuites de pelouses, d'autres allées, des bosquets, les profondeurs du parc, le ciel.

La chapelle ouvre une porte latérale sur une colonnade enguirlandée de vigne rougie, qui vient se perdre à droite, au premier plan, derrière les buis.

C'est l'automne. Toute la frondaison est rousse au-dessus des pelouses fraîches. Taches sombres des buis et des ifs restés verts. Une plaque de feuilles jaunes sous chaque arbre. Les feuilles jonchent toute la scène, craquent sous les pas dans les allées, couvrent à demi le perron et les bancs.

Entre le banc de droite et l'arbre, un grand métier à broder devant lequel une petite chaise a été apportée. Paniers pleins d'écheveaux et de pelotons. Tapisserie commencée.

---

1. Le couvent des Dames de la Croix a bien existé. Il fut fondé en 1637 par Mère Marguerite de Jésus.

*Au lever du rideau, des sœurs vont et viennent dans le parc ;
quelques-unes sont assises sur le banc autour d'une religieuse plus âgée. Des feuilles tombent.*

Scène première. Mère Marguerite, sœur Marthe, sœur Claire, les sœurs.

Sœur Marthe, *à Mère Marguerite.*
Sœur Claire a regardé deux fois comment allait
Sa cornette, devant la glace.

Mère Marguerite, *à sœur Claire.*
C'est très laid.

Sœur Claire

2240 Mais sœur Marthe a repris un pruneau de la tarte,
Ce matin : je l'ai vu.

Mère Marguerite, *à sœur Marthe.*
C'est très vilain, sœur Marthe.

Sœur Claire
Un tout petit regard !

Sœur Marthe
Un tout petit pruneau !

Mère Marguerite, *sévèrement.*
Je le dirai, ce soir, à Monsieur Cyrano.

Sœur Claire, *épouvantée.*
Non ! il va se moquer !

Sœur Marthe
Il dira que les nonnes
2245 Sont très coquettes !

Sœur Claire
Très gourmandes !

Mère Marguerite, *souriant.*
Et très bonnes.

SŒUR CLAIRE

N'est-ce pas, Mère Marguerite de Jésus,
Qu'il vient, le samedi, depuis dix ans !

MÈRE MARGUERITE

Et plus !

Depuis que sa cousine à nos béguins[1] de toile
Mêla le deuil mondain de sa coiffe de voile,
2250 Qui chez nous vint s'abattre, il y a quatorze ans,
Comme un grand oiseau noir parmi les oiseaux blancs !

SŒUR MARTHE

Lui seul, depuis qu'elle a pris chambre dans ce cloître,
Sait distraire un chagrin qui ne veut pas décroître.

TOUTES LES SŒURS

Il est si drôle ! – C'est amusant quand il vient !
2255 – Il nous taquine ! – Il est gentil ! – Nous l'aimons bien !
– Nous fabriquons pour lui des pâtes d'angélique !

SŒUR MARTHE

Mais enfin, ce n'est pas un très bon catholique[2] !

SŒUR CLAIRE

Nous le convertirons.

LES SŒURS

Oui ! Oui !

MÈRE MARGUERITE

Je vous défends

De l'entreprendre encor sur ce point, mes enfants.
2260 Ne le tourmentez pas : il viendrait moins peut-être !

SŒUR MARTHE

Mais... Dieu !...

---

1. **Béguins :** coiffes à capuchon que portaient les béguines, femmes qui, sans avoir prononcé de vœux comme les religieuses, vivaient dans un couvent.
2. Le véritable Cyrano, après une vie assez dissolue et malgré une philosophie proche de l'athéisme, mourut en bon chrétien le 28 juillet 1655.

MÈRE MARGUERITE
Rassurez-vous : Dieu doit bien le connaître.

SŒUR MARTHE

Mais chaque samedi, quand il vient d'un air fier,
Il me dit en entrant : « Ma sœur, j'ai fait gras, hier ! »

MÈRE MARGUERITE

Ah ! il vous dit cela ?... Eh bien ! la fois dernière
2265 Il n'avait pas mangé depuis deux jours.

SŒUR MARTHE

Ma mère !

MÈRE MARGUERITE

Il est pauvre.

SŒUR MARTHE

Qui vous l'a dit ?

MÈRE MARGUERITE

Monsieur Le Bret.

SŒUR MARTHE

On ne le secourt pas ?

MÈRE MARGUERITE

Non, il se fâcherait.

*Dans une allée du fond, on voit apparaître Roxane, vêtue
de noir, avec la coiffe des veuves et de longs voiles ; de
Guiche, magnifique et vieillissant, marche auprès d'elle. Ils
vont à pas lents. Mère Marguerite se lève.*

Allons, il faut rentrer... Madame Magdeleine,
Avec un visiteur, dans le parc se promène.

SŒUR MARTHE, *bas à sœur Claire.*

2270 C'est le duc maréchal de Gramont ?

SŒUR CLAIRE, *regardant.*

Oui, je crois.

Il n'était plus venu la voir depuis des mois !

LES SŒURS

Il est très pris ! – La cour ! – Les camps !

SŒUR CLAIRE

Les soins du monde !

Elles sortent. De Guiche et Roxane descendent en silence et s'arrêtent près du métier. Un temps.

SCÈNE 2. ROXANE, LE DUC DE GRAMONT ANCIEN COMTE DE GUICHE, *puis* LE BRET *et* RAGUENEAU.

LE DUC

Et vous demeurez ici, vainement blonde,
Toujours en deuil ?

ROXANE

Toujours.

LE DUC

Aussi fidèle ?

ROXANE

Aussi.

LE DUC, *après un temps.*

2275 Vous m'avez pardonné ?

ROXANE, *simplement, regardant la croix du couvent.*

Puisque je suis ici.

Nouveau silence.

LE DUC

Vraiment c'était un être ?...

ROXANE

Il fallait le connaître !

LE DUC

Ah ! Il fallait ?... Je l'ai trop peu connu, peut-être !
Et son dernier billet, sur votre cœur, toujours ?

Projet de costume pour Roxane
par Jacques Dupont en 1964.
Bibliothèque de la Comédie-Française.

ROXANE

Comme un doux scapulaire[1], il pend à ce velours.

LE DUC

2280 Même mort, vous l'aimez ?

ROXANE

                Quelquefois il me semble
Qu'il n'est mort qu'à demi, que nos cœurs sont ensemble,
Et que son amour flotte, autour de moi, vivant !

LE DUC, *après un silence encore.*

Est-ce que Cyrano vient vous voir ?

ROXANE

                   Oui, souvent.
– Ce vieil ami, pour moi, remplace les gazettes[2].

2285 Il vient ; c'est régulier ; sous cet arbre où vous êtes
On place son fauteuil, s'il fait beau ; je l'attends
En brodant ; l'heure sonne ; au dernier coup, j'entends
– Car je ne tourne plus même le front ! – sa canne
Descendre le perron ; il s'assied ; il ricane

2290 De ma tapisserie éternelle[3] ; il me fait
La chronique de la semaine, et...

Le Bret paraît sur le perron.

                Tiens, Le Bret !

Le Bret descend.

Comment va notre ami ?

LE BRET

Mal.

LE DUC

Oh !

----

1. **Scapulaire** : objet de dévotion, généralement constitué d'un morceau d'étoffe bénie et porté autour du cou.
2. On se souvient (voir note 1, p. 135) que les gazettes sont alors une invention récente.
3. **Tapisserie éternelle** : nouvelle allusion à la tapisserie de Pénélope, faite et défaite, en attendant l'être aimé (voir note 1, p. 266).

ROXANE, *au duc.*

Il exagère !

LE BRET

Tout ce que j'ai prédit : l'abandon, la misère !...
Ses épîtres lui font des ennemis nouveaux !
2295 Il attaque les faux nobles, les faux dévots,
Les faux braves, les plagiaires, – tout le monde[1] !

ROXANE

Mais son épée inspire une terreur profonde.
On ne viendra jamais à bout de lui.

LE DUC, *hochant la tête.*

Qui sait !

LE BRET

Ce que je crains, ce n'est pas les attaques, c'est
2300 La solitude, la famine, c'est Décembre
Entrant à pas de loup dans son obscure chambre :
Voilà les spadassins qui plutôt le tueront !
Il serre chaque jour, d'un cran, son ceinturon.
Son pauvre nez a pris des tons de vieil ivoire.
2305 Il n'a plus qu'un petit habit de serge noire.

LE DUC

Ah ! celui-là n'est pas parvenu[2] ! – C'est égal,
Ne le plaignez pas trop.

LE BRET, *avec un sourire amer.*

Monsieur le maréchal !...

LE DUC

Ne le plaignez pas trop : il a vécu sans pactes,
Libre dans sa pensée autant que dans ses actes.

---

1. Dans ses *Lettres satyriques*, publiées en 1654, le vrai Cyrano de Bergerac
s'attaquait aux « faux braves », à un « comte de bas aloi », aux « pilleurs de
pensée ».
2. **Parvenu** : au sens de s'être élevé socialement en faisant étalage de sa
réussite.

Le Bret, de même.

2310 Monsieur le duc !...

Le duc, hautainement.

Je sais, oui : j'ai tout ; il n'a rien...

Mais je lui serrerais volontiers la main.
Saluant Roxane.
Adieu.

Roxane

Je vous conduis.
Le duc salue Le Bret et se dirige avec Roxane vers le perron.

Le duc, s'arrêtant, tandis qu'elle monte.

Oui, parfois, je l'envie.

– Voyez-vous, lorsqu'on a trop réussi sa vie,
On sent, – n'ayant rien fait, mon Dieu, de vraiment mal !
2315 – Mille petits dégoûts de soi, dont le total
Ne fait pas un remords, mais une gêne obscure ;
Et les manteaux de duc traînent, dans leur fourrure,
Pendant que des grandeurs on monte les degrés,
Un bruit d'illusions sèches et de regrets,
2320 Comme, quand vous montez lentement vers ces portes,
Votre robe de deuil traîne des feuilles mortes.

Roxane, ironique.

Vous voilà bien rêveur ?...

Le duc

Eh ! oui !

Au moment de sortir, brusquement.

Monsieur Le Bret !

À Roxane.
Vous permettez ? Un mot.
Il va à Le Bret, et à mi-voix.

C'est vrai : nul n'oserait

Attaquer votre ami ; mais beaucoup l'ont en haine ;
2325 Et quelqu'un me disait, hier, au jeu, chez la Reine :
« Ce Cyrano pourrait mourir d'un accident. »

LE BRET

Ah ?

LE DUC

Oui. Qu'il sorte peu. Qu'il soit prudent.

LE BRET, *levant les bras au ciel.*

Prudent !

Il va venir. Je vais l'avertir. Oui, mais !...

ROXANE, *qui est restée sur le perron, à une sœur*
qui s'avance vers elle.

Qu'est-ce ?

LA SŒUR

Ragueneau veut vous voir, Madame.

ROXANE

Qu'on le laisse

2330 Entrer.
Au duc et à Le Bret.

Il vient crier misère. Étant un jour
Parti pour être auteur, il devint tour à tour
Chantre...

LE BRET

Étuviste[1]...

ROXANE

Acteur...

LE BRET

Bedeau...

ROXANE

Perruquier...

LE BRET

Maître

Du théorbe...

_____

1. **Étuvistes** : personnes qui tiennent des étuves, des bains de vapeur, le terme le plus fréquent est « étuveurs ».

ROXANE

Aujourd'hui, que pourrait-il bien être ?

RAGUENEAU, *entrant précipitamment.*

Ah ! Madame !
Il aperçoit Le Bret.

Monsieur !

ROXANE, *souriant.*

Racontez vos malheurs

2335 À Le Bret. Je reviens.

RAGUENEAU

Mais, Madame...

Roxane sort sans l'écouter, avec le duc. Il redescend vers Le Bret.

SCÈNE 3. LE BRET, RAGUENEAU.

RAGUENEAU

D'ailleurs,

Puisque vous êtes là, j'aime mieux qu'elle ignore !
– J'allais voir votre ami tantôt. J'étais encore
À vingt pas de chez lui... quand je le vois, de loin,
Qui sort. Je veux le joindre. Il va tourner le coin

2340 De la rue... et je cours... lorsque d'une fenêtre
Sous laquelle il passait – est-ce un hasard ?... peut-être !
– Un laquais laisse choir une pièce de bois.

LE BRET

Les lâches !... Cyrano !

RAGUENEAU

J'arrive et je le vois...

LE BRET

C'est affreux !

RAGUENEAU

Notre ami, Monsieur, notre poète,

2345 Je le vois, là, par terre, un grand trou dans la tête !

LE BRET

Il est mort ?

RAGUENEAU

Non ! mais... Dieu ! je l'ai porté chez lui.
Dans sa chambre... Ah ! sa chambre ! il faut voir ce réduit !

LE BRET

Il souffre ?

RAGUENEAU

Non, Monsieur, il est sans connaissance.

LE BRET

Un médecin ?

RAGUENEAU

Il en vint un par complaisance.

LE BRET

2350 Mon pauvre Cyrano ! – Ne disons pas cela
Tout d'un coup à Roxane ! – Et ce docteur ?

RAGUENEAU

                                    Il a

Parlé, – je ne sais plus, – de fièvre, de méninges !...
Ah ! si vous le voyiez – la tête dans des linges !...
Courons vite ! – Il n'y a personne à son chevet ! –
2355 C'est qu'il pourrait mourir, Monsieur, s'il se levait !

LE BRET, *l'entraînant vers la droite.*

Passons par là ! Viens, c'est plus court ! Par la chapelle !

ROXANE, *paraissant sur le perron et voyant Le Bret s'éloigner
par la colonnade qui mène à la petite porte de la chapelle.*

Monsieur Le Bret !

Le Bret et Ragueneau se sauvent sans répondre.

                        Le Bret s'en va quand on l'appelle ?

C'est quelque histoire encor de ce bon Ragueneau !
Elle descend le perron.

Scène 4. ROXANE *seule, puis* DEUX SŒURS,
un instant.

ROXANE

Ah ! que ce dernier jour de septembre est donc beau !
2360 Ma tristesse sourit. Elle qu'Avril offusque,
Se laisse décider par l'automne, moins brusque.
*Elle s'assied à son métier. Deux sœurs sortent de la maison
et apportent un grand fauteuil sous l'arbre.*
Ah ! voici le fauteuil classique où vient s'asseoir
Mon vieil ami !

SŒUR MARTHE
Mais c'est le meilleur du parloir !

ROXANE

Merci, ma sœur.
Les sœurs s'éloignent.
Il va venir.
Elle s'installe. On entend sonner l'heure.
Là... l'heure sonne.
2365 – Mes écheveaux ! – L'heure a sonné ? Ceci m'étonne !
Serait-il en retard pour la première fois ?
La sœur tourière[1] doit – mon dé ?... Là, je le vois ! –
L'exhorter à la pénitence.
Un temps.
Elle l'exhorte !
– Il ne peut plus tarder. – Tiens ! une feuille morte ! –
Elle repousse du doigt la feuille tombée sur son métier.
2370 D'ailleurs, rien ne pourrait – mes ciseaux... dans mon sac ! –
L'empêcher de venir !

UNE SŒUR, *paraissant sur le perron.*
Monsieur de Bergerac.

---

1. **Sœur tourière** : religieuse qui s'occupe des relations avec le monde extérieur.

REPÈRES

1. Qu'apprenons-nous dans la didascalie en début d'acte ?

2. Quinze années se sont écoulées depuis le siège d'Arras. Ce nouvel acte nécessite donc une nouvelle exposition de la situation : combien de temps dure-t-elle ?

OBSERVATION

3. Comment les personnages ont-ils évolué depuis leur dernière apparition ?

4. Relevez dans la longue didascalie en début d'acte les indices qui suggèrent la fuite du temps et bientôt la mort.

5. La difficulté semble être ici de trouver une tonalité nouvelle après le combat d'Arras et de redonner son mouvement et son rythme à l'action. Quel type de dialogue Rostand a-t-il choisi à cet effet ?

6. Quelle transformation du personnage de Cyrano transparaît dans l'évocation des sœurs ? Comment ce portrait est-il complété par les propos des autres personnages ?

7. Quelle est la symbolique des couleurs mentionnées ici ?

8. La transformation de de Guiche (le duc) paraît ici achevée. Quelle est à présent sa conception de la vie humaine ?

9. Étudiez comment, dans les scènes 1 et 2, sont préparées la révélation de la scène 3 et l'arrivée de Cyrano.

10. L'attentat sur Cyrano est relaté du point de vue de Ragueneau (scène 3). Comment le dialogue réussit-il à restituer le caractère dramatique de la situation ?

INTERPRÉTATIONS

11. Comment Rostand parvient-il à motiver et à rendre vraisemblable la présence des principaux acteurs du drame dans ces dernières scènes ? En quoi ont-ils vieilli ? Se sont-ils « assagis » ?

12. Quelle semble être la nature du « couple » Roxane/Cyrano, selon la description de Roxane (v. 2284-2291).

13. Comment comprendre le jeu des points de vue, la reconstitution du portrait indirect de Cyrano à travers les propos et les jugements des autres personnages ?

14. Le personnage principal, objet de toutes les conversations, est absent : quel est l'effet recherché ?

SCÈNE 5. ROXANE, CYRANO, *et, un moment,* SŒUR MARTHE.

ROXANE, *sans se retourner.*

Qu'est-ce que je disais ?...

Et elle brode. Cyrano, très pâle, le feutre enfoncé sur les yeux, paraît. La sœur qui l'a introduit rentre. Il se met à descendre le perron lentement, avec un effort visible pour se tenir debout, et en s'appuyant sur sa canne. Roxane travaille à sa tapisserie.

Ah ! ces teintes fanées...

Comment les rassortir ?

À Cyrano, sur un ton d'amicale gronderie.

Depuis quatorze années,

Pour la première fois, en retard !

CYRANO, *qui est parvenu au fauteuil et s'est assis,*
d'une voix gaie contrastant avec son visage.

Oui, c'est fou !

2375 J'enrage. Je fus mis en retard, vertuchou !...

ROXANE

Par ?

CYRANO

Par une visite assez inopportune.

ROXANE, *distraite, travaillant.*

Ah ! oui ! quelque fâcheux ?

CYRANO

Cousine, c'était une

Fâcheuse.

ROXANE

Vous l'avez renvoyée ?

CYRANO

Oui, j'ai dit :

Excusez-moi, mais c'est aujourd'hui samedi,

2380 Jour où je dois me rendre en certaine demeure ;

Rien ne m'y fait manquer : repassez dans une heure.

ROXANE, *légèrement.*

Eh bien ! cette personne attendra pour vous voir :
Je ne vous laisse pas partir avant ce soir.

CYRANO, *avec douceur.*

Peut-être un peu plus tôt faudra-t-il que je parte.
*Il ferme les yeux et se tait un instant. Sœur Marthe traverse
le parc de la chapelle au perron. Roxane l'aperçoit, lui fait
un petit signe de tête.*

ROXANE, *à Cyrano.*

2385 Vous ne taquinez pas sœur Marthe ?

CYRANO, *vivement, ouvrant les yeux.*

Si !

Avec une grosse voix comique.

Sœur Marthe !

Approchez !
La sœur glisse vers lui.

Ha ! ha ! ha ! Beaux yeux toujours baissés !

SŒUR MARTHE, *levant les yeux en souriant.*

Mais...
Elle voit sa figure et fait un geste d'étonnement.

Oh !

CYRANO, *bas, lui montrant Roxane.*

Chut ! Ce n'est rien !
D'une voix fanfaronne. Haut.

Hier, j'ai fait gras.

SŒUR MARTHE

Je sais.

À part.
C'est pour cela qu'il est si pâle !
Vite et bas.

Au réfectoire

Vous viendrez tout à l'heure, et je vous ferai boire
2390 Un grand bol de bouillon... Vous viendrez ?

CYRANO

Oui, oui, oui.

SŒUR MARTHE

Ah ! vous êtes un peu raisonnable, aujourd'hui !

ROXANE, *qui les entend chuchoter.*

Elle essaie de vous convertir ?

SŒUR MARTHE

Je m'en garde !

CYRANO

Tiens, c'est vrai ! Vous toujours si saintement bavarde,
Vous ne me prêchez pas ? C'est étonnant, ceci !
Avec une fureur bouffonne.
2395 Sabre de bois ! Je veux vous étonner aussi !
Tenez, je vous permets...
*Il a l'air de chercher une bonne taquinerie, et de la
trouver.*

Ah ! la chose est nouvelle ?...

De... de prier pour moi, ce soir, à la chapelle.

ROXANE

Oh ! oh !

CYRANO, *riant.*

Sœur Marthe est dans la stupéfaction !

SŒUR MARTHE, *doucement.*

Je n'ai pas attendu votre permission.
Elle rentre.

CYRANO, *revenant à Roxane, penchée sur son métier.*

2400 Du diable si je peux jamais, tapisserie,
Voir ta fin !

ROXANE

J'attendais cette plaisanterie.
À ce moment, un peu de brise fait tomber les feuilles.

CYRANO

Les feuilles !

ROXANE, *levant la tête, et regardant au loin,*
dans les allées.

Elles sont d'un blond vénitien.

Regardez-les tomber.

CYRANO

Comme elles tombent bien !

Dans ce trajet si court de la branche à la terre,
2405 Comme elles savent mettre une beauté dernière,
Et, malgré leur terreur de pourrir sur le sol,
Veulent que cette chute ait la grâce d'un vol !

ROXANE

Mélancolique, vous !

CYRANO, *se reprenant.*

Mais pas du tout, Roxane !

ROXANE

Allons, laissez tomber les feuilles de platane...
2410 Et racontez un peu ce qu'il y a de neuf.
Ma gazette ?

CYRANO

Voici !

ROXANE

Ah !

CYRANO, *de plus en plus pâle,*
et luttant contre la douleur.

Samedi, dix-neuf :

Ayant mangé huit fois du raisiné[1] de Cette[2],
Le Roi fut pris de fièvre ; à deux coups de lancette
Son mal fut condamné pour lèse-majesté,
2415 Et cet auguste pouls n'a plus fébricité[3] !
Au grand bal, chez la Reine, on a brûlé, dimanche,

---

1. **Raisiné :** jus de raisin en gelée.
2. **Cette :** ancien nom de la ville de Sète.
3. **N'a plus fébricité :** n'a plus été fébrile.

Sept cent soixante-trois flambeaux de cire blanche ;
Nos troupes ont battu, dit-on, Jean l'Autrichien[1] ;
On a pendu quatre sorciers ; le petit chien
2420 De madame d'Athis a dû prendre un clystère...

ROXANE

Monsieur de Bergerac, voulez-vous bien vous taire !

CYRANO

Lundi... rien. Lygdamire a changé d'amant.

ROXANE

Oh !

CYRANO, *dont le visage s'altère de plus en plus.*

Mardi, toute la cour est à Fontainebleau.
Mercredi, la Montglat[2] dit au comte de Fiesque :
2425 « Non ! » Jeudi : Mancini, reine de France, – ou presque[3] !
Le vingt-cinq, la Montglat à de Fiesque dit : « Oui ».
Et samedi, vingt-six...

Il ferme les yeux. Sa tête tombe. Silence.

ROXANE, *surprise de ne plus rien entendre se retourne,*
le regarde, et se levant effrayée.

Il est évanoui ?

Elle court vers lui en criant.

Cyrano !

CYRANO, *rouvrant les yeux, d'une voix vague.*

Qu'est-ce ?... Quoi ?...

Il voit Roxane penchée sur lui et, vivement, assurant son
chapeau sur sa tête et reculant avec effroi dans son
fauteuil.

Non, non, je vous assure,
Ce n'est rien. Laissez-moi !

---

1. **Jean l'Autrichien** : allusion probable à la victoire de Turenne sur don Juan d'Autriche, vice-roi des Pays-Bas, en 1658.
2. **La Montglat** : madame de Montglat, pour qui Bussy Rabutin écrivit vers 1659 l'*Histoire amoureuse des Gaules*, qui raconte les aventures galantes des principaux seigneurs et des dames de la Cour.
3. Allusion aux amours du jeune Louis XIV et de Marie Mancini.

ROXANE
Pourtant...

CYRANO
C'est ma blessure
2430 D'Arras... qui... quelquefois... vous savez...

ROXANE
Pauvre ami !

CYRANO
Mais ce n'est rien. Cela va finir.
Il sourit avec effort.

C'est fini.

ROXANE, *debout près de lui.*
Chacun de nous a sa blessure : j'ai la mienne.
Toujours vive, elle est là, cette blessure ancienne,
Elle met la main sur sa poitrine.
Elle est là, sous la lettre au papier jaunissant
2435 Où l'on peut voir encor des larmes et du sang !
Le crépuscule commence à venir.

CYRANO
Sa lettre !... N'aviez-vous pas dit qu'un jour, peut-être,
Vous me la feriez lire ?

ROXANE
Ah ! vous voulez ?... Sa lettre ?

CYRANO
Oui... Je veux... Aujourd'hui...

ROXANE, *lui donnant le sachet pendu à son cou.*
Tenez !

CYRANO, *le prenant.*
Je peux ouvrir ?

ROXANE
Ouvrez... lisez !...
Elle revient à son métier, le replie, range ses laines.

CYRANO, *lisant.*
« Roxane, adieu, je vais mourir ! »

305

ROXANE, *s'arrêtant, étonnée.*

2440 Tout haut ?

CYRANO, *lisant.*

« C'est pour ce soir, je crois, ma bien-aimée !

« J'ai l'âme lourde encor d'amour inexprimée,

« Et je meurs ! Jamais plus, jamais mes yeux grisés,

« Mes regards dont c'était... »

ROXANE

Comme vous la lisez,

Sa lettre !

CYRANO, *continuant.*

« ... dont c'était les frémissantes fêtes,

2445 « Ne baiseront au vol les gestes que vous faites :

« J'en revois un petit qui vous est familier

« Pour toucher votre front, et je voudrais crier... »

ROXANE, *troublée.*

Comme vous la lisez, – cette lettre !

La nuit vient insensiblement.

CYRANO

« Et je crie :

« Adieu !... »

ROXANE

Vous la lisez...

CYRANO

« Ma chère, ma chérie,

2450 « Mon trésor... »

ROXANE, *rêveuse.*

D'une voix...

CYRANO

« Mon amour !... »

ROXANE

D'une voix...

Elle tressaille.

Mais... que je n'entends pas pour la première fois !

Elle s'approche tout doucement, sans qu'il s'en aperçoive,
passe derrière le fauteuil, se penche sans bruit, regarde la
lettre. – L'ombre augmente.

CYRANO

« Mon cœur ne vous quitta jamais une seconde

« Et je suis et serai jusque dans l'autre monde

« Celui qui vous aima sans mesure, celui... »

ROXANE, *lui posant la main sur l'épaule.*

2455 Comment pouvez-vous lire à présent ? Il fait nuit.

Il tressaille, se retourne, la voit là tout près, fait un geste
d'effroi, baisse la tête. Un long silence. Puis, dans l'ombre
complètement venue, elle dit avec lenteur, joignant les
mains :

Et pendant quatorze ans, il a joué ce rôle

D'être le vieil ami qui vient pour être drôle !

CYRANO

Roxane !

ROXANE

C'était vous.

CYRANO

Non, non, Roxane, non !

ROXANE

J'aurais dû deviner quand il disait mon nom !

CYRANO

2460 Non ! ce n'était pas moi !

ROXANE

C'était vous !

CYRANO

Je vous jure...

ROXANE

J'aperçois toute la généreuse imposture :

Les lettres, c'était vous...

CYRANO

Non !

Cyrano (Gérard Depardieu)
dans le film de Jean-Paul Rappeneau, 1990.

ROXANE
                    Les mots chers et fous,

C'était vous...

CYRANO
            Non !

ROXANE
            La voix dans la nuit, c'était vous.

CYRANO

Je vous jure que non !

ROXANE
            L'âme, c'était la vôtre !

CYRANO

2465 Je ne vous aimais pas.

ROXANE
            Vous m'aimiez !

CYRANO, *se débattant.*
                    C'était l'autre !

ROXANE

Vous m'aimiez !

CYRANO, *d'une voix qui faiblit.*
            Non !

ROXANE
            Déjà vous le dites plus bas !

CYRANO

Non, non, mon cher amour, je ne vous aimais pas !

ROXANE

Ah ! que de choses qui sont mortes... qui sont nées !
Pourquoi vous être tu pendant quatorze années,
2470 Puisque sur cette lettre où lui n'était pour rien
Ces pleurs étaient de vous ?

CYRANO, *lui tendant la lettre.*
            Ce sang était le sien.

ROXANE

Alors, pourquoi laisser ce sublime silence
Se briser aujourd'hui ?

CYRANO

Pourquoi ?...

Le Bret et Ragueneau entrent en courant.

SCÈNE 6. LES MÊMES, LE BRET *et* RAGUENEAU.

LE BRET

Quelle imprudence !

Ah ! j'en étais bien sûr ! il est là !

CYRANO, *souriant et se redressant.*

Tiens, parbleu !

LE BRET

2475 Il s'est tué, Madame, en se levant !

ROXANE

Grand Dieu !

Mais tout à l'heure alors... cette faiblesse ?... cette ?...

CYRANO

C'est vrai ! je n'avais pas terminé ma gazette :
... Et samedi, vingt-six, une heure avant dîné,
Monsieur de Bergerac est mort assassiné.

Il se découvre ; on voit sa tête entourée de linges.

ROXANE

2480 Que dit-il ? – Cyrano ! – Sa tête enveloppée !...
Ah ! que vous a-t-on fait ? Pourquoi ?

CYRANO

« D'un coup d'épée,

Frappé par un héros, tomber la pointe au cœur ! »...
– Oui, je disais cela !... Le destin est railleur !...
Et voilà que je suis tué dans une embûche,
2485 Par-derrière, par un laquais, d'un coup de bûche !
C'est très bien. J'aurai tout manqué, même ma mort.

REPÈRES

1. L'arrivée de Cyrano : comment est-elle préparée, évoquée ?

OBSERVATION

2. La lecture de la lettre : quels sont les différents moments de la scène ? Qu'est-ce qui trahit Cyrano ? Roxane comprend-elle pourquoi Cyrano laisse « *ce sublime silence se briser aujourd'hui* » (v. 2472-2473) ? Pourquoi l'aveu est-il une fois encore interrompu par l'arrivée des deux personnages ?

3. Le nouveau Cyrano, son image, sa personne sont-ils contraires à son personnage antérieur ? Comment le pathétique de cette conversation est-il rendu théâtralement ?

4. Le ton de Cyrano a-t-il changé ? Comment le qualifier ? Que pensez-vous de ces métaphores, par exemple, à propos des feuilles mortes (« *Et, malgré leur terreur de pourrir sur le sol, / Veulent que cette chute ait la grâce d'un vol !* », v. 2406-2407) ? Le ton de Roxane, l'ancienne précieuse, férue de poésie, a lui aussi bien changé : fait-elle de l'humour en répliquant : « *Allons, laissez tomber les feuilles de platane…* » (v. 2409).

5. Donnez des précisions sur l'attitude des personnages et l'atmosphère de la scène.

6. Caractérisez la « *gazette* » de Cyrano, ce « *vieil ami qui vient pour être drôle* ».

INTERPRÉTATIONS

7. « *Roxane, sans se retourner* » : cette indication scénique est capitale pour comprendre la situation qui suit. Tout le discours de Cyrano, sa lecture de la lettre, avant son évanouissement, sont effectués sans que Roxane regarde son ami. Indiquez la force d'une telle situation. Que révèle-t-elle sur leur relation ?

8. L'ironie amère de Cyrano : « *Repassez dans une heure* » (v. 2381), « *Peut-être un peu plus tôt faudra-t-il que je parte* » (v. 2384). Quel est le double sens de ces paroles ?

9. La « prière » de Cyrano à sœur Marthe (v. 2397). Il n'a pas été fait allusion, dans les quatre premiers actes, à l'athéisme de Cyrano. Son comportement n'avait rien de très catholique non plus. Comment s'explique ce retour à l'Église ?

10. Quel symbolisme recouvrent les métonymies des larmes et du sang (v. 2435, 2471) ? Dans quel sens comprendre le mot « *blessure* » (v. 2432, 2433) ?

11. La reconnaissance : quel dispositif la lecture de la lettre rappelle-t-elle ? Pourquoi est-ce à la voix que Roxane reconnaît « *l'âme* » qu'elle a toujours aimée ? Pourquoi cette reconnaissance n'a-t-elle pas eu lieu auparavant ? Le délabrement physique de Cyrano, son agonie déjà commencée sont-ils nécessaires pour que Roxane identifie enfin la voix ? Pourquoi cette scène a-t-elle cette force émotionnelle ?

RAGUENEAU

Ah ! Monsieur !...

CYRANO

Ragueneau, ne pleure pas si fort !...
Il lui tend la main.
Qu'est-ce que tu deviens, maintenant, mon confrère ?

RAGUENEAU, *à travers ses larmes.*

Je suis moucheur de... de... chandelles, chez Molière.

CYRANO

2490 Molière !

RAGUENEAU

Mais je veux le quitter, dès demain ;
Oui, je suis indigné !... Hier, on jouait *Scapin*,
Et j'ai vu qu'il vous a pris une scène !

LE BRET

Entière !

RAGUENEAU

Oui, Monsieur, le fameux : « Que diable allait-il faire[1] ?... »

LE BRET, *furieux.*

Molière te l'a pris !

---

1. La pièce de Molière fut en réalité jouée plus tard, en 1671. Mais il semble bien que Molière ait repris dans *Les Fourberies de Scapin* une réplique d'un personnage du *Pédant joué* : « Que diable aller faire aussi dans la galère d'un Turc ? D'un Turc ! » Dans son édition de la pièce, Jacques Truchet soutient la thèse que ces imitations ne sont pas nécessairement « de purs et simples plagiats, excusables en raison de l'absence, à l'époque, d'une conception précise de la propriété littéraire ». Grimaret, poursuit Jacques Truchet, « les avait expliquées autrement : Cyrano, qui aurait bien connu Molière dans l'entourage de Gassendi, aurait profité de leurs relations pour "se constituer un fonds de bonnes choses, dont il tira avantage dans la suite", en sorte que l'auteur des *Fourberies* se serait trouvé pleinement fondé à reprendre « dans ses ouvrages plusieurs pensées que Cyrano avait employées auparavant dans les siens » (édition de l'Imprimerie nationale, p. 345).

CYRANO

Chut ! chut ! Il a bien fait !...

À Ragueneau.

2495 La scène, n'est-ce pas, produit beaucoup d'effet ?

RAGUENEAU, *sanglotant.*

Ah ! Monsieur, on riait ! on riait !

CYRANO

Oui, ma vie

Ce fut d'être celui qui souffle – et qu'on oublie !

À Roxane.

Vous souvient-il du soir où Christian vous parla

Sous le balcon ? Eh bien ! toute ma vie est là :

2500 Pendant que je restais en bas, dans l'ombre noire,

D'autres montaient cueillir le baiser de la gloire !

C'est justice, et j'approuve au seuil de mon tombeau :

Molière a du génie et Christian était beau !

À ce moment, la cloche de la chapelle ayant tinté, on voit tout au fond, dans l'allée, les religieuses se rendant à l'office.

Qu'elles aillent prier puisque leur cloche sonne !

ROXANE, *se relevant pour appeler.*

2505 Ma sœur ! ma sœur !

CYRANO, *la retenant.*

Non ! non ! n'allez chercher personne !

Quand vous reviendriez, je ne serais plus là.

Les religieuses sont entrées dans la chapelle, on entend l'orgue.

Il me manquait un peu d'harmonie... en voilà.

ROXANE

Je vous aime, vivez !

CYRANO

Non ! car c'est dans le conte

Que lorsqu'on dit : Je t'aime ! au prince plein de honte,

2510 Il sent sa laideur fondre à ces mots de soleil...

Mais tu t'apercevrais que je reste pareil.

ROXANE

J'ai fait votre malheur ! moi ! moi !

CYRANO

Vous ?... au contraire !

J'ignorais la douceur féminine. Ma mère
Ne m'a pas trouvé beau. Je n'ai pas eu de sœur.
2515 Plus tard, j'ai redouté l'amante à l'œil moqueur.
Je vous dois d'avoir eu, tout au moins, une amie.
Grâce à vous une robe a passé dans ma vie.

LE BRET, *lui montrant le clair de lune qui descend*
à travers les branches.

Ton autre amie est là, qui vient te voir !

CYRANO, *souriant à la lune.*

Je vois.

ROXANE

Je n'aimais qu'un seul être et je le perds deux fois !

CYRANO

2520 Le Bret, je vais monter dans la lune opaline,
Sans qu'il faille inventer, aujourd'hui, de machine.

ROXANE

Que dites-vous ?

CYRANO

Mais oui, c'est là, je vous le dis,
Que l'on va m'envoyer faire mon paradis.
Plus d'une âme que j'aime y doit être exilée,
2525 Et je retrouverai Socrate et Galilée !

LE BRET, *se révoltant.*

Non ! non ! C'est trop stupide à la fin, et c'est trop
Injuste ! Un tel poète ! Un cœur si grand, si haut !
Mourir ainsi !... Mourir !...

CYRANO

Voilà Le Bret qui grogne !

LE BRET, *fondant en larmes.*

Mon cher ami...

Cyrano, *se soulevant, l'œil égaré.*
Ce sont les cadets de Gascogne...
2530 La masse élémentaire... Eh oui !... voilà le *hic*...

Le Bret
Sa science... dans son délire !

Cyrano
Copernic
A dit...

Roxane
Oh !

Cyrano
Mais aussi que diable allait-il faire,
Mais que diable allait-il faire en cette galère ?...
Philosophe, physicien,
2535 Rimeur, bretteur, musicien,
Et voyageur aérien,
Grand riposteur du tac au tac,
Amant aussi – pas pour son bien ! –
Ci-gît Hercule-Savinien
2540 De Cyrano de Bergerac
Qui fut tout, et qui ne fut rien.
... Mais je m'en vais, pardon, je ne peux faire attendre :
Vous voyez, le rayon de lune vient me prendre !
*Il est retombé assis, les pleurs de Roxane le rappellent à la
réalité, il la regarde, et caressant ses voiles :*
Je ne veux pas que vous pleuriez moins ce charmant,
2545 Ce bon, ce beau Christian, mais je veux seulement
Que lorsque le grand froid aura pris mes vertèbres,
Vous donniez un sens double à ces voiles funèbres,
Et que son deuil sur vous devienne un peu mon deuil.

Roxane
Je vous jure !...

CYRANO *est secoué d'un grand frisson et se lève*
brusquement.

Pas là ! non ! pas dans ce fauteuil !
On veut s'élancer vers lui.

2550 Ne me soutenez pas ! Personne !
Il va s'adosser à l'arbre.

Rien que l'arbre !

Silence.

Elle vient. Je me sens déjà botté de marbre,
Ganté de plomb !
Il se raidit.

Oh ! mais !... puisqu'elle est en chemin,
Je l'attendrai debout,
Il tire l'épée.

et l'épée à la main !

LE BRET

Cyrano !

ROXANE, *défaillante.*

Cyrano !
Tous reculent épouvantés.

CYRANO

Je crois qu'elle regarde...

2555 Qu'elle ose regarder mon nez, cette Camarde !
Il lève son épée.

Que dites-vous ?... C'est inutile ?... Je le sais !
Mais on ne se bat pas dans l'espoir du succès !
Non ! non, c'est bien plus beau lorsque c'est inutile !
Qu'est-ce que c'est que tous ceux-là ! Vous êtes mille ?

2560 Ah ! je vous reconnais, tous mes vieux ennemis !
Le Mensonge ?
Il frappe de son épée le vide.

Tiens, tiens ! – Ha ! ha ! les Compromis,
Les Préjugés, les Lâchetés !...
Il frappe.

Que je pactise ?

Jamais, jamais ! – Ah ! te voilà, toi la Sottise !
Je sais bien qu'à la fin vous me mettrez à bas ;
2570 N'importe : je me bats ! je me bats ! je me bats !
Il fait des moulinets immenses et s'arrête haletant.
Oui, vous m'arrachez tout, le laurier et la rose !
Arrachez ! Il y a malgré vous quelque chose
Que j'emporte ; et ce soir, quand j'entrerai chez Dieu,
Mon salut balaiera largement le seuil bleu,
2575 Quelque chose que sans un pli, sans une tache,
J'emporte malgré vous,
Il s'élance l'épée haute.

et c'est...

L'épée s'échappe de ses mains, il chancelle, tombe dans les bras de Le Bret et de Ragueneau.

Roxane, *se penchant sur lui et lui baisant le front.*

C'est ?...

Cyrano *rouvre les yeux, la reconnaît et dit en souriant.*

Mon panache.

RIDEAU

Rostand

REPÈRES

1. Quel effet produit l'arrivée de Le Bret et de Ragueneau ?
2. Appréciez le dernier mot de la pièce.

OBSERVATION

3. Dans son adieu au monde (v. 2513-2517), Cyrano livre une explication très profonde du caractère et du comportement de son personnage. Précisez-en les grandes lignes.
4. Montrez le délire final des dernières paroles : en quoi diffère-t-il du discours habituel de Cyrano ? Comment Rostand regroupe-t-il, dans le finale, la plupart des attitudes et des titres de son héros ?
5. La revendication de l'échec (« *J'aurai tout manqué, même ma mort* » v. 2486) : est-il justifié ?
6. La lutte contre les « *vieux ennemis* » (v. 2560) : comment sont-ils représentés ?
7. Comment la mort est-elle évoquée ?
8. Commentez les interventions et les propos de Roxane.

INTERPRÉTATIONS

9. La scène finale, celle de la mort de Cyrano, regroupe les quatre personnages principaux, les plus proches du héros. Quelle est leur fonction ?
10. Montrez que la solitude de Cyrano est de plus en plus grande.
11. Pourquoi Cyrano est-il à la fois grotesque et sublime ? Justifiez le mélange des tons.
12. Quelle dernière image Cyrano donne-t-il de lui-même : figure amoureuse ou héroïque ?

Une dernière demeure

Cet acte est le plus délicat à interpréter, dans tous les sens du terme. Il nous montre un anti-héros, affaibli, blessé à mort, et pourtant avouant *in extremis* son amour et le secret de sa vie. Mais est-ce encore Cyrano ? Sommes-nous toujours dans la représentation de l'héroïque, ou bien assistons-nous à la naissance d'un être enfin en accord avec lui-même, fût-ce au seuil de la mort ?

Cyrano sait sa dernière heure venue, il vient prendre congé, mais il n'a pas l'intention de révéler à Roxane le secret de Christian. Seul le hasard, la lumière ayant faibli, apporte toute la vérité et découvre l'identité de celui que Roxane a toujours aimé, sans le voir, sans le savoir. Ainsi l'amour n'est plus passion, il n'est plus affaire de beauté, de corps et de désir, mais question de silence, d'affection et de souvenir.

Un dernier coup de théâtre

Pareille révélation donne *in extremis* son sens à la vie et à la mort de Cyrano, à son sacrifice. Dans une des plus belles scènes pathétiques du théâtre français, Rostand a su trouver le ton juste, l'atmosphère appropriée pour conférer à son héros toute son humanité, sa fragilité, pour le réconcilier avec lui-même et avec le monde. Dans l'apaisement final de ce soir d'automne, alors qu'il a enfin pu dire son amour, Cyrano meurt au milieu des siens….

La délicatesse du trait, dans cette esquisse finale, s'impose au spectateur un peu las des batailles, des rodomontades et des guerriers héroïques.

Grâce à un contraste absolu entre le champ de bataille et le couvent, puis bientôt le cimetière, Rostand donne à son dernier tableau la paix d'un requiem. Il pose et résout, pour son héros, les grandes questions de l'existence. Sans tricher sur les atteintes de l'âge et la dégradation de son statut social et symbolique, il donne à sentir la profondeur du personnage : face à la superficialité bien pensante de Roxane ou à la bonne volonté affectueuse des amis de toujours, Cyrano sort grandi de toutes les attaques du temps, des ennemis, des contemporains, des critiques.

La vérité des personnes, la force de leur amour, la beauté sublime de leur geste se résument dans le destin d'un être qui pense avoir raté sa vie, alors qu'il l'a pleinement vécue, et nous laisse, malgré tout, les larmes aux yeux.

Un dernier soupir

Cyrano, le héros comme la pièce, s'élève à une dimension lyrique, une des veines poétiques – la plus admirable – de l'œuvre, trop souvent recouverte par le brio et le kitsch de l'héroïque. Cette voix dans l'espace obscur qui déchire le silence, c'est tout simplement celle de la poésie du texte dramatique sans laquelle la pièce n'est rien, et qui survit à tous les effets de théâtralité visuelle. Voix ténue et fragile, certes, mais qui retrouve le passé, brave la mort et assure à la pièce de Rostand un dernier soupir d'immortalité.

Comment lire l'œuvre

Le sujet : action et intrigue

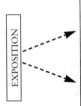

EXPOSITION

Une représentation à l'Hôtel de Bourgogne

On doit jouer *La Clorise* de Baro à l'Hôtel de Bourgogne. Une foule bigarrée se presse au spectacle : cavaliers, laquais, bourgeois, pages, marquis (scène 1). Christian, qui vient d'arriver à Paris, s'entretient avec le poète Lignière ; Ragueneau, le pâtissier, fait l'éloge de la poésie et nous indique que Cyrano a interdit à Montfleury de « *reparaître sur scène* ». Il brosse de son ami un portrait flatteur. Christian confie à Lignière qu'il est tombé amoureux de Roxane, cousine de Cyrano (scène 2). De Guiche, lui aussi, s'intéresse de près à Roxane. Christian apprend par hasard que Lignière est menacé de mort. Le spectacle commence avec l'entrée en scène de Montfleury (scène 3). Cyrano interrompt sa déclamation, malgré les protestations de la salle. Provoqué par Valvert, Cyrano improvise un long monologue sur les manières de décrire son nez (scène 4). Resté seul avec son ami Le Bret, Cyrano avoue le motif de son animosité pour Montfleury et révèle l'identité de la femme qu'il aime sans espoir de retour : sa belle et brillante cousine, Roxane (scène 5). La dame de compagnie de Roxane sollicite un rendez-vous auprès de Cyrano (scène 6). Celui-ci, fou de joie, part seul défendre Lignière contre les spadassins envoyés par Valvert.

NŒUD

La rôtisserie des poètes

Le spectateur pénètre dans la boutique de Ragueneau qui unit dans un même amour la poésie et la pâtisserie (scènes 1 et 2). Cyrano arrive avec une heure d'avance. Il n'a pas le temps d'écouter les compliments de Ragueneau et les récits admiratifs des poètes à propos de son combat de la veille. Il est en effet absorbé par la rédaction d'une lettre à Roxane (scènes 3 et 4). Enfin seuls, Cyrano et Roxane évoquent leur enfance heureuse, mais Cyrano est vite détrompé : sa cousine aime Christian et elle est venue lui demander de le protéger (scène 6). Les poètes et les cadets félicitent Cyrano pour ses exploits de la veille. De Guiche cherche à s'attacher ce poète original, mais sous le coup de la déception amoureuse, Cyrano refuse fièrement (scène 7). Christian, pour prouver sa bravoure aux Gascons, cherche à provoquer Cyrano par tous les moyens, en faisant allusion à son nez (scène 9). Cyrano, lié par sa promesse à Roxane, ne réagit pas, au grand étonnement de l'assemblée. Il va jusqu'à proposer à Christian une alliance pour séduire Roxane : il sera l'esprit et l'autre la beauté (scène 10).

- Quiproquo.
- Le nœud se resserre.

- L'alliance contre nature.

PÉRIPÉTIE

• Péripétie
individuelle.
• Sommet
sentimental.

Le baiser de Roxane

Cyrano rend visite à sa cousine, laquelle ne cesse de vanter l'esprit de Christian, qui lui envoie des lettres enflammées écrites en réalité par Cyrano (scène 1). Roxane fait croire à de Guiche, qui continue à la poursuivre de ses assiduités, qu'il faudrait punir les Gascons en les privant de guerre (scène 2). Elle s'apprête à voir et à questionner son amant. Mais celui-ci n'a pas eu le temps de répéter sa leçon avec Cyrano et rechigne de plus en plus à écouter la voix de son maître (scène 4). L'entrevue avec Roxane tourne au fiasco (scène 5). Cyrano est contraint de souffler son rôle à Christian, puis, caché sous le balcon, de se faire passer pour lui (scène 7). Roxane, séduite par tant d'esprit, fait monter le vrai Christian chez elle (scène 10). Un capucin annonce la visite de de Guiche. Roxane précipite alors son mariage avec Christian, tandis que Cyrano retient de Guiche. Le mariage conclu, de Guiche, furieux, envoie sur-le-champ les Gascons, et donc Christian et Cyrano, à la guerre.

PÉRIPÉTIE

• Accélération des
actions.
• Sommet
dramatique.
• Point de
non-retour.
• Premier
dénouement : la
mort de Christian.

Les cadets de Gascogne

Au siège d'Arras, la nourriture est rare, les Gascons sont affamés (scène 1). Seule la fierté d'être Gascon les maintient en vie. Cyrano tente de leur remonter le moral (scène 3) et ridiculise de Guiche, qui se vante d'exploits imaginaires (scène 4) et prie les Gascons d'avoir l'obligeance de se faire tuer. Roxane a traversé les lignes ennemies pour retrouver celui qu'elle croit être l'auteur des lettres qui l'ont bouleversée (scène 5). Malgré l'attaque imminente des Espagnols, elle reste auprès des Gascons, auxquels elle fait la surprise d'un festin préparé par Ragueneau (scène 6). Même de Guiche remonte dans l'estime de ses soldats (scène 7). Cyrano prévient Christian qu'« il » a écrit d'innombrables lettres. Et ce sont elles qui ont décidé Roxane à venir le retrouver, et non sa beauté (scène 8). Christian se sent rejeté et somme Cyrano d'avouer à Roxane leur complicité et de l'obliger à dire qui elle aime vraiment (scène 9). Cyrano renonce quand il apprend la mort de Christian (scène 10).

DÉNOUEMENT

• Retour sur le
passé.
• Second
dénouement.
• Apaisement final.

La gazette de Cyrano

« *Quinze ans après* » dans le parc du couvent des Dames de la Croix (scène 1), Roxane et de Guiche évoquent leurs souvenirs et la situation précaire de Cyrano, pauvre, délaissé et entouré d'ennemis (scène 2). Ragueneau rapporte que ce dernier vient d'être victime d'une embuscade (scène 3). Cyrano, malgré sa blessure, arrive enfin. Luttant contre la douleur, il commence sa gazette avant de défaillir (scène 4). Il lit, ou plutôt dit de mémoire, la dernière lettre écrite à Roxane avant la mort de Christian. Roxane comprend enfin le secret de Cyrano (scène 5), qui meurt au milieu des siens et emporte, malgré tout, son courage, sa vérité et sa pureté, en un mot son panache (scène 6).

Les personnages

On relève une soixantaine de personnages, sans compter les groupes au nombre variable (« *etc* »). La liste des personnages est très hétéroclite : « *La foule, bourgeois, marquis, mousquetaires, tire-laine, pâtissiers, poètes, cadets, Gascons, comédiens, violons, pages, enfants, soldats espagnols, spectateurs, spectatrices, précieuses, comédiennes, bourgeoises, religieuses, etc.* » On se demande quelle scène pourrait accueillir pareilles masses, mais ces personnages collectifs ne sont représentés – fort heureusement – que par un ou deux spécimens. Leur valeur est plus décorative et caractérisante que fonctionnelle. Avec un tel matériau Rostand aurait pu écrire un long roman picaresque et reconstituer toute une société.

De la longue liste des personnages émergent cependant trois personnalités centrales autour desquelles toute l'action est nouée : Cyrano, Roxane, Christian. Trois caractères secondaires « supportent » les trois premiers : de Guiche, dans le rôle de l'opposant (du moins jusqu'au quatrième acte), Rageneau et Le Bret, fidèles amis de Cyrano, dans ceux des adjuvants. Les rapports entre ces personnages sont simples, directs et fixes : ces trois amis gravitent autour de la figure centrale et surdimensionnée de Cyrano, comme le montrerait sans surprise un examen de la configuration actantielle de la pièce (voir p. 331). Les caractères qui les distinguent sont nets et tranchés, ils correspondent à de claires oppositions sémantiques : esprit/sottise ; beauté/laideur, amour de la vie/attirance de la mort, etc. Pour ce qui est par exemple des trois amis de Cyrano :

– Le Bret, le confident de Cyrano, est son double positif, le conseiller et le raisonneur qui s'efforce, en vain, d'apprivoiser et de socialiser son ami ;

– Rageneau, le pâtissier et poète, est le contraire heureux de Cyrano, son principe vital, celui qui nourrit les poètes. Il est à la recherche d'une difficile harmonie entre l'esprit de l'artiste et le corps des poètes faméliques, plus affamés de gâteaux que de vers ;

– De Guiche, l'opposant, le rival poltron, le supérieur hiérarchique, est celui qui réussit. Sa « gasconisation », arrachée de haute lutte au siège d'Arras, le transforme en un sage désabusé, celui qui « *a trop réussi sa vie* » et qui éprouve une « *gêne obscure* » (acte V, scène 2).

Cyrano de Bergerac

> « Déplaire est mon plaisir. J'aime qu'on me haïsse. »
>
> Acte II, scène 8, v. 1025.
>
> « J'ignorais la douceur féminine. Ma mère
> Ne m'a pas trouvé beau. Je n'ai pas eu de sœur.
> Plus tard, j'ai redouté l'amante à l'œil moqueur. »
>
> Acte V, scène 6, v. 2513-2515.

Pâles figures en vérité que ces doubles de Cyrano à côté du héros central de la pièce. Cyrano monopolise l'attention et plie la fable à sa quête ; une quête qui n'est d'ailleurs jamais clairement définie dans ses exigences ultimes, car ce que recherche Cyrano, ce n'est ni la gloire, ni la fortune, ni le succès, ni même le bonheur et l'amour, c'est le sens du panache. Or, le panache est un objet vide et voyant qui n'a aucune fonction pratique, mais qui confère à son porteur l'honneur de se faire remarquer et si possible tirer dessus. Le panache est devenu, et ce déjà à l'époque de Cyrano au XVIIe siècle, le symbole d'un héroïsme désuet et d'un personnage coupé des réalités et des compromissions du monde.

Le second trait saillant de Cyrano, c'est évidemment son nez et les complexes qu'il a gravés à l'intérieur de lui-même. Mais ce nez phénoménal, ce n'est finalement que la marque extérieure d'une souffrance psychologique profonde : celle d'être laid, mais surtout d'être différent des autres, de n'être ni reconnu ni aimé. Ainsi affligé d'un appendice nasal hors du commun, Cyrano se situe toujours avec panache à la pointe du combat : il s'évertue à toucher l'adversaire, à la fois par sa virtuosité dans le maniement du fer et des vers (« *Je coupe, je feinte… [...] / À la fin de l'envoi, je touche.* », v. 435-436), et par sa rhétorique et son sens du mot d'esprit et de la pointe assassine. Rostand n'éprouve pas le besoin d'expliciter les causes profondes de cette agressivité, il se contente de l'explication première : Cyrano a un nez si voyant qu'on ne sait plus très bien ce qu'il cache au juste. La conscience de sa laideur s'accompagne d'un désir de beauté chez l'autre, chez Roxane, comme chez Christian. Ce dernier lui fournit, dans l'union quasi mystique qu'il contracte avec lui, un déguisement idéal pour laisser libre cours à son esprit et à son affectivité. Christian devient ainsi à la fois le double absolu et l'alter ego de Cyrano, l'organe qui donne voix à son désir, qui lui permet d'être à la fois lui-même et un autre, une absence et un prolongement. Mais l'union avec un tel « coéquipier » se révèle vite funeste : seule la mort du corps, celui de Christian, à Arras, la rompt, entraînant Cyrano dans une impuissance à avouer, à parler, à écrire, à se battre. Du coup, Cyrano perd toute substance : son nez ou sa laideur n'ont plus l'effet décapant et provocateur qu'ils possédaient avant ou pendant l'union avec Christian. L'aveu, l'humanisation à l'acte V, la faiblesse du héros presque décapité par une bûche, signifient la véritable fin de Cyrano, la perte du nez et de l'attraction/répulsion qu'il exerce sur les autres.

Mais ce qui touche le plus le spectateur, c'est la sensation d'être lui-même cet éternel raté, ce personnage fait de souffrances et de complexes, ce héros toujours malheureux, rebelle aux règles, à la raison et à la réalité : personnage à la fois bavard et aphasique qui flatte notre « *fantaisie de triomphe* » et notre sentiment légèrement chauvin d'être ce héros invincible et cette incarnation de l'« esprit français » et d'un mythe national. Mythe qui, en ce moment de doute de la société française, en cette fin du XIXe siècle, ne demandait pas mieux qu'à s'incarner dans la figure du héros malheureux qu'est Cyrano, dans cette union sacrée de tous autour de son blanc panache et dans une philosophie héroïque d'un grand conformisme, malgré les rodomontades du personnage. Car, en dépit de ses grands discours, Cyrano sert et renforce l'ordre de son temps, vole au secours de la patrie, finit sa vie en bon chrétien. Le modèle aristocratique et héroïque du guerrier et de l'amoureux compense tant bien que mal la désillusion du monde bourgeois de cette fin de siècle.

Roxane

> « … Je lisais, je relisais, je défaillais,
> J'étais à toi. Chacun de ces petits feuillets
> Était comme un pétale envolé de ton âme. »
>
> > Acte IV, scène 8, v. 2112-2114.
>
> « Je n'aimais qu'un seul être et je le perds deux fois. »
>
> > Acte V, scène 6, v. 2519.

Roxane est caractérisée par sa beauté et son goût pour la préciosité. Elle est le personnage qui évolue le plus au cours de la pièce, passant d'un goût pour les mondanités et les beaux discours, d'un amour pour les apparences, à une passion pour la vérité et à un amour épuré des contingences du corps. L'ironie inhérente à ce personnage, c'est que ce soit une précieuse raffinée qui tombe amoureuse d'un simplet, ou du moins d'un homme, certes beau, mais incapable de parler aux femmes, péché mortel aux yeux d'une précieuse. Roxane est surtout définie par le désir et la création fantasmatique de Cyrano, comme si elle n'existait que comme la veulent les autres, comme figure maternelle sublimée par Cyrano, comme poétesse éthérée qui est d'abord là pour inspirer aux hommes un discours amoureux. Le personnage d'intellectuelle et de poétesse n'est en réalité jamais pris au sérieux par Cyrano. Roxane est pour lui d'abord et toujours celle qui inspire de l'amour et qui écoute la plainte et le chant d'amour. Elle est enfin, pour des raisons que Rostand n'explicite pas, celle qui, pénétrant dans le camp des hommes au siège d'Arras, provoque une série involontaire ou inconsciente de catastrophes, causant la mort de Christian et, par contrecoup, celle de Cyrano, entraînant finalement sa propre mort, vouée qu'elle est au couvent, loin des mondanités de la poésie et du désir des hommes.

Christian

> « Oui, j'ai certain esprit facile et militaire.
> Mais je ne sais, devant les femmes, que me taire. »
>
> Acte II, scène 10, v. 1116-1117.
>
> « Je suis las de porter en moi-même un rival ! »
>
> Acte IV, scène 9, v. 2173.

Christian est beau, tandis que Cyrano a bobo : ainsi pourrait-on résumer, avec Cyrano lui-même (v. 802-803), la situation tragi-comique où tous deux se débattent. Christian, personnage assez pâlot au début, voué aux platitudes et au silence, naît véritablement lorsque Cyrano lui insuffle la vie, en lui proposant une sorte de « play-back » métaphysique où ils font « *collaborer un peu [les] lèvres et [les] phrases* » en une union de l'esprit et de la beauté : « *Tu marcheras, j'irai dans l'ombre à ton côté* : / *Je serai ton esprit, tu seras ma beauté.* » (v. 1146-1147). Un tel pacte, qui rappelle celui de Faust et du diable, malgré la légèreté du projet initial, ne peut être dissous que par la mort des deux protagonistes. Car, en rendant l'âme, Christian n'a pas libéré celle de son compagnon : au contraire, il l'enchaîne au souvenir, au remords, à l'héritage. Christian lui-même sort grandi de toutes ces épreuves ; en comprenant peu à peu le sacrifice de son ami, il gagne une dimension nouvelle, il devient, à sa manière, un partenaire digne de Roxane et de Cyrano, il se hausse à leur niveau à travers son sacrifice.

La configuration actantielle

Étant donné l'omniprésence de Cyrano dans la pièce, on a peine à imaginer qu'il puisse n'être qu'une des forces agissantes du drame dans la configuration d'ensemble. Pourtant, le schéma actantiel place Cyrano au centre d'un jeu de forces qui le dépassent et le mènent à sa perte.

Une première radiographie révèle que les conflits, les oppositions et les alliances sont d'entrée clairement posés :

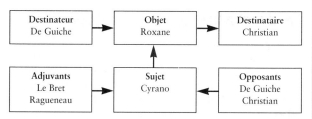

Cette configuration se lit ainsi : Cyrano aime Roxane ; malgré l'encouragement de Le Bret, il n'ose pas se déclarer et c'est Christian qui la séduit, l'arrachant à de Guiche ; celui-ci n'est pas seulement opposant et rival, mais aussi destinateur, à savoir maître des valeurs et des décisions qui, apparemment, profitent à leur destinataire, Christian.

De manière plus abstraite et plus générale, ces personnages représentent des actants qui se définissent par leur identité dans le champ de forces de la configuration :

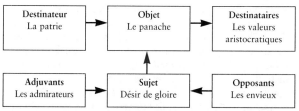

Le panache est pour Cyrano un objet du désir, objet voyant mais vide, assimilable à l'honneur, au beau geste, à la pureté, à la noblesse d'âme. Cet objet est du reste double, puisqu'il consiste tantôt à plaire aux amis et à soi-même, tantôt à déplaire aux rivaux et aux ennemis.

L'*ethos* des personnages, leur manière de se comporter et de parler, est, malgré les apparences, marquée par l'ambiguïté. Leurs motivations sont toujours ambivalentes : Cyrano est bretteur et poète, Roxane une précieuse et une héroïne (v. 1982), Christian utilise les services de Cyrano pour séduire Roxane, mais il se sacrifie dès qu'il comprend qu'ils s'aiment.

La dramaturgie et ses effets

On peut aborder la dramaturgie, ou « art de la composition », à tous les niveaux de la coopération textuelle : stylistique, discursif, narratif, actantiel et idéologique. La dramaturgie (voir ci-contre), en effet, s'occupe autant de la stylistique (A), de la reconstitution de l'intrigue (I) et de la fable (II), de la logique des actions (III), ou encore des thèses implicites et inconscientes (IV).

Servons-nous de ces distinctions de niveau pour examiner toutes les ramifications de la dramaturgie rostandienne.

Stylistique : le travail de l'écriture

Le niveau le plus immédiat, le plus accessible, est celui de la surface du texte, des procédés de l'écriture, de la « musique et de la matière des mots », la question étant : « comment ça parle ? » (voir A).

Est-ce l'influence de l'art pour l'art et du Parnasse ? Cette pièce ne *veut* rien dire. Elle ne cherche pas à convaincre le spectateur d'une thèse, d'une philosophie. Elle se présente comme une construction parfaite, formée sur elle-même, qu'il est tout aussi impossible de « *délabyrinther* » que les sentiments de Christian (acte III, scène 5). On ne démêle jamais non plus si le pastiche constant est auto-ironique et conscient de l'être, ou s'il n'est que le résultat d'une cleptomanie littéraire sans vergogne. On trouve des réminiscences d'Honoré d'Urfé, Scarron, Corneille, Racine, Marivaux, Hugo, Gautier et Richepin. Mais la ruse d'une telle écriture est de maintenir l'ambiguïté (pastiche conscient/vol éhonté) chez le récepteur, lequel décide de la question de l'origine et de la légitimité des emprunts. Seule compte la virtuosité du style et les effets plaisants de reconnaissance et de déjà-vu. La mise en forme des idées les plus hétéroclites dans des vers et des rimes faciles, cocasses, parodiant nos vieux souvenirs classiques, n'obscurcit jamais le sens du texte : la forme, le signifiant, la musique, la matérialité des mots se résolvent toujours dans un signifié ; il n'y a aucun résidu « mallarméen », aucun élément qui

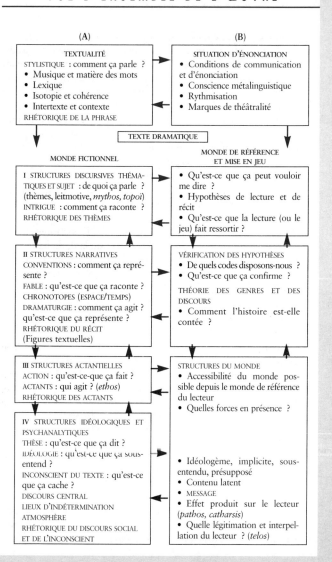

(A)

(B)

TEXTUALITÉ
STYLISTIQUE : comment ça parle ?
• Musique et matière des mots
• Lexique
• Isotopie et cohérence
• Intertexte et contexte
RHÉTORIQUE DE LA PHRASE

SITUATION D'ÉNONCIATION
• Conditions de communication et d'énonciation
• Conscience métalinguistique
• Rythmisation
• Marques de théâtralité

TEXTE DRAMATIQUE

MONDE FICTIONNEL

MONDE DE RÉFÉRENCE ET MISE EN JEU

I STRUCTURES DISCURSIVES THÉMATIQUES ET SUJET : de quoi ça parle ? (thèmes, leitmotive, *mythos, topoï*)
INTRIGUE : comment ça raconte ?
RHÉTORIQUE DES THÈMES

• Qu'est-ce que ça peut vouloir me dire ?
• Hypothèses de lecture et de récit
• Qu'est-ce que la lecture (ou le jeu) fait ressortir ?

II STRUCTURES NARRATIVES
CONVENTIONS : comment ça représente ?
FABLE : qu'est-ce que ça raconte ?
CHRONOTOPES (ESPACE/TEMPS)
DRAMATURGIE : comment ça agit ? qu'est-ce que ça représente ?
RHÉTORIQUE DU RÉCIT (Figures textuelles)

VÉRIFICATION DES HYPOTHÈSES
• De quels codes disposons-nous ?
• Qu'est-ce que ça confirme ?
THÉORIE DES GENRES ET DES DISCOURS
• Comment l'histoire est-elle contée ?

III STRUCTURES ACTANTIELLES
ACTION : qu'est-ce-que ça fait ?
ACTANTS : qui agit ? (*ethos*)
RHÉTORIQUE DES ACTANTS

STRUCTURES DU MONDE
• Accessibilité du monde possible depuis le monde de référence du lecteur
• Quelles forces en présence ?

IV STRUCTURES IDÉOLOGIQUES ET PSYCHANALYTIQUES
THÈSE : qu'est-ce que ça dit ?
IDÉOLOGIE : qu'est-ce que ça sous-entend ?
INCONSCIENT DU TEXTE : qu'est-ce que ça cache ?
DISCOURS CENTRAL
LIEUX D'INDÉTERMINATION
ATMOSPHÈRE
RHÉTORIQUE DU DISCOURS SOCIAL ET DE L'INCONSCIENT

• Idéologème, implicite, sous-entendu, présupposé
• Contenu latent
• MESSAGE
• Effet produit sur le lecteur (*pathos, catharsis*)
• Quelle légitimation et interpellation du lecteur ? (*telos*)

ne finisse par faire sens. Chaque personnage apporte sa pierre à l'édifice versifié ; il retombe toujours à peu près sur ses pieds, même si les fréquentes stichomythies (échanges rapides entre les locuteurs) et les césures baladeuses hachent le vers au point de le réduire à une musique ou un rythme vide de sens, mais régulier et harmonieux. Malgré un tel tripatouillage du vers, le mouvement de la scène est toujours discernable et la situation lumineuse. Rostand souscrit au dogme de l'expressivité d'un poète parnassien comme Théodore de Banville : « *Tant que le poète exprime véritablement sa pensée, il rime bien ; dès que sa pensée s'embarrasse, sa rime aussi s'embarrasse, devient faible, traînante et vulgaire, et cela se comprend de reste, puisque pour lui pensée et rime ne sont qu'un* » (*Petit traité de poésie française*). Les rimes ou le vers – comme la pièce en général – sont souvent structurés selon l'art du paradoxe, de l'oxymore et des contrastes grotesques (alliance du beau et du laid, du haut et du bas, du tragique et du comique) : Christian est « *beau* », Cyrano a « *bobo* » (v. 802-803) ; « *ayez pitié de mon fourreau, il va rendre sa lame* » (v. 207-208) ; « *pour des yeux vainqueurs, je les trouve battus* » (v. 739). Toute l'œuvre cultive le paradoxe du grotesque, tout à fait dans l'esprit hugolien du « *ver de terre amoureux d'une étoile* ». La rime assassine ou la pointe malicieuse ponctuant une tirade sont les armes préférées de cette rhétorique qui tient autant de l'escrime que du mot d'esprit (voir la ballade du duel, acte I, scène 4). Cyrano, virtuose du vers autant que du fer, se met constamment en danger ; maniant, en tant que poète et que bretteur, l'héroïsme aussi bien que l'ironie, il éclaire les prouesses de l'un par celles de l'autre. Le héros met en abyme le jeu gratuit et dangereux du poète, et réciproquement. Grâce à ce joueur né, la pièce garde toujours l'aspect d'un métathéâtre, d'une conscience métalinguistique de ses procédés, d'une réflexivité de l'œuvre qui n'aurait pas dû déplaire à André Gide. D'où une rhétorique de la phrase – de l'alexandrin comme de la tirade ou de la scène – qui démontre avec éclat la virtuosité des locuteurs… et celle de Rostand, virtuosité stylistique du poète jouant autant avec les sons qu'avec les sens et qui se retrouve au niveau suivant, celui du discursif et de la thématique (voir I, p. 333).

Fable et chronotopes

L'art d'enchaîner les répliques, les épisodes, les scènes et les actes, est aussi une affaire de dramaturgie : c'est l'art de l'intrigue. Cette dernière est conduite avec une parfaite maîtrise, notamment en ménageant la fresque sociale et l'intimité de la passion, en enchaînant nœud, péripéties, sommet et dénouement.

L'intrigue est très complexe et détaillée, mais la fable – la manière de raconter selon un point de vue déterminé – est très simple. Cyrano, se sentant laid, n'ose pas déclarer son amour et il choisit de le faire dire par son ami, ce qui ne cause que mensonges et malheurs. La fable, telle que nous l'avons résumée (p. 6), se borne à reprendre les mêmes faits que ceux assemblés dans l'intrigue, mais en les orientant en fonction d'une certaine lecture qui peut aller jusqu'à l'actualisation de la pièce à notre époque. Il suffit de pouvoir encore répondre à la question « qu'est-ce que ça raconte ? ». Il faudrait, dans une version actualisée, expliquer dans quel milieu nous nous trouvons et en quoi ces circonstances nouvelles infléchissent le cours de l'histoire.

Quoi qu'il en soit, version d'époque ou version actualisée, la dramaturgie – la composition des actions, les structures du temps et de l'espace – reste identique à elle-même : cela « représente » et « agit » toujours de la même manière. On observe notamment les chronotopes de chaque acte :

– Acte I. La représentation théâtrale : la vie fictive.
– Acte II. La pâtisserie : la vie matérielle, le sens des réalités.
– Acte III. Le balcon : fragile équilibre de la parole.
– Acte IV. Le champ de bataille : la mort au « champ d'honneur ».
– Acte V. Le couvent : la mort lente, l'apaisement final.

Les actes I et II, II et IV se répondent comme les contraires absolus, l'acte III marquant un fragile équilibre sentimental. C'est dans l'art de la composition que la perfection dramaturgique est la plus éclatante. Rostand reprend le schéma classique des cinq actes, mais il combine la structure épique en tableaux (ou époques) et la montée dramatique vers la catastrophe finale, en deux étapes, celle de la mort de Christian, celle de la dernière apparition de Cyrano. Chacun des actes forme une unité, marque la même évolution de l'intérêt dramatique jusqu'à la pointe du dernier vers. L'acte III occupe une position médiane : moment d'équilibre fragile entre l'amour et la guerre, brefs instants d'intimité, cœur du drame inséré dans la fresque sociale. Le système des lieux répond à d'identiques symétries : du théâtre (acte I) au couvent (acte V), on passe de la théâtralité absolue au recueillement et à l'antichambre de la mort ; de la rôtisserie de Ragueneau (acte II) au camp retranché des Gascons faméliques (acte IV) ; au centre (acte III), le balcon de Roxane, lieu privé et vertical, lieu du bonheur par procuration, de l'impossible ascension (« *Pendant que je restais en bas, dans l'ombre noire, / D'autres montaient cueillir le baiser de la gloire !* », v. 2500-2501).

Les actions thématiques

Malgré les ruptures spatiales et temporelles après chaque acte, la pièce est très homogène, non seulement grâce à la figure centrale et aisément repérable de Cyrano, mais aussi par un tressage rigoureux de trois leitmotive : manger, écrire, se battre. Ces actions thématiques sont récurrentes et forment l'armature de l'action. L'écriture et le duel sont intimement liés, ils procèdent de la même volonté de s'affirmer face à l'objet aimé ou redouté (Roxane en est la parfaite incarnation), ils répondent à une même pulsion de mort, ils sont narrés simultanément et selon la même technique (« *À la fin de l'envoi, je touche* », v. 432), ils aspirent à se terminer par la même pointe vengeresse (« *… D'un coup d'épée, / Frappé par un héros, tomber la pointe au cœur !* », v. 2482), comme s'il s'agissait de retourner l'art poétique verlainien (« *Fuis du plus loin la Pointe assassine* »). Se battre est pour Cyrano la seule expression possible de son intériorité, sa méthode personnelle pour retourner son nez à l'intérieur de lui-même, décharger son agressivité sur lui-même et sur les autres ; c'est sa façon de lui de faire l'amour, tout comme l'improvisation, la joute verbale ou l'écriture épistolaire sont un substitut au corps déficient (« … *sur cette lèvre où Roxane se leurre, / Elle baise les mots que j'ai dits tout à l'heure !* », v. 1538-1539). Face à cette pulsion de l'écriture et du combat, la nourriture que Ragueneau prépare poétiquement pour les rimeurs (acte II) ou les cadets affamés (acte IV), à laquelle Cyrano ne touche pas, faute d'argent et de temps, mais aussi par principe, cette nourriture rattache les poètes et les soldats à la vie et à la « normalité » : les poètes vont chez Ragueneau pour se goinfrer entre deux sonnets, les Gascons meurent du moins l'estomac plein.

La rhétorique des actants (voir III, p. 333) donne à la thématique variée et à l'intrigue complexe sa cohérence. Au-delà de la surface des thèmes et des « figures textuelles », on trouve ainsi des actions fondamentales – manger, écrire, se battre – qui organisent tout l'univers de la pièce et qui sont aussi la clé des structures idéologiques et inconscientes du texte (voir IV, p. 333). C'est à ce dernier niveau (dernier dans notre énumération et dans notre illusion d'approfondir le texte en s'approchant de ses abîmes secrets, mais parfois premier dans notre rapport à lui) que nous pourrons juger de l'effet produit sur le lecteur et des thèses, plus ou moins explicites de la pièce.

Les thèses

Qu'est-ce que ça nous dit, à présent ? Telle est la question que le lecteur posera à la pièce, plus d'un siècle après sa création. Ce que le texte tait, volontairement ou involontairement, consciemment ou inconsciemment, c'est la motivation profonde de Cyrano lorsqu'il « s'allie » avec Christian pour conquérir Roxane. Est-ce un moyen de nier son corps, un acte masochiste, une attirance homosexuelle, une pulsion de mort qui le pousse à nier son désir par une agressivité retournée contre lui-même et tous ceux qui ont le malheur de « parler du nez » ? Rostand nous épargne ces questions directes ou indiscrètes et nous pouvons nous aussi choisir de les ignorer.

Quant à l'héroïsme grandiloquent, au militarisme primaire, à la loi de la guerre et à la violence des rapports entre les Gascons et les non-Gascons, ils ne peuvent pas non plus être passés sous silence. Car ils ne sont pas le fait des personnages, mais ils concernent le « discours central » de la pièce. Cyrano, contrairement à son discours, n'a rien d'un rebelle, encore moins d'un révolutionnaire. Il ne procède à aucune remise en question de ses valeurs, malgré ses « *non, merci !* » (acte II, scène 8). Christian une fois disparu, Roxane retirée au couvent, Cyrano ne sera plus que l'ombre de lui-même, comme si l'époque et les compromissions avaient eu définitivement raison du poète, de l'original, du marginal.

L'atmosphère nostalgique, mélancolique frise parfois la morbidité, la décadence fin de siècle : Cyrano semble obsédé par une conduite d'échec, il fait tout pour manquer sa vie, mais par choix personnel. Le spectateur moyen s'identifie avec délice et admiration à une telle figure de raté volontaire. À une époque plutôt morose, contemplative et résignée, échappant au contrôle des contemporains, où les peuples et le peuple ne sont plus que des objets dans la mondialisation et l'exploitation, *Cyrano* est plus que jamais une pièce d'actualité.

Une dramaturgie originale ?

La pièce, on l'a constaté, s'organise en une construction très solide : cinq actes, ou plutôt cinq tableaux, couvrent toute la vie de Cyrano selon une dramaturgie qui doit beaucoup au classicisme français : après l'exposition (acte I), le « mouvement » de l'intrigue (acte II), la pièce atteint son sommet sentimental (acte III) et militaire (acte IV), avant l'apaisement final (acte V). Rostand reprend ces grandes étapes de la tragédie, en les répartissant sur un très long laps de temps et en conférant à chaque tableau une unité, une autonomie qui provoquent presque l'éclatement du drame en cinq pièces différentes, reliées, il est vrai, par la figure du héros. Cette construction dramatique témoigne d'un effort pour « sauver » la forme traditionnelle du drame, colmater les brèches pourtant déjà perceptibles dans le bel édifice classique. Rostand n'y parvient toutefois qu'à moitié, comme si ce sauvetage se faisait aux dépens de l'identité de Cyrano. Celui-ci en effet n'a rien d'une conscience individuelle et indivisible d'un personnage classique. Ayant déjà aliéné son corps jugé trop déficient, il ne survit pas vraiment au pacte de Christian, puis à sa mort. Son panache n'est qu'une auto-consolation, un beau geste, une résistance plutôt amère qui n'éloigne pas la mort, mais la provoque, qui n'empêche pas la société de continuer à exister avec les mêmes injustices et petitesses.

Comparée avec le théâtre d'auteurs qui, selon Peter Szondi (voir ci-dessous), caractérisent la « crise du drame » (Ibsen, Tchekhov, Strindberg, Maeterlinck ou Hauptmann), la dramaturgie de Rostand ne propose aucune solution pour sortir de la crise, sinon une systématisation de la tragi-comédie cornélienne avec une versification tantôt classique, romantique ou symboliste. Manière non sans panache, pour contrer les innovations de la mise en scène et de l'écriture nouvelle. En ce sens, la dramaturgie et la versification sont en complet accord : elles utilisent toutes deux une forme traditionnelle, tendue à l'extrême, aux recettes éprouvées. La forme ne tente pas de se surpasser pour justifier d'un nouveau contenu ; elle brille de tous ses derniers feux, elle est tendue à se rompre, mais le panache des actions et des mots parvient tant bien que mal à éviter l'éclatement.

« De même que la "crise du drame" montre que le passage du style dramatique pur au style contradictoire dérive de déplacements thématiques, il faut comprendre le changement ultérieur (alors que la thématique reste largement la même) comme un processus où des éléments thématiques se cristallisent en une forme et font éclater l'ancien moule. Ainsi naissent ces "expériences formelles" qui n'ont été jusqu'ici interprétées qu'en elles-mêmes, c'est-à-dire très souvent comme un jeu, comme un moyen d'épater le bourgeois ou comme l'expression d'une impuissance, mais dont la nécessité interne devient évidente, dès qu'on les replace dans le contexte du changement stylistique. [...] Avant d'examiner ces nouvelles formes dans lesquelles la contradiction entre thématique épique et forme dramatique est résolue par la formalisation des éléments épiques internes, il faut signaler quelques orientations qui, au lieu de *résoudre* cette antinomie dans le sens du processus historique, c'est-à-dire de faire sortir la forme du contenu nouveau, s'accrochent à la forme dramatique et essaient de la *sauver* de diverses manières. Et, comme on aura l'occasion de le montrer, ces tentatives de préservation, malgré leur intention formaliste et conservatrice, ne laissent pas d'offrir de nouvelles ressources d'expression. »

Peter Szondi, *Théorie du drame moderne*, trad. Patrice Pavis,
L'Âge d'homme, 1983.

Le théâtre en vers

« Théâtre en vers » n'équivaut pas à « théâtre poétique » ou à « drame lyrique » : ce serait plutôt le contraire ! Les alexandrins marquent seulement la volonté de Rostand d'inscrire sa pièce dans la lignée de la tragédie classique française ou de la grande comédie. Ils ne sont qu'un effet extérieur et décoratif pour une dramaturgie de l'action historique. Bien que Cyrano, comme son collègue Rostand, soit lui-même poète et n'ait aucune difficulté à s'exprimer en vers brillants et variés, la pièce n'adopte pas les méandres poétiques du drame lyrique qui échapperait à toute structure narrative stricte. Elle garde le cap d'une comédie historique et héroïque dont l'alexandrin constitue la pièce maîtresse. Ce vers a en effet un fort pouvoir d'entraînement, allant parfois presque jusqu'à la transe, propre à galvaniser un public prêt à s'enthousiasmer pour les gloires françaises. La tirade du nez, la ballade du duel (acte I, scène 4), la présentation des cadets (acte II, scène 7), la tirade des « *non, merci !* » (acte II, scène 8) poussent l'alexandrin aux limites de son éclat… au point de le faire du reste exploser et se transformer en des formes moins héroïques, mais plus lyriques comme la déclaration d'amour (acte III, scène 7) ou la lecture de la lettre à Roxane (acte V, scène 5). La difficulté, pour Rostand autant que pour l'acteur principal, est de nuancer cet effet d'entraînement du premier au dernier acte, de faire sentir combien l'alexandrin triomphant peine à se transformer en une petite musique lyrique, combien cette grande forme vide, le drame héroïque, n'ose se muer en une forme plus intime, réclamant une tout autre dramaturgie.

Pourtant, ce théâtre en vers est bien au sommet de son art, bien qu'il ne soit pas facile de venir après Corneille, Racine et Hugo ! Le vers se soumet à tous les caprices du poète, à tous les traitements, les plus classiques – comme le ronronnement héroïque dans les grandes tirades – ou les plus novateurs, dans le découpage d'un même vers entre plusieurs locuteurs. Ainsi la présentation de Cyrano, portrait éclaté comme il se doit :

> « RAGUENEAU
>
> Rimeur !
>
> CUIGY
>
> Bretteur !
>
> BRISSAILLE
> Physicien !
>
> LE BRET
> Musicien ! »
>
> Acte I, scène 2, v. 103.

Rimes intérieures (-eur ; -cien), symétrie du nombre de pieds et des sonorités assurent une parfaite cohérence interne dans ce vers à plusieurs voix.

À d'autres moments, la fragmentation produit un vers en cascade où la foule se fait entendre « *en un long cri* » :

> « LA FOULE, *en un long cri.*
>
> Ah !
>
> UN CHEVAU-LÉGER
>
> Superbe !
>
> UNE FEMME
>
> Joli !
>
> RAGUENEAU
> Pharamineux !
>
> UN MARQUIS
> Nouveau ! »
>
> Acte I, scène 2, v. 436.

L'effet est celui d'un concert de voix, d'une théâtralité débridée, d'un enthousiasme qui dynamite toutes les règles du jeu et de la versification.

Comme il se doit, le vers observe les diérèses (dans « *diminuer* ») :

> « À se diminuer de son panache blanc »
> Acte IV, scène 4, v. 1860.

Il a aussi recours aux syncrèses (dans « *vieil* ») :

> « Ce vieil ami, pour moi, remplace les gazettes »
> Acte V, scène 2, v. 2284.

Les enjambements du vers ne sont jamais arbitraires et ils ont parfois un effet tragique :

> « ... Je vais jusqu'au bout
> Du poste... »
> Acte IV, scène 9, v. 2177-2178.

En marquant l'enjambement et la liaison des deux vers, le sens est banal : « je vais là-bas » ; en coupant en fin de vers, grâce à un court silence, le sens ironique et cruel devient : « je n'hésite pas, je me suicide », ce qui se produit du reste juste après.

À d'autres moments, c'est au contraire la liaison dans un même vers de deux voix différentes qui produit un effet de prose, comme s'il s'agissait de casser la mécanique chantante et harmonieuse du vers :

> « LE DUC
> Est ce que Cyrano vient vous voir ?
> ROXANE
> Oui, souvent. »
> Acte V, scène 2, v. 2283.

Ou bien c'est la présence d'une locution toute faite (« *cela ne fut pas long* ») qui donne au vers sa banalité quotidienne, comme pour mieux la contraster avec les vers héroïco-précieux, plus héroï-comiques qu'héroïques :

« Mars mangeait les gâteaux que laissait Apollon :
– Alors, vous comprenez, cela ne fut pas long ! »
Acte III, scène 1, v. 1180-1181.

En déplaçant, dans de rares cas, la traditionnelle césure à l'hémistiche, Rostand prosaïse le vers, comme lorsqu'il trace le portrait, fort peu élogieux, de Montfleury :

« Et leur fait, cependant qu'en jouant il bredouille,
Des yeux de carpe avec ses gros yeux de grenouille ! »
Acte I, scène 5, v. 487-488.

La césure après trois ou quatre pieds dérègle la mécanique de l'alexandrin, produit un effet de prose rythmée qui ne redevient poésie rimée qu'avec des termes très marqués (-ouille). Ces chutes de tension, parfois motivées par le sujet du vers, ne sont pas rares, non moins que les rimes un peu laborieuses, comme celle du subjonctif en -asse :

« CYRANO [...]
Glisser sur une fleur une longue limace !
LE BRET, *stupéfait*
Hein ? Comment ? Serait-il possible ?...
CYRANO, *avec un rire amer*

Que j'aimasse ? »
Acte I, scène 5, v. 491-492.

« ROXANE [...]
Non ! rien ne me fera bouger de cette place !
CARBON [...]
Peut-être siérait-il que je vous présentasse »

Acte IV, scène 6, v. 1993-1994.

Parfois, la rime apparaît comme un peu facile et pauvre :

> « Et voilà que je suis tué dans une embûche,
> Par-derrière, par un laquais, d'un coup de bûche ! »
>
> Acte V, scène 6, v. 2484-2485.

Ces chutes de tension, ces faiblesses relatives sont dues à la difficulté de tenir une forme, elle-même minée de l'intérieur à cause d'une « crise du drame » que Rostand et son époque sentent peut-être, mais se refusent à prendre en compte.

« La réussite de Rostand s'explique sans doute par la double valeur romantique et scénique de son théâtre.

Pourquoi n'y aurait-il pas un romantisme éternel, comme il y a pour la *N.R.F.* un classicisme sans cesse renouvelé ? La résurgence, dans la littérature, d'un passé biblique et héroïque marque les modèles romantiques de Rostand, qui font partie des schémas culturels de l'époque. À travers *Cyrano*, le public français, en renouant avec ses racines, trouve une compensation aux traumatismes sociaux et politiques qu'il vient de subir, ce que Rostand lui-même a très bien compris : "Il est bon que de temps en temps un peuple réentende le son de son enthousiasme [...] dit-il dans son discours de réception à l'Académie française, ce n'est plus guère qu'au théâtre que les âmes, côte à côte, peuvent se sentir des ailes." L'alexandrin, vers noble par excellence, vient opportunément renforcer ce lien avec la tradition.

La valeur scénique qu'il prend dans le théâtre de Rostand a été signalée par les critiques de son temps, tels que notamment Sarcey, Faguet, Doumic et Lemaître. À notre époque, la force de la construction dramatique de *Cyrano* et de son écriture théâtrale a été mise en évidence par MM. Paul Vernois et Jacques Truchet. Ce dernier analyse en particulier l'habileté avec laquelle Rostand, lorsqu'il désarticule l'alexandrin pour des raisons scéniques, vient aussitôt rétablir le rythme de base par un distique régulier qui sert de rappel métrique. Il y a là d'incontestables qualités qui expliquent la permanence du succès de *Cyrano*. Va-t-on pour autant donner raison au jugement enthousiaste d'Émile Faguet qui écrit, au lendemain de la première de la pièce : "Un grand poète s'est décidément déclaré hier, de qui l'on peut espérer absolument tout, qui, à 29 ans, ouvre le XXe siècle d'une manière éclatante et triomphale" ?

Le théâtre en vers n'a-t-il pas plutôt connu avec Rostand, selon l'expression de Thibaudet, "de grandes funérailles et des jeux funèbres somptueux"? Déjà Ghéon avait tiré la même conclusion : "Comment saluer l'avenir en *Cyrano de Bergerac* quand tout un passé s'y condense ? N'est-ce pas le dernier éclat du drame romantique français, qui se traîna depuis 1830, sans parvenir à se réaliser dans une œuvre humaine et profonde." Avec *Cyrano*, précise-t-il encore, Rostand "a tiré le suprême bouquet du vain feu d'artifice romantique".

Comment donc sortir l'art dramatique de cette impasse ? En créant ce que la *N.R.F.* appelle un nouveau classicisme, c'est-à-dire une forme originale répondant à la sensibilité du XXᵉ siècle. Cette forme moderne et vivante qui permet d'unir drame et poésie n'est-elle pas celle dont Ghéon se fait le zélateur en proclamant : "Le vers libre commande le geste, le vers libre crée le mot, le vers libre est par essence dynamique, action, drame"? Or pour un homme de la *N.R.F.* la liberté dans l'art ne saurait être que "le choix d'une discipline", selon l'expression de Ghéon qui précise : "Le vers libre, issu légitimement du vers traditionnel, l'élargit et le continue, et il aura ses règles organiques lui aussi."

Le terme de vers libre lui semble d'ailleurs vite impropre. Pour exprimer le lyrisme moderne, Ghéon propose un théâtre fondé sur ce qu'il appelle "la strophe analytique", véritable "strophe organisme" unissant rythme, sentiment, idée et image, dont il donne la définition suivante : "La strophe sera l'expression totale, analytique, harmonique, de la pensée." Ainsi se trouverait réalisée pour notre sensibilité moderne la meilleure adéquation entre la forme et le fond. Nous sentons bien qu'à l'arrière-plan de ces recherches sur la métrique théâtrale, le verset claudélien fait figure de modèle. Gide ne s'écria-t-il pas un jour : "Claudel ou Rostand, il faut choisir ?"

Ainsi, au nom de ses critères esthétiques, le groupe de la *N.R.F.* dénonce à travers l'anti-modèle Rostand une mauvaise utilisation de l'alexandrin qui n'est plus alors qu'un vers de théâtre pour un théâtre d'acteur. Mais cela ne condamne pas pour autant le théâtre en vers réguliers. La question reste ouverte, comme en témoigne cet aveu de Michel Arnaud à Henri Ghéon en 1910 : "Oui, j'hésite entre le vers libre et le vers classique."

Il avait sans doute raison d'hésiter car le problème met en cause l'évolution de l'ensemble des langages littéraires. De même que la poésie s'est détachée de la musique à laquelle elle était encore fortement liée au XVIᵉ siècle, il semble qu'entre 1800 et 1950 elle se soit peu à peu détachée également du théâtre. Nous pensons que dans les deux cas elle s'éloigne de plus en plus de l'oralité pour devenir, depuis le symbolisme, un fait d'écriture, un langage où l'élément visuel l'emporte souvent. Le vers libre, si cher à Ghéon, ne fait alors qu'accentuer cet écart : appliqué à la scène, il peut certes soutenir l'élan poétique, mais il est difficilement perceptible comme organisation métrique. Peut-être n'est-ce pas alors un hasard si, de son côté, le théâtre contemporain cherche son autonomie en évoluant vers une prédominance de l'expression corporelle, voire une dislocation du langage.

Il s'agit sans doute d'un phénomène artistique général : ainsi, par exemple, on voit au cours du XIXᵉ siècle la musique se dissocier peu à peu de la danse par l'abandon de la carrure, c'est-à-dire de la segmentation du discours musical suivant un groupe régulier de mesures, qui caractérisait notamment le menuet classique. Au XXᵉ siècle, c'est la régularité rythmique elle-même qui se trouve mise en cause car on voit se succéder, chez Bartok par exemple, des mesures qui ne sont pas isorythmiques, ce qui annonce la disparition pure et simple des barres de mesure, chez Messiaen ou Boucourechliev.

Tous ces langages artistiques paraissent donc être à la recherche de leur spécificité, au risque de s'y trouver isolés et de s'y dessécher. Une telle menace pèse notamment sur le théâtre et peut nous conduire à considérer le théâtre en vers comme un grand genre harassé dont nous gardons la nostalgie. »

Jacqueline Levaillant, « La *N.R.F.* et la fin du théâtre en vers.
Edmond Rostand, l'anti-modèle »,
Revue d'histoire du théâtre, n° 2-3, 1993.

Une crise mal assumée

La versification en alexandrins, la construction dramatique, l'héroïsme des postures des personnages, tout ceci est une tentative, quasi désespérée, pour tenir et « tendre » une forme qui se défait, qui a perdu déjà son ressort : celle de la représentation classique qui se conçoit comme aboutissement et synthèse de toute la tradition occidentale. Cette forme, « tendue » au point de se rompre, ne s'utilise plus guère que comme marque de défi et de protestation contre les esthétiques émergentes de l'avant-garde : naturalisme comme symbolisme. Elle est encore efficace pour les grands moments guerriers et pathétiques, mais elle se détend, puis s'effondre, dès qu'elle n'est plus tenue par une vision unitaire du monde, un corps désirant, une mécanique pulsionnelle : il suffit de comparer avec Racine pour constater combien la langue, la rhétorique et la vision du monde se sont littéralement défaites chez Rostand. On pourrait même localiser le moment et les circonstances de cette défection. Lorsque Cyrano comprend, par la description que Roxane fait de l'être aimé, qu'il n'est pas beau... mais qu'il a seulement « *bobo* » (v. 802-803).

Dès que la tension retombe, qu'elle soit dramatique, poétique ou sexuelle, le langage devient banal :

> « Vous m'avez fait venir pour me dire cela ?
> Je n'en sens pas très bien l'utilité, madame. »
>
> Acte II, scène 6, v. 823-824.

Dans le meilleur des cas, le lyrisme, détaché de toute structure stricte, de toute pose héroïque, devient flottant et statique, tel un état émotionnel éternellement mélancolique.

> « Oh ! je ne me fais pas d'illusion ! – Parbleu,
>   10   2
> Oui, quelquefois, je m'attendris, dans le soir bleu ; »
>   4   4   4
>
> Acte I, scène 5, v. 517-518.

Le vers ainsi ralenti a la tentation de l'immobilité, qui est celle de la mort. Au contraire, au plus fort de l'excitation amoureuse (acte III, scène 7), Cyrano a le souffle coupé par une émotion qui le submerge :

« Je t'aime, je suis fou, je n'en peux plus, c'est trop ; »
3   3   4   2

Acte III, scène 7, v. 1444.

Le dérèglement de la machine à alexandrins, le déplacement des coupes régulières, la succession des rythmes irréguliers (10 + 2 et 4 + 4 + 4) sont des révélateurs rythmiques qui en disent long sur un édifice héroïco-classique qui se lézarde. Mais Rostand se refuse à en suggérer la décrépitude, il cherche plutôt à en colmater les brèches, il s'accroche au vieux monde, aux vieilles formes, aux faux semblants. Il n'ose pas le saut vers une autre dramaturgie, une écriture rénovée, il regarde vers le passé, et non vers l'avenir. N'est-ce pas parce qu'il sent, tel Cyrano, le corps se dérober sous lui ?

Le corps en défaut

Le corps, en effet, est absent, en dépit des exploits physiques de l'escrimeur. Cyrano croit pouvoir en greffer un sur sa voix et sa sensibilité, mais il perd sa verve, son agressivité, sa joie de vivre et finalement son âme. Roxane la précieuse, plus excitée par les mots que par les sens, y renonce aussi, dès lors qu'elle entre dans le jeu de séduction verbale de son cousin et qu'elle fait le deuil de son désir physique pour le beau Christian. Elle finira cloîtrée dans un couvent, loin des séductions du monde et de la poésie, éternelle Pénélope brodant et rebrodant sur sa vie passée, éloignée à jamais de la nuit de noces qu'elle n'aura pas connue, pas plus que l'unité de l'esprit et du corps.

Le corps est décrié, le désir est né, Roxane file un mauvais coton, Christian paie de sa vie les manœuvres de Cyrano et de Roxane, Cyrano n'est plus que l'ombre de lui-même, une voix dans la nuit. Seul Ragueneau aura essayé de faire vivre le corps avec l'esprit, la pâtisserie avec la poésie, mais lui aussi échoue : sa femme le trompe, les poètes le pillent, ses affaires périclitent. Il ne lui reste que le suicide. En le « *dépendant* » (v. 1176), Cyrano le ramène à la vie et le rend dépendant de sa cousine dont il devient l'intendant.

Ce corps en défaut, qui brille par son absence et cède la place à une parole brillante, conduit à une poésie de plus en plus désincarnée. Cyrano finit par s'adresser à des visions, des personnifications de la mort : le Mensonge, les Compromis, les Préjugés, les Lâchetés ! Sa vie se termine sur une sorte d'« idéalisme lyrique » où, à la manière d'un Coppée ou d'un Richepin, les relations humaines sont idéalisées et désincarnées. Tel est aussi l'aboutissement du poème dramatique de Rostand : une situation mélancolique où chacun attend la mort, en puisant dans le passé des souvenirs pitoyables, sans espoir de changement. La pièce nous fait entendre le dernier souffle du héros, son ultime délire dans un texte comme dérythmé, dévitalisé par la mort. Les alexandrins ont comme perdu leur souffle, l'acteur hésite à prononcer le e (v. 2575) ou à le garder muet (v. 2576) :

> « CYRANO
> Quelque chose que sans un pli, sans une tache,
> J'emporte malgré vous, et c'est...
> ROXANE
> C'est ?...
> CYRANO
> Mon panache. »
> Acte V, scène 6, v. 2575-2576.

Contraint de prononcer le e de « *tache* », s'il veut finir sur un véritable alexandrin, l'acteur ne saurait prononcer le e de « *panache* », comme si le dernier souffle lui faisait, à jamais, défaut. Là encore, c'est le corps et sa théâtralité qui sont pris en défaut : l'oralité, le souffle poétique, les appuis du corps finissent par cruellement nous manquer, coupés à jamais à la hache.

Pour préparer la mise en scène

Malgré les moyens considérables que nécessite la mise en scène, celle-ci ne pose guère de grandes difficultés d'interprétation. Le travail préparatoire, effectué avec les comédiens sous la férule du metteur en scène, consiste donc surtout à coordonner les différentes trajectoires des personnages/acteurs. Il décide des options dramaturgiques et des choix de mise en scène. Il s'agit, dans la pratique, de découper le texte en séquences, de baliser le parcours et le discours de chacun, de fixer les articulations et les tournants du récit et de la construction rhétorique. C'est là un exercice inspiré par Stanislavski que connaissent bien les praticiens d'aujourd'hui.

Or, il n'y a pas qu'un seul découpage et il faut d'entrée préciser ce que l'on découpe. En reprenant le schéma de l'analyse du texte dramatique (voir p. 331), on distinguera les niveaux suivants.

• **L'intrigue (I)** : on observe les épisodes et les séquences du récit et on décide des moyens de les marquer scéniquement. Le découpage en actes et en scènes, fondé sur l'entrée et la sortie des personnages comme en dramaturgie classique, fournit un cadre assez précis, mais encore trop large. Il s'agit d'examiner comment un segment conduit à un autre (voir le résumé de l'intrigue, p. 324). Les thèmes ne coïncident pas nécessairement avec les divers épisodes de l'intrigue : ils doivent être extraits assez empiriquement du texte. Par exemple, le thème du nez et de ce qu'il représente pour son porteur revient obsessionnellement, mais à chaque fois sous un éclairage nouveau. Il importe de comprendre la logique de cet enchaînement nasal et d'être conscient de ce que le jeu fera ressortir : ironie ? agressivité ? détresse, etc. ? En somme, il s'agit de relier les thèmes à des thèses qui les localisent et les éclairent.

• **La fable (II)** résume en une phrase notre lecture de la pièce, à partir de l'interprétation de l'intrigue et des thèses de la pièce. Elle est plus ou moins générale ou particulière. Ainsi on dira que la fable générale est celle d'un homme laid qui gâche sa vie par peur de déplaire aux autres ; la fable particulière serait celle d'un poète du XVIIᵉ siècle, plutôt méconnu, amoureux d'une précieuse et qui est assassiné par ses ennemis. Les chronotopes fournissent les différents cadres spatio-temporels de l'action, à l'intérieur de chaque tableau. On observe l'atmosphère spécifique qui en résulte : fête théâtrale à l'acte I, nourriture du corps et de l'esprit à l'acte II, équilibre instable du balcon à l'acte III, champ de bataille et de mort à l'acte IV, requiem à l'acte V. Le chronotope est un épisode, mais considéré du point de vue de sa qualité spatio-temporelle. La dramaturgie, au sens strict, c'est l'étude des actions résultant des différents chronotopes. L'enchaînement de ces actions dans leur logique et leur rhétorique (leur dimension de persuasion et d'accomplissement des actions) constitue les figures textuelles (voir « Compléments notionnels », p. 374).

• **Les actions (III)** concrètes, ce que Stanislavski nomme les « *actions physiques* », qui peuvent consister en des jeux de scène très brefs (ou « activités »), sont la traduction physique et gestuelle des épisodes et des chronotopes. Ces actions figurent une attitude et un aspect du personnage. L'acteur les choisit et les figure en fonction de ce qu'il peut faire pour « meubler » la scène et accomplir des taches qui s'inscrivent dans la logique de son personnage. Prenons les dernières paroles de Cyrano (v. 2554-2576) : Cyrano s'attaque à la mort qu'il « *voit* » arriver ; il donne un coup à chaque ennemi ; puis il « *s'arrête haletant* » et passe à sa dernière grande phrase en évoquant « *le laurier et la rose* » (v. 2571) avant l'envolée finale, dite à l'ensemble des assistants de cette scène pitoyable ; il a tout juste la force de livrer son dernier bon mot, avant d'expirer plus ou moins rapidement. Chaque geste de ce moribond rappelle un moment de sa gloire passée, est un *gestus* qui exprime son rapport social aux autres, y compris aux personnifications invisibles qui le menacent.

• **Les thèses et les sous-entendus (IV)** sont, par définition, beaucoup plus difficilement localisables, mais le spectateur s'efforce tout de même de les découvrir grâce aux indices que l'acteur et la mise en scène auront choisi de lui fournir. L'acteur éclairera les motivations inconscientes du héros en marquant la différence entre ce qu'il dit et ce qu'il fait. Une part de mystère restera toutefois attachée à son interprétation que le jeu se gardera bien de dissiper. Ainsi les sentiments de Cyrano pour Christian ou ceux de Roxane pour Cyrano le difforme, resteront à jamais dans la pénombre.

Ces divers découpages pourront être pour ainsi dire « superposés », ce qui mettra en évidence les grands tournants dramaturgiques de la pièce et de sa représentation. Les légers déphasages sont pour l'observateur les moments de surprise et de doute qui relancent l'intérêt et l'obligent à scruter l'horizon du texte et de la scène.

Le travail de l'acteur

Le texte une fois lu et commenté « à la table », et sans trop prolonger l'épreuve de la lecture, l'acteur est invité à incarner son personnage. Avant même de choisir, en accord avec son metteur en scène, un style de jeu, il lui faut trouver un corps pour la créature de papier qu'il a devant lui.

Chaque acteur a son secret – nous dit un des plus récents Cyrano, Francis Huster – pour trouver son rôle, sa posture et ses gestes : « *Secret d'acteur : les yeux baissés, le rôle pénètre en moi ; les yeux levés, il me toise, s'échappe. Me recueillir, c'est bien l'hameçonner. Me montrer conquérant, c'est le perdre [...] Jusque dans les moindres détails, je veux jouer et parler cambré, style XVIIe, et surtout pas de dos rond et cou dressé, style XIXe.* »

Ce corps du personnage s'édifie sur celui de l'interprète, et souvent à ses dépens. Parfois la rencontre est miraculeuse : « *Certains soirs privilégiés*, écrit Jacques Weber, *j'accéderai à une forme d'extase : débarrassé du corps, mon âme aura*

*l'impression de flotter entre Cyrano et le public. Mortel déli-
vré des interférences humaines, j'atteindrai la plénitude d'un
moment parfait, signature de mon rôle. D'autres soirs par
contre, je garderai les yeux ouverts pour une raison quelconque, et le passage dans une dimension subterrestre ne se
fera pas.* »

Face à un rôle aussi écrasant que celui de Cyrano, les comédiens cherchent une posture, une attitude mentale, un « *geste
psychologique* » (Mikhaïl Çechov), qui fixent en une première esquisse la silhouette du personnage. La forme du nez,
sa longueur, sa consistance et son confort sont décisifs pour
sculpter ce personnage, à l'extérieur comme à l'intérieur.
Libre ensuite à chacun de construire la figure entière autour
de ce nez, de le figurer autant physiquement qu'émotionnel-
lement, puisque, comme le dit justement Jacques Weber, « *on
a tous un nez quelque part* ».

Le choix du style de jeu dépend plus globalement de la lecture
de la pièce. Les possibilités, toutefois, ne sont pas infinies.

Un jeu réaliste ou naturaliste, qui viserait à reconstituer une
tranche d'histoire, avec force détails comme à la création,
n'aurait que peu d'intérêt et surtout de chances de
convaincre, car les invraisemblances de l'intrigue, les
conventions de jeu, l'héroïsme des exploits n'encouragent
pas à jouer de manière prosaïque et naturaliste, en reconsti-
tuant un milieu et des personnages historiques réels.

La fantaisie, l'illusion, voire la parodie, la théâtralité, doivent plutôt dominer la scène, ce qui n'exclut pas l'appro-
fondissement psychologique du personnage et son influence
sur le comédien, comme en témoignent éloquemment
Jacques Weber, Francis Huster et bien d'autres avant eux.

Correspondances

- Jacques Weber, *À vue de nez*, Mengès, 1985.
- Francis Huster, *Cyrano. À la recherche du nez perdu*,
Ramsay, 1997.

1

« Certains soirs privilégiés, j'accéderai à une forme d'extase : débarrassée du corps, mon âme aura l'impression de flotter entre Cyrano et le public. Mortel délivré des interférences humaines, j'atteindrai la plénitude d'un moment parfait, signature de mon rôle.

D'autres soirs par contre, je garderai les yeux ouverts pour une raison quelconque, et le passage dans une dimension subterrestre ne se fera pas. Impossible de retrouver l'état de grâce… Furieux contre moi-même, je devrai me forcer à tricher, et construire une émotion temporelle, trahissant ainsi la substance de l'aveu. Celui-ci n'appartient pas en effet au domaine de l'humain, mais du tragique, non dans les mots, mais dans l'espace. Les vers de Rostand ne sont jamais tragiques ; la langue n'a rien d'une grande langue – elle est souvent d'une naïveté confondante, d'un infantilisme propre à expliquer les critiques des surréalistes – mais de par la situation, de par la mise en scène de Jérôme aussi, elle devient le support d'une sphère tragique. À moi de mixer adroitement le chant, la liturgie et la sensation plus terre à terre qui s'apparente à la prose.

Mon accident vocal s'explique sans doute par une fatigue physique, et peut trouver ses racines dans quelque dérangement clinique, mais il ne saurait s'y réduire. L'exploration de Cyrano a bouleversé les structures de mon océan personnel. Le spirituel est atteint, les portes battent, le vent s'engouffre ; je suis tombé dans un monde de courants d'air, parsemé de zones trop vides et de zones trop pleines. La machine est désormais déréglée, elle ne peut tromper la voix, qui s'éteint, dans sa place-forte si joliment nommée *palais*. »

Jacques Weber, *À vue de nez*, Mengès, 1985.

2

« Secret d'acteur : mes yeux baissés, le rôle pénètre en moi ; les yeux levés, il me toise et s'échappe. Me recueillir, c'est bien l'hameçonner. Me montrer conquérant, c'est le perdre. Supprimons la parole à Cyrano, laissons parler son âme dans les silences de son écoute et de ses doutes.

Me voici enfin revenu au pied de la montagne. Nous allons faire cet après-midi notre premier filage. Désir fou de voir Cyrano là, marchant dans un des couloirs souterrains de Chaillot, de dos, courbétoussant, avec le cliquetis d'épée qui traîne, le bruissement du manteau-cape qui se déchire

Cristiana Reali (Roxane), Francis Huster (Cyrano).
Mise en scène de Jérôme Savary.
Théâtre de Chaillot, 1997.

entre deux portes. L'ombre de Vilar nous hante mais Savary paraît plus en forme que jamais. Et si c'était lui Cyrano ? Un Cyrano jovial et inspiré. Pour ma part, je cours après Cyrano, haletant, et m'en approche, osant à peine lui poser la main sur l'épaule. Il se retourne, éclate d'un rire cinglant, puis son visage disparaît. Je me réveille en sueur.

Plié par toutes les interprétations qu'on en a faites depuis cent ans, le rôle peut-il être à présent déplié ? Et remis à plat. Et se présenter ni froissé ni déchiré. Intact, juste ridé par l'émotion d'avoir un siècle.

Toute la troupe de Chaillot est au maquillage, exaltée à l'idée du filage. Inoubliables moments d'enthousiasme de notre métier de baladins. Je ne peux m'empêcher de me nourrir de l'émotion diffusée par chaque visage de cette famille avec laquelle je vais partager un an de ma vie pour défendre la pièce. "Partage" est le mot juste car comment ne pas fustiger l'ineptie qui consisterait à jouer ce rôle en monologuiste unique au milieu d'un bouquet de comédiens de troupe ! En acteur-titre vaguement indifférent au parcours des autres, à leur passion. Assimiler le texte, c'est bien ; le digérer en profondeur après l'avoir mastiqué longuement, machinalement, puis s'en imprégner par tous les pores pour bien respirer et l'expulser de tout son corps, à vif, c'est mieux.

L'initiative néfaste de l'acteur sourd au metteur en scène, et qui veut jouer frénétiquement ce rôle, irradie tellement que seule une modestie alliée à une diabolique précision peuvent utilement servir. L'acteur, bon cheval ou cheval fou, a parfois besoin d'être cravaché.

On ne ressent jamais la moindre gêne, la troublante fausseté, le plus petit doute à parcourir le cosmos de Shakespeare. Tout est majestueux, si lointain, si universel, si présent, tout en étant à l'infini. Chez Rostand, tout ricoche et nous prend à parti. Les trois coups sont frappés. Le premier filage commence.

Jusque dans les moindres détails, je veux jouer et parler cambré, style XVIIe ; et surtout pas dos rond et cou dressé, style XIXe. Tout geste grandiloquent est superflu et me plonge dans cet embarras latin qui souligne chaque parole maladroitement. Le texte sautille tellement lui-même, virevolte et gambade, s'accroche et se faufile, prend son élan puis recule, saute et s'amuse à telle glissade, qu'il vaut mieux lui laisser sa folle liberté et du corps ne rien faire. Cyrano bouge peu, même très peu. Mais quand il bouge, quelle ampleur prend alors le moindre geste ! »

Francis Huster, *Cyrano. À la recherche du nez perdu*,
Ramsay, 1997.

Exercices préparatoires

Quelques exercices simples et sans prétention sont utiles à l'acteur pour aborder les rôles de la pièce, ou pour le sensibiliser à ses difficultés.

Chœur chantant et jouant

Un chœur d'acteurs, en cercle, choisit une dizaine de vers de la pièce, empruntés de préférence à une longue tirade ; chacun en prononce tour à tour deux ou trois ; on part du silence, puis du murmure, puis crescendo, on chante et enfin on dramatise gestuellement les vers, chacun veillant à parler/chanter/jouer dans la logique qui se met en place et selon l'évolution que le groupe ressent sans en avoir au préalable décidé.

Figure et configuration

À partir des premières répliques de la pièce, on imagine l'un des personnages en cherchant, par improvisation et répétition de la même séquence gestuelle, une figure, c'est-à-dire une trajectoire de l'acteur dans l'espace dans un laps de temps, d'une dizaine de secondes. La figure, plutôt abstraite et chorégraphique, est conçue à partir de l'image que l'on s'en fait, non sans une grande part d'arbitraire et de hasard. L'acteur trace et retrace sa figure avec précision ; il fixe les tournants, les arrêts, le parcours. Il est attentif aux quatre facteurs du mouvement : l'espace, le temps, le poids, le flux, et il s'exerce à répéter et reprendre sa figure en étant tour à tour particulièrement attentif à l'un de ces facteurs.

Cette figure une fois fixée, on lui superpose un fragment du texte de la pièce. Il s'agit de calquer la voix – l'intonation et l'interprétation – sur la figure préexistante. Ensuite on fixe et on coordonne figure et diction, en veillant à imbriquer l'une dans l'autre.

Deux figures, qui dans le texte sont en dialogues, sont invitées à rentrer en contact et à confronter, produisant ainsi une configuration. Un meneur de jeu, futur metteur en scène peut-être, est chargé de la coordination de la nouvelle configuration.

Sur la base de cette configuration plutôt arbitraire, on commence à « justifier » la rencontre, à caractériser les personnages (quel âge ? quelle fonction ? quel état ? etc.). Le meneur de jeu veille au rythme, à la ponctuation gestuelle, à la clarification de la configuration.

Cet exercice peut être effectué en prenant la scène du duel (acte I, scène 4), dans laquelle Cyrano compose une ballade tout en se battant à l'épée contre le vicomte.

On cherchera, pour chaque vers ou groupe de vers, une figure d'escrime (inventée) sur laquelle on inscrira ensuite le texte, avant de coordonner les figures dans la configuration.

Le chœur et l'individu

Peu d'élèves ou d'étudiants-acteurs réussiront à mémoriser l'entière tirade du nez (v. 313-366). On conseille donc de répartir le monologue en une vingtaine de rôles correspondant aux descriptions du nez. Après un travail individuel, où chacun cherche sa propre figure et, par conséquent, son nez particulier, on met en espace l'ensemble des figures. L'improvisation suit l'ordre du texte ; chaque comédien joue sa figure, en se différenciant des autres. La difficulté est de s'intégrer à l'ensemble du chœur, de marquer la différence entre le personnage et Cyrano annonçant par un qualificatif le type de jeu, puis le caractérisant, avant de revenir à lui-même et à la position neutre. On peut aussi réserver un espace pour les annonces du rôle que l'acteur quitte ensuite le temps de son improvisation.

Lorsque le monologue est clairement réparti et maîtrisé par chacun, on improvise la tirade en laissant libre l'ordre des séquences, en veillant à ce qu'un seul comédien joue à la fois et à ce que les décisions soient immédiates et motivées par la situation globale.

Cet exercice met en évidence une propriété contradictoire de la pièce et du personnage : son unité et sa cohérence, ou au contraire sa multiplicité et sa polyphonie. La figure de Cyrano est tantôt le garant de l'identité centripète du personnage et de l'unité de la structure dramatique, tantôt l'indice de leur éclatement centrifuge imminent. Jouer ce « portrait chinois » de Cyrano comme une polyphonie révèle cette crise du drame que l'œuvre s'efforçait par ailleurs de masquer à tout prix. Simplicité et complexité de la pièce : C.Q.F.D.

L'interprétation de la scène finale

Prenons le mot « interprétation » au sens scénique : comment jouer cette scène finale ? On veillera à bien faire alterner le pathétique et l'héroïque.

L'acteur doit sans cesse passer d'un jeu théâtralisé, extérieur, brillant, faisant résonner le vers à un jeu intime, émotionnel, lié au souvenir et à l'amour, presque imperceptible. Il doit résumer en quelques instants tout son rôle avec toutes les facettes, donner l'illusion de la force d'autrefois, de la faiblesse d'à présent, de la volonté et du panache de toujours.

Il faut montrer les ravages de l'âge, mais aussi la force de caractère de Cyrano, qui lutte jusqu'au bout. Représenter l'âge n'implique pas nécessairement imiter un vieillard ou un enfant, mais indiquer, avec une certaine distance, voire distanciation, les marques, les stéréotypes, les représentations sociales, les propriétés psychophysiques des individus.

Pour Cyrano, chaque acte serait l'occasion de situer un âge, physique et mental, en lui associant un certain rythme, une élasticité articulaire, musculaire et articulatoire bien spécifique. Un exercice consisterait à incarner le personnage en augmentant son âge de cinq ans en cinq ans, en proposant pour chaque âge une attitude, une manière de parler, de bouger, de réfléchir considérée comme typique de ce moment de la vie.

Jugements critiques

La pièce a trouvé d'emblée une place inoccupée, immédiatement après le drame romantique, le théâtre d'idées, la lutte fratricide entre naturalisme et symbolisme, au moment où la mise en scène revendique son autonomie face au texte et à l'auteur. Alors, et peut-être pour la première fois dans l'histoire du théâtre, il faut choisir son camp : pour l'avant-garde ou pour le succès populaire et la simplification du classicisme mis à la portée de toutes les cervelles. Rostand n'hésite pas, et le peuple suit, rallié à tant d'héroïque panache. Mais le succès a des raisons sociologiques évidentes. La pièce le doit peut-être aussi à l'atmosphère revancharde et exaltée des Français après ce que Jean-Paul Sartre appelle, dans *Les Mots*, « *notre déculottée de 1870* » : « *Huit ans avant ma naissance,* Cyrano de Bergerac *avait "éclaté comme une fanfare de pantalons rouges". Un peu plus tard, l'Aiglon fier et meurtri n'avait eu qu'à paraître pour effacer Fachoda […]. L'agressivité nationale et l'esprit de revanche faisaient de tous les enfants des vengeurs. Je devins un vengeur comme tout le monde : séduit par la gouaille, par le panache, ces insupportables défauts des vaincus, je raillais les truands avant de leur casser les reins* » (Gallimard, 1964).

La pièce a été vendue dès sa parution à cent cinquante mille exemplaires, traduite dans de nombreuses langues, jouée dans le monde entier. Les réactions sont enthousiastes, souvent cocardières :

« Le 28 décembre 1897 restera une date dans nos annales dramatiques. Un poète est né… quel bonheur !… Cela fait plaisir ; cela rafraîchit le sang… […] *Cyrano* est une œuvre admirable. Le succès d'enthousiasme a été si prodigieux que, pour trouver quelque chose de pareil, il faut remonter jusqu'aux récits qui nous ont été faits des

premières représentations de Hugo par les témoins oculaires [...].
Nous allons donc enfin être débarrassés et des brouillards scandi-
naves et des études psychologiques trop minutieuses et des brutalités
voulues du drame réaliste. »

Francisque Sarcey, *Le Temps*, 3 janvier 1898.

« Le succès de *Cyrano* s'explique par la lassitude du public, et comme
un rassasiement après tant d'études psychologiques, tant d'historiettes
d'adultères parisiens, tant de pièces féministes, socialistes, scandi-
naves. [...] Et par le réveil du nationalisme français... [...] Aucune
voix discordante n'a troublé l'applaudissement universel. »

Jules Lemaître, *Revue des Deux Mondes*, 1er février 1898.

Après 1918, un certain revirement de la critique est sensible.
On reproche à Rostand d'incarner une époque de légèreté,
d'impréparation. Les échecs relatifs des autres pièces laissent
deviner les faiblesses potentielles de *Cyrano* : l'héroïsme à bon
marché et la forfanterie stylistique. On commence à regarder
de haut cet auteur au succès un peu trop facile, ainsi André
Gide : « *Chaque public a le Shakespeare qu'il mérite.* »
Le succès pourtant ne se dément pas avec les innombrables
reprises de la pièce. Le discours de la critique est toujours :
« C'est brillant, mais pourtant... »

« À vingt ans, sur la foi d'André Gide et de Copeau et de Claudel, je
croyais que ce théâtre était misérable... Nous nous servions du langage
sans nous interroger à son propos... Il nous a fallu beaucoup de temps
pour revenir de notre erreur, et j'aurais eu honte d'être vu par mes cadets
à *Cyrano de Bergerac*, un soir qui n'était pas un soir de gala et où j'étais
sans excuse de m'y trouver, puisque je n'y pouvais pas être que pour mon
plaisir et que ce plaisir avait été jusqu'aux larmes... ! »

François Mauriac, *Le Figaro littéraire*, 17 février 1964.

« Une fois de plus, j'étais obsédé par ce mystérieux phénomène de la
survie d'une pièce à laquelle j'ai déjà consacré tant de remarques [...]
Comment se fait-il qu'une œuvre dont on peut vraiment dire qu'elle est
le comble de l'artificiel ait résisté aussi victorieusement à l'épreuve du

temps ? Je pense que c'est d'abord par une maîtrise du langage qu'on ne saurait contester sans mauvaise foi. Mais il y a certainement autre chose : il y a le fait que cet artifice recouvre malgré tout une sincérité. Edmond Rostand a cru à son personnage. Il y a incarné des aspirations qui étaient réellement en lui. En d'autres termes, artifice ici ne veut pas dire truquage. »

Gabriel Marcel, *Les Nouvelles littéraires*, 27 février 1964.

« En un sens, l'immense public, qui se ralliera – et pour longtemps – au panache de *Cyrano* (1897, avec Constant Coquelin), est, qu'on ne s'y trompe pas, un public populaire. S'il balaie, pour les uns, les "saletés" du naturalisme, pour les autres ce panache est l'emblème d'une poésie rassurante. Pour tous, il est la limite du seul sublime concevable au terme d'un siècle qui a eu, au bout du compte, raison de tout naturalisme. »

Georges Lerminier, in *Histoire des spectacles*, « Encyclopédie de la Pléiade », Gallimard, 1965.

Le texte tend à devenir un mythe théâtral national, le récit de tout un peuple dans l'image qu'il voudrait donner de lui.

« Alors, il faut se résigner. Cyrano c'est la France, une certaine image de la France, un certain mouvement de son cœur. Les esprits forts ont beau hausser les épaules, il faut en prendre son parti. *Cyrano de Bergerac* brave le temps parce que tout s'inscrit ici dans le courant profond de l'émotion populaire. Sentimentalisme, gloriole, clinquant des vers, coups d'épée, coups de gueule, qu'importe ! Edmond Rostand a visé juste, et il ne visait pas bas. Nous marchons au canon comme un seul homme [...] Claudel ou Rostand, il faut choisir, disait un jour Gide. Pourquoi pas Claudel et Rostand ? Le théâtre ne se divise pas. »

Pierre Marcabru, *Le Figaro*, 27 septembre 1976.

« L'art de Rostand, l'émotion dégagée par l'amour impossible de Cyrano pour Roxane suffiraient à expliquer la réussite de l'œuvre, mais on peut suggérer d'autres raisons encore. L'une d'elles tient à la façon dont Rostand concilie une veine populaire et des références plus savantes. La veine populaire reprend la tradition d'Alexandre Dumas et des *Trois Mousquetaires* : la verve gasconne, la cape et l'épée dans le Paris de 1640, l'ombre du cardinal de Richelieu se retrouvant chez Dumas comme chez Rostand qui laisse d'ailleurs d'Artagnan traverser la scène à l'acte I. Mais *Cyrano de Bergerac* met aussi en scène, plus subtilement, la vie intellectuelle du temps de Louis XIII : le monde des "libertins" dont fait partie le héros, et l'univers de la préciosité, grâce à Roxane et à la représentation jouée à l'acte I – cet univers baroque permettant de mieux comprendre la figure historique de Cyrano, dont pour l'essentiel Rostand respecte les traits réels.

Cyrano de Bergerac est donc l'évocation d'une période brillante de la culture française, trop souvent éclipsée par le "siècle de Louis XIV". Rostand s'inscrivait ainsi dans le sillage d'un Théophile Gautier, l'un des premiers au XIXe siècle à réhabiliter l'époque Louis XIII – et en particulier à s'intéresser à Cyrano de Bergerac, alors très oublié.

Aujourd'hui, le chef-d'œuvre de Rostand possède aussi un autre charme : il reflète le moment où il fut écrit, cette "fin de siècle" décadente dont le poète était le témoin. Dans l'histoire du théâtre, *Cyrano*, malgré sa formidable énergie, est une œuvre crépusculaire : d'un romantisme moribond, son lyrisme opulent se teinte souvent de morbide. La forme même de la pièce, le drame en vers, est déjà une survivance lorsque Rostand la fait jouer. Quand on y songe : un an plus tôt, presque jour pour jour, le théâtre de l'Œuvre créait l'*Ubu roi* d'Alfred Jarry, où la plus agressive modernité naissait dans le scandale. Chez Rostand, le thème de l'amour impossible, l'idéalisation de la figure féminine, la malédiction pesant sur le poète assurent au sein du drame historique la présence du registre décadent fin de siècle qui allait en 1900 se déployer beaucoup plus visiblement dans l'œuvre suivante de l'auteur, *L'Aiglon*. »

Jean Pierre de Beaumarchais et Daniel Couty, *Grandes Œuvres de la littérature française*, « In Extenso », Larousse, 1990.

De Jérôme Savary, le délicieux iconoclaste de la scène des années 70 avec son *Grand Magic Circus*, on pouvait attendre en 1983 un regard ironique et dévastateur sur ce mythe français qui tient beaucoup de son *Super-Dupont* (le héros de son précédent spectacle). Il n'en fut rien : le panache est intact, la mise en scène surenchérit seulement sur l'humanité et les souffrances de Cyrano (Jacques Weber). Pourtant, « les autres » ont désormais leur mot à dire :

« Rostand a très bien construit le parallèle [entre Ragueneau et Cyrano]. J'aime les gens qui savent calculer, se servir des poncifs dans ce qu'ils ont de vérité. Si on arrive à écrire une pièce comme *Cyrano*, peu importe qu'on ait pompé un peu partout, on a du génie. Rostand a cherché le triomphe et l'a trouvé. J'en profite. J'éprouve de la tendresse pour les personnages, Ragueneau et aussi Christian : il n'est pas si bête que sa réputation. Il adresse à Roxane la plus émouvante des déclarations, simplement "Je vous aime". C'est beau. Cyrano, c'est le Français qui la ramène, un bravache attendrissant, un homme libre. "Ne pas monter bien haut, dit-il, mais tout seul." Rostand a écrit un grand poème épique sur la liberté. »

Jérôme Savary, dossier de presse
pour la mise en scène au théâtre Mogador, 1983.

Les mises en scène

Au théâtre

Le succès de *Cyrano* est autant scénique que littéraire. Créée le 28 décembre 1897 par Coquelin à la Porte-Saint-Martin, la pièce est jouée 400 fois jusqu'à mars 1899, reprise en 1900, 1902 et 1903, à la Porte-Saint-Martin, puis à la Gaieté, jusqu'en 1908. Puis elle sera jouée par des acteurs prestigieux.
1913 : Le Bargy.
1915 : Jean Dargon.
1919 : Pierre Magnier.
1923 : Jacques Gretillat.
1925 : Victor Francen.
1928 : Pierre Fresnay au théâtre Sarah-Bernhardt.
1929 : Denis d'Inès, à la Comédie-Française, puis Romuald Joubé, Charpin, Damorès, Philippe Rolla, Charles Boyer, Lucien Rosemberg.

1931 : Gabriel Signoret.

1936 : dernière saison à la Porte-Saint-Martin.

1938 : entrée à la Comédie-Française, dans la mise en scène de Pierre Dux, avec André Brunot (Cyrano), Marie Bell (Roxane), Maurice Escande (de Guiche), décors de Christian Bérard. Jean Martinelli, puis Pierre Dux à la Comédie-Française.

1949 : Maurice Escande à la Comédie-Française.

1953 : la Comédie-Française cesse de jouer la pièce (jusqu'à 1964).

1954 : version italienne de Gino Cervi, premier Festival d'art dramatique de la Ville de Paris.

1956 : mise en scène de Raymond Rouleau, avec Pierre Dux (Cyrano) et Françoise Christophe (Roxane), au théâtre Sarah-Bernhardt.

1959 : adaptation chorégraphique de Roland Petit, avec Zizi Jeanmaire dans le rôle de Roxane.

1963 : mise en scène à Munich dans les décors de Jean-Denis Malcès, l'illustrateur de l'édition de Jacques Truchet à l'Imprimerie nationale.

1964 : reprise à la Comédie-Française dans la mise en scène de Jacques Charon, avec Jean Piat puis Paul-Émile Deiber (Cyrano) et Geneviève Casile (Roxane).

1970 : tournées Karsenty-Herbert, avec Jean Marais.

1976 : représentations exceptionnelles de la Comédie-Française au Palais des Congrès, avec trois Cyrano : Jacques Toja, Jacques Destoop et Alain Pralon (80 000 spectateurs de septembre à octobre).

1979 : avec Jean-Claude Drouot et les Tréteaux de France.

1983 : mise en scène de Jérôme Savary à Mogador, avec Jacques Weber, puis, en 1984, avec trois nouveaux Cyrano : Denis Manuel, Jean Dalric, Pierre Santini (succès considérable).

1984 : avec Denis Llorca au C.D.N. de Besançon.

1990 : mise en scène de Denis Llorca, avec Maurice Sarrazin ; mise en scène de Robert Hossein, avec Jean-Paul Belmondo, au théâtre Marigny.

1994 : mise en scène de Marthe Michel, avec Guillaume Laffly, au théâtre du Tambour-Royal.

1995 : mise en scène d'Henri Lazarini, avec Patrick Préjean.
1997 : mise en scène de Jérôme Savary, avec Francis Huster et Cristiana Reali, au Théâtre National de Chaillot.
1999 : mise en scène de Jean-Paul Lucet, avec Jean-Pierre Bouvier, théâtre des Célestins de Lyon.

Au cinéma et à la télévision

1900 : document de Clément Maurice, avec Coquelin.
1909 : film muet italien d'E. Pasquali.
1909 : *Cyrano et d'Assoucy,* film de A. Cappellani, scénario d'Abel Gance.
1910 : film muet de Jean Durand, avec Robert Péguy.
1923 : film muet d'Augusto Genina, avec Pierre Magnier.
1945 : film de Fernand Rivers, avec Claude Dauphin.
1947 : projet de film d'Orson Welles.
1950 : film de Michael Gordon, avec José Ferrer.
1960 : film pour la télévision française de Claude Barma, avec Daniel Sorano.
1961 : film tchécoslovaque de Zeman, avec Karel Hoger.
1962 : *Cyrano et d'Artagnan*, d'Abel Gance, avec José Ferrer.
1978 : ballet de Roland Petit, musique de Marius Constant, pour FR3.
1985 : réalisation pour TF1 dans la mise en scène de Jérôme Savary (TF1 Vidéo, 1990).
1990 : film de Jean-Paul Rappeneau, avec Gérard Depardieu et Anne Brochet (César du meilleur film et du meilleur réalisateur).
1991 : réalisation pour TF1 dans la mise en scène de Robert Hossein.

Le film de Jean-Paul Rappeneau, avec Gérard Depardieu et Anne Brochet, connut un succès public considérable. Film à grand spectacle, d'action et d'aventures, il montre tous les lieux évoqués par la pièce, en particulier les extérieurs. La multiplication des plans, le rythme rapide du montage se font aux dépens d'un travail sur la diction des vers. Depardieu s'efforce de naturaliser la diction des alexandrins, comme pour rassurer l'auditeur sur le naturel et la vraisemblance.

Tout est mis en œuvre pour faire oublier le théâtre, l'image prime sur la parole. Souvent image et voix sont mal synchronisées : le texte dramatique ne sort pas du corps parlant des interprètes. La postsynchronisation porte un coup fatal à la déclamation poétique, si importante pourtant si l'œuvre peut conserver sa crédibilité et sa beauté littéraire. Tout l'art de la voix, de la diction, de la présence physique fragile du héros, est sacrifié sur l'autel de l'illustration filmique des exploits guerriers, gastronomiques ou sentimentaux. *Cyrano* reste un chef-d'œuvre de la littérature et du théâtre.

On peut lire avec intérêt le texte consacré au scénario de Cyrano par Jean-Claude Carrière et Jean-Paul Rappeneau.

« Le propos était simple : il s'agissait de faire un film.

Mais le pari était grand car la pièce d'Edmond Rostand rassemble en quelque sorte tous les artifices du théâtre. Elle en joue, elle les multiplie, elle en tire des effets de ricochet, de miroitement. Le décor du premier acte est déjà un théâtre dans le théâtre et le héros de la pièce, lui-même, avec son penchant pour les tirades, joue sa propre vie comme un acteur en perpétuelle représentation.

Mais sous les artifices, sous les ornements court une histoire magnifique, une histoire éternelle où s'exprime le vrai génie de Rostand. C'est cette histoire que nous voulions raconter.

Première décision : garder les vers. Mettre *Cyrano de Bergerac* en prose nous semblait absurde et impraticable. Imagine-t-on un opéra sans musique ? Nous aimions ces alexandrins aux rimes extravagantes, ces vers acrobatiques qui vont de morceau de bravoure connu de tous à des échanges si hachés, si rapides qu'ils semblent vouloir à toute force ressembler à de la prose. Mais dans ce texte que nous aimions se glissaient un bon nombre d'obscurités, de redites, d'allusions mythologiques ou précieuses, aujourd'hui strictement incompréhensibles, que nous avons entrepris d'éliminer tout en respectant la versification.

D'où nos ajustements, menés d'une main aussi légère que possible, sans arrogance, guidés par la seule nécessité d'alléger une pièce trop longue et d'en éclairer les détours.

Seconde décision : enlever la théâtralité véritable, celle qui oblige tous les personnages, au cours d'un acte, à se rencontrer au même endroit et à y rester. Pouvait-on imaginer dans un film que le vicomte de Valvert et ses amis, copieusement insultés par Cyrano lors de la soirée à l'Hôtel de Bourgogne, restent sur place sans bouger, sans réagir comme ils le font dans la pièce ? De même, le lendemain matin, par quel miracle Cyrano, Roxane, Christian, de Guiche, Le Bret, les poètes, les cadets et une foule d'autres personnages se retrouvent-ils en quelques minutes dans la pâtisserie de Ragueneau pour y débattre de leurs divers problèmes ?

Cet irréalisme fait partie des charmes du théâtre. Mais, au cinéma, la vérité de l'image l'aurait rendu difficilement admissible. Aussi avons-nous tenté de retrouver pour chacun des personnages un itinéraire naturel. Leur style de vie, le mouvement de leurs sentiments, de leurs passions, les font se déplacer dans le Paris de l'époque. Des décors nouveaux sont apparus au fil de notre adaptation : les berges de la Seine, les rues, les places, les jardins, l'hôtel du régiment des Gardes, la chambre de Cyrano, celle de Roxane, le salon des précieux, et d'autres lieux encore…

Troisième décision, la plus nécessaire mais aussi la plus difficile à mettre en œuvre : rendre acceptable la soudaine apparition de Roxane au siège d'Arras. Dans la pièce, on l'a souvent dit, l'arrivée quasi magique du carrosse dans le camp retranché frappe d'invraisemblance tout le quatrième acte. Une précieuse élégante et poudrée force à elle seule un blocus que les troupes françaises étaient depuis des semaines incapables de briser. Nous sommes là dans la fantaisie pure et, dès lors, on ne croit plus à la famine, à la mort qui rôde, au courage des cadets.

Nous avons donc résolument recomposé cette partie et en avons modifié le déroulement. Il ne suffisait pas de reconstituer une véritable bataille dans un paysage réel. Il nous fallait aussi montrer concrètement l'héroïsme vrai de Roxane et la force de son amour. L'exactitude, la sincérité des actions et des sentiments nous semblaient aussi importants, et sans doute davantage, que la véracité des uniformes et la fougue des charges de cavalerie.

Telles ont été nos trois décisions principales par rapport à la pièce. Pour le reste, tout au long de cette histoire qui nous avait si violemment émus quand nous étions enfants et qui, aujourd'hui encore, nous met les larmes aux yeux, nous avons recherché le cœur de l'œuvre plus que son ornementation. Souvent nous nous interrogions : si Edmond Rostand avait dû faire un film de sa pièce, aurait-il approuvé nos modifications ? C'est parce que nous pensons qu'il aurait accepté la plupart d'entre elles que nous avons pu mener à bien notre travail. Aujourd'hui le film existe. Nous espérons qu'il l'aurait aimé. »

Jean-Claude Carrière et Jean-Paul Rappeneau,
Cyrano de Bergerac, Ramsay, 1991.

À l'opéra

1913 : opéra de Walter Damrosch, sur un livret de Henderson, au Metropolitan Opera de New York.

1936 : opéra sur un livret d'Henri Cain, musique de Franco Alfano, à l'Opéra Comique.

1965-1973 : comédies musicales à Broadway.

1974 : opéra d'Eino Tamberg.

Compléments notionnels

Actant

Élément influant sur l'action. L'actant est un personnage ou simplement une force définie par son rôle dans le déroulement de l'action. Le personnage de Cyrano se caractérise notamment par l'actant « agir avec panache » et l'actant « lutter contre la médiocrité ».

Action

Suite d'événements dans le texte ou sur la scène produits en fonction du comportement des personnages.

Action concrète, action physique

Terme de Stanislavski pour décrire ce que fait l'acteur en tant qu'activité, souvent répétitive, ou que réalisation d'une tâche du personnage.

Alexandrin

Vers de douze syllabes (ou pieds), divisé souvent en deux hémistiches par une coupe en son milieu.

Allitération

Répétition de consonnes pour produire un effet rythmique ou émotionnel, pour mettre en valeur un mot important. Ainsi l'allitération en r est censée suggérer la colère : « *Je vous ordonne de vous taire. / Et*

j'adresse un défi collectif au parterre ! / J'inscris les noms ! » (v. 221-223).

Allusion

Figure de rhétorique pour évoquer une chose ou une personne sans la nommer. Exemple : « *Oh, j'ai fait mieux depuis.* » (v. 847). Cyrano fait ici allusion à son héroïsme face à Roxane, lui déclarant son amour pour Christian.

Amplification

Extension d'une idée grâce à diverses expressions ou groupes de mots. Exemple : « *C'est un roc ! c'est un pic ! c'est un cap ! / Que dis-je, c'est un cap ?... C'est une péninsule !* » (v. 320-321).

Anaphore

Répétition d'un même mot ou groupe de mots, généralement en début de proposition, pour créer un effet d'insistance. Exemple : le « *vous* » dans « *voilà ce que... vous m'auriez dit, si vous... vous n'en eûtes jamais... vous n'avez que... eussiez-vous... vous n'en eussiez...* » (v. 355-363).

Antithèse

Figure de rhétorique qui oppose deux idées contraires. Exemple :

« *Oui, vous m'arrachez tout, le laurier et la rose !* » (v. 2571).

Aparté
Discours du personnage qui n'est pas adressé à un interlocuteur, mais à soi-même, pour faire connaître sa pensée au spectateur. Exemple : « *Cyrano, à part : Dire qu'il croit me faire énormément de peine !* » (v. 1700).

Apostrophe
Interpellation d'un personnage, réel ou imaginaire. Ainsi : « *Cyrano, criant aux Gascons : Hardi ! Reculès pas, drollos !* » (v. 2228).

Argument
Résumé de l'histoire racontée par la pièce. Voir « Fable ».

Atmosphère
Impression générale qui se dégage d'une situation et qui donne sa coloration spécifique à une pièce. Chaque tableau possède une atmosphère distincte décrite par les indications scéniques et déduite de l'action.

Bienséance
Respect des règles du bon goût, des conventions sociales, de ce qu'il convient de dire et de montrer sans choquer le spectateur. Rostand respecte la règle classique de la bienséance en ne montrant sur scène aucune action violente, osée ou déplacée.

Cape et épée
Genre d'origine espagnole (*comedia de capa y espada*) qui met aux prises des personnages souvent déguisés, cherchant à venger leur honneur. Cyrano de Bergerac renoue avec cette tradition, notamment dans les trois premiers actes.

Chronotope
Terme de M. Bakhtine (*Esthétique et Théorie du roman*) pour la « *fusion des indices spatiaux et temporels en un tout intelligible et concret* ». À chaque acte correspond un chronotope caractérisé par une atmosphère et un type d'action bien spécifiques : la fête du théâtre (acte I), la rôtisserie des malentendus (acte II), le balcon des déclarations (acte III), le champ d'honneur (acte IV), le couvent de l'oubli (acte V).

Convention
Ensemble de présupposés idéologiques et esthétiques, explicites ou implicites, qui permettent au spectateur de comprendre le jeu et le sens du texte et de la représentation. Rostand a recours à la plupart des conventions du théâtre classique, mais il ne s'en tient pas aux unités de temps et de lieu.

Coup de théâtre
Action imprévue et brusque modifiant subitement la situation, le déroulement ou l'issue de l'ac-

tion, laquelle prend un cours contraire aux attentes. La mort de Christian, au moment où Cyrano s'apprêtait à avouer la vérité à Roxane, en est un exemple.

Crise

Moment de la fable marquée par le conflit et le nœud de l'action, lorsque la tension est à son comble, juste avant la catastrophe et le dénouement. Il y a plusieurs moments de crise dans *Cyrano*, car chaque acte est construit sur une tension, mais la crise principale est la mort de Christian à l'acte IV.

Dénouement

Moment où les conflits se résolvent, juste après la péripétie et le point culminant. L'acte V de *Cyrano* lui est consacré : tous les personnages apprennent la vérité et la mort du héros termine la pièce sur une note à la fois pathétique et apaisée.

Didascalies

À l'origine, dans le théâtre grec, les didascalies étaient les instructions données par l'auteur aux acteurs pour interpréter correctement le texte dramatique. Par extension, ce sont les indications scéniques portant sur le lieu, l'époque, les circonstances de l'action, les gestes des comédiens. Elles sont nombreuses dans *Cyrano*, notamment en début d'acte et pour décrire le comportement des personnages souhaité par l'auteur.

Diérèse

Le fait de prononcer en deux syllabes une suite de deux voyelles (la première étant un i, un u ou un ou). L'acteur doit le respecter pour ne pas raccourcir l'alexandrin. Dans « *À se diminuer de son panache blanc* » (v. 1860), on prononcera les quatre syllabes de di-mi-nu-er.

Distanciation

Terme brechtien (*Verfremdung*). Procédé de mise à distance de la réalité représentée, laquelle apparaît alors sous une perspective nouvelle qui en révèle le côté caché ou devenu trop familier. Les exploits poétiques et les faits d'armes de Cyrano sont tellement incroyables qu'on ne peut s'empêcher de voir là un sourire complice et ironique de l'auteur, et donc un procédé de distanciation.

Dramatique

Mécanisme qui indique une progression de l'action et rend compte de la tension des scènes et des épisodes de la fable jusqu'au dénouement final. La plupart des scènes de *Cyrano* sont construites sur ce principe.

Dramaturgie

Art de la composition des pièces de théâtre. C'est aussi, dans l'usage contemporain, l'analyse des mécanismes de la pièce, notamment en vue de la jouer ou bien pour réaliser l'analyse qui sera à la source de la mise en scène réalisée.

Énonciation

La marque de la parole et de la subjectivité du locuteur ou de l'auteur dans ses énoncés. La situation d'énonciation est l'ensemble des indices textuels et scéniques qui expliquent les circonstances de l'action et la manière dont s'expriment les personnages. Dans *Cyrano*, cette situation est toujours clairement explicitée, ce qui facilite la compréhension des actions et de l'intrigue.

Équivoque

Mots ou phrases qui peuvent être compris de manières très différentes. « *Du diable, si je peux jamais, tapisserie, / Voir ta fin !* » (v. 2400-2401) : Cyrano annonce ainsi, sans y paraître, sa mort prochaine.

Ethos

Mot grec pour la manière de se comporter et de parler d'un personnage, les mœurs d'une époque, le rapport de ces mœurs aux passions, les caractéristiques propres aux actants du drame.

Événement

La chaîne des événements est ce qui constitue l'intrigue, ce qui se passe concrètement sur scène. Les « actions physiques » sont plutôt les activités concrètes, les jeux de scène de l'acteur.

Exposition

Ensemble des informations nécessaires à l'évaluation de la situation de départ et à la compréhension des actions à venir. La première scène ou, comme pour *Cyrano*, le premier acte est nécessaire à l'exposition claire des circonstances de l'action et des données du conflit.

Fable

L'intrigue résumée en une phrase, indiquant non pas tant la logique narrative que la thèse principale de la pièce, du moins telle qu'il nous semble possible aujourd'hui de la reconstituer.

Féerie

Pièce reposant sur des effets de magie, de merveilleux et de spectaculaire, faisant intervenir des personnages imaginaires aux pouvoirs surnaturels. Certaines scènes où triomphe Cyrano poète et soldat sont proches d'une féerie où les actions ne sont pas à prendre de manière réaliste. L'acte IV est une féerie gastronomique qui s'achève toutefois en une bataille bien réelle et meurtrière.

Figure

La figure de rhétorique (ou de style) est une expression qui utilise une forme détournée et poétique pour s'exprimer, ajoutant aussi une dimension poétique. « *Les figures du discours sont les traits, les formes et les tours plus ou moins remarquables et d'un effet plus ou moins heureux, par lequel le discours, dans l'expression des idées, des pensées ou des sentiments, s'éloigne plus ou moins de ce qui en eût été l'expression simple et commune* » (Pierre Fontanier, *Les Figures du discours*).

On propose aux acteurs de réaliser une figure (de type chorégraphique), pour constituer leur rôle, puis d'y superposer leur texte selon la même rhétorique, avant de combiner entre ces différentes configurations ce qui devient le matériau brut d'où sortira ensuite la mise en scène.

Figures textuelles

Terme de Michel Vinaver (*Écritures dramatiques*), désignant les principales formes de rencontre et de conflit entre des répliques, de plus ou moins grande longueur. Dans *Cyrano*, on pourrait analyser l'écriture dramatique comme une lutte plus rhétorique que réelle entre un poète héroïque amoureux et une galerie de personnages plutôt médiocres et terre à terre.

Genre

Catégorie d'œuvres définies par le ton, le sujet, le type d'action, le mode de présentation, etc. Le genre théâtral (par opposition aux genres poétique et romanesque) comprend une série de sous-genres, comme la tragédie, la comédie, la tragi-comédie, lesquels se subdivisent eux-mêmes en des catégories plus spécifiques : *Cyrano* est une comédie héroïque, et l'on pourrait encore la différencier d'autres types de pièces héroïques.

Gestus

Terme employé par Brecht pour désigner la qualité sociale des gestes des personnages, dans ce qu'ils révèlent des rapports de forces ou de classes entre eux.

Grotesque

Ce qui est comique par un effet caricatural burlesque et bizarre. Le grotesque est ressenti comme une déformation signifiante d'une forme acceptée comme la norme. Cyrano se trouve lui-même « *grotesque* » (v. 2190). La forme de la pièce et la peinture d'une époque sont parfois qualifiées de baroques ou de grotesques, à cause de la liberté foisonnante des formes et des ornements, comme dans le style architectural du baroque, du XVIe au XVIIIe siècle.

Héroïque

Qui a rapport aux anciens héros, intermédiaires entre les dieux et les humains, notamment pour leurs exploits et leur courage. Les

Gascons se montrent héroïques et Cyrano l'est sur tous les plans, y compris le silence et la générosité (voir fin de l'acte II).

Hybris

Mot grec pour « fierté » ou « arrogance funeste ». Le héros se croit capable d'affronter les dieux ou un grand danger. Cyrano se sent en mesure d'affronter tous les dangers et de défier le destin ; son alliance avec Christian devient une faute aux conséquences funestes. Peut-être a-t-il outre-passé ses possibilités de poète, de combattant et d'être humain ?

Idéologie

Système d'idées souvent considérées comme creuses ou trompeuses pour masquer une réalité dérangeante ou une exploitation des personnes. On pourrait ici parler de l'idéologie sexiste (v. 1298), militariste (acte IV) ou bien pensante (acte V) de la pièce. Il faudrait se demander ce que la pièce sous-entend et analyser le système du discours implicite, de la manœuvre politique que tente la pièce, du message affiché et du message caché, des thèses explicites et implicites (voir p. 333).

L'idéologie s'exprime parfois sous forme d'idéologèmes et de maximes pour énoncer des vérités, des lieux communs, des représentations du social qui se donnent comme indiscutables.

L'idéologème du « panache » consisterait, par exemple, à vouloir être héroïque à tout prix et sans finalité personnelle.

In medias res

Introduction directe à une action en faisant déjà discuter très vivement les personnages quand commence la pièce. Les cinq actes de *Cyrano* s'ouvrent de cette manière.

Intérêt

Qualité de l'œuvre théâtrale capable d'exciter chez le spectateur la curiosité et l'émotion. L'intérêt est suscité par « *tout ce qui remue fortement les hommes* » (Marmontel, *Réflexion sur la poétique*) et relancé par des rappels de la tension dramatique.

Interpellation

Manière dont un personnage en apostrophe un autre pour l'interroger ou le provoquer. Cyrano retourne contre lui l'insulte que lui lance le vicomte (v. 389), en feignant d'y entendre une présentation des titres. L'interpellation, de manière plus générale, c'est aussi la façon dont le texte somme le lecteur ou le spectateur de réagir à ses affirmations et provocations, l'obligeant à prendre parti et à proposer une interprétation idéologique et politique de la fiction.

Intrigue

Ensemble des événements et des actions formant le nœud de la pièce. On en suit l'enchaînement temporel et causal en s'efforçant d'établir comment les événements sont présentés concrètement et comment l'histoire est racontée, en essayant diverses hypothèses de lecture et en aidant l'acteur, autant que le lecteur/spectateur, à passer d'une situation ou d'un épisode à l'autre. Si l'intrigue de *Cyrano*, l'établissement des épisodes, ne pose pas de difficulté majeure, sa fable, son sens profond, ne sont pas aussi évidents.

Ironie tragique

Cas d'ironie dramatique où le héros se leurre totalement sur sa situation et court à sa perte, alors qu'il pense pouvoir se tirer d'affaire, grâce à ses paroles ou ses actions qui ont l'effet contraire de ce qu'il escomptait. Christian sait-il ce qu'il dit au juste en prononçant ses dernières paroles : « ... *Je vais jusqu'au bout* // [enjambement] *Du poste ; je reviens...* » (v. 2177-2178) ?

Leitmotiv

Motif récurrent constitué par un mot, une image, une allusion, voire une obsession. Le leitmotiv du nez permet de situer et approfondir le complexe de Cyrano, la manière dont les autres y font face et le sens profond de cet appendice.

Lieux d'indétermination

Endroits d'un texte où plusieurs sens sont possibles sans qu'on puisse clairement en décider. L'identification de ces lieux dépend bien sûr de notre lecture de la fable, mais on peut en repérer un certain nombre. Pour Cyrano : les raisons de son alliance avec Christian (acte II, scène 10), la mort ou le suicide de son ami (acte IV, scène 9), les raisons de l'« aveu » final (acte V, scène 5).

Lyrisme

Manière poétique, émotionnelle, voire passionnelle, de s'exprimer. Dans certaines situations, où il songe à la femme aimée, à l'amour ou à la mort, Cyrano parle dans des alexandrins très « sentis », qui ne doivent plus rien à l'héroïque et au dramatique, mais s'épanouissent en une évocation lyrique. On parle parfois aussi de « style lyrique ».

Merveilleux

Action inexplicable de façon naturelle ou rationnelle. Bien que la pièce n'y ait pas recours, certaines interventions, comme les coups d'éclat de Cyrano, les recettes de cuisine en vers, l'apparition du carrosse bourré de victuailles (acte IV), ne sont pas dénuées d'un certain romanesque exagéré et ironique.

Métaphore

Figure de rhétorique : « *l'applica-tion à une chose d'un nom qui lui est étranger* » (*Poétique* d'Aristote, 1457 b6). Elle rapproche deux choses en les comparant et emploie un mot pour l'autre. Ainsi la méta-phore du panache est un objet brillant, inutile et visible qui carac-térise bien l'apparence de Cyrano.

Métathéâtre

Théâtre dont la problématique est centrée sur le théâtre, qui parle donc de lui-même, s'autore-présente. C'est le cas pour le pre-mier acte et toutes les scènes où Cyrano se donne en représenta-tion, en soulignant ses exploits poétiques et guerriers.

Métonymie

Figure de rhétorique consistant à utiliser un mot pour un autre qui lui est associé par contiguïté, ou comme partie en relation avec le tout. La phrase « *Mars mangeait les gâteaux que laissait Apollon* » (v. 1180) signifie : les soldats mangeaient les gâteaux qui n'avaient pas d'abord été mangés par les poètes

Monologue

Partie du texte dramatique pro-noncé par un personnage seul en scène qui se parle à lui-même, comme si l'on pouvait, par convention, lire ses pensées. Il y a peu de véritables monologues dans *Cyrano*, car le héros aime avoir un public, à défaut de trou-ver un interlocuteur à sa hauteur. Ses dernières paroles, alors qu'il a perdu le sens de la réalité, ressem-blent à un grand monologue lyrique concluant ce monodrame.

Mythos

Mot grec signifiant « histoire racontée ». Chez les Grecs, le *mythos* est la source littéraire ou légendaire où puisaient les poètes pour écrire leurs tragédies. Le *mythos* est le thème ou le sujet de la pièce, ici l'histoire d'un homme au grand nez, courageux avec les hommes, timide avec les femmes. Cette histoire ne reprend toute-fois pas un mythe préexistant.

Nœud

Point et moment où les actions apparaissent comme étroitement liées et interdépendantes. Les intentions des personnages sont bloquées par une situation adverse, par des péripéties et des obstacles infranchissables. Le nœud qui lie le trio Roxane, Cyrano, Christian devient inex-tricable à la mort de ce dernier ; il ne sera tranché que par le dénouement tragique de la mort de Cyrano, alors que Roxane vient de reconnaître la vérité.

Oratoire (art...)

Ensemble des techniques de la rhétorique de l'éloquence et de la persuasion. Est oratoire un style très littéraire et soutenu qui utilise l'amplification, l'apostrophe, l'exclamation. L'art oratoire est autant celui de l'auteur que celui de l'acteur qui transmet le texte. *Cyrano de Bergerac* se pose comme un immense poème dramatique où les personnages et les acteurs ont en commun le souci de bien parler, de convaincre l'interlocuteur et le public, d'apostropher la réalité.

Oxymore

Figure de rhétorique qui consiste à allier deux termes opposés ou contradictoires ; proche de l'antithèse (« *Non, non, mon cher amour, je ne vous aimais pas !* » v. 2467), l'oxymore met en relation deux termes opposés (autre exemple chez Corneille : « *Cette obscure clarté qui tombe des étoiles* », *Le Cid*, acte IV, scène 3).

Pathos

Mot grec pour « trouble », « agitation intérieure ». C'est l'effet produit sur le lecteur et le spectateur (niveau IV, p. 333) par des actions tragiques (mort, suicide, silence) et des événements. C'est la qualité de l'œuvre théâtrale qui suscite l'émotion, et notamment la terreur et la pitié. La pièce de Rostand comprend de nombreuses scènes pathétiques et le *pathos* ne cesse de croître dès que Cyrano s'associe à Christian.

Péripétie

Changement soudain et imprévu de situation, retournement ou renversement de l'action : un élément nouveau comme l'arrivée de de Guiche (acte III, scène 13), celle de Roxane (acte IV, scène 5) ou la nuit qui tombe (acte V, scène 5) sont des péripéties.

Picaresque

De l'espagnol *picaro*, personnage populaire et rusé qui est conduit à de nombreuses aventures à travers toutes les couches de la société et qui fait connaître au lecteur des milieux pittoresques. L'évocation du théâtre à l'époque baroque, les conversations des cadets, le récit des voyages sur la lune sont des éléments romanesques empreints de picaresque.

Quiproquo

Méprise qui fait prendre une personne ou une chose pour une autre. De Guiche prend Cyrano pour un fou, puis pour un étrange voyageur (acte III, scène 13).

Rebondissement (de l'action)

Événement inattendu (coup de théâtre) qui renverse le cours de l'action et relance l'intérêt et l'intrigue en progressant vers la conclusion finale. À chaque acte, un rebondissement relance l'action : arrivée de Cyrano (acte I), malentendu sur l'objet de l'amour de Roxane (acte II), mariage (acte III), arrivée de Roxane et mort de Christian (acte IV), bûche qui tombe sur le crâne de Cyrano (et qui rebondit mal, au point qu'il en meurt), révélation et reconnaissance finale (acte V).

Reconnaissance

Dénouement à la suite de la révélation de l'identité du personnage (acte V, scène 5). Le spectateur comprend d'un seul coup l'ensemble de l'intrigue, et la reconnaissance est autant idéologique, psychologique que narrative.

Règles

Conseils et préceptes formulés par les doctes et les théoriciens pour la composition dramatique. Elles concernent principalement les trois unités de temps, de lieu et d'action, la bienséance et la vraisemblance. Rostand s'en inspire sans les suivre servilement. À l'intérieur de chaque acte, elles sont plus strictement observées, mais l'époque et le lieu changent. Les règles de fonctionnement qu'il reconnaît proviennent essentiellement de la dramaturgie classique et romantique ainsi que du drame en vers.

Réplique

Texte d'étendue variable, dit par un personnage à l'intérieur du dialogue en réponse à une question ou au discours d'un autre personnage. Lorsque les répliques sont très brèves et enchaînées « du tac au tac », on parle de stichomythies. On trouve dans *Cyrano* toutes les variantes de l'échange, enchaînées par les « figures textuelles » les plus diverses.

Retournement

Moment où l'action change de direction, à la suite d'un coup de théâtre ou d'une décision nouvelle des protagonistes, ce qui « *fait passer le personnage intéressant du malheur à la prospérité ou de la prospérité au malheur* » (Marmontel). Lorsque Roxane décide de regarder l'âme plutôt que la beauté corporelle (acte IV, scène 9), que Cyrano s'apprête à lui avouer la supercherie (acte IV, scène 10), que Christian est mortellement blessé (acte IV, scène 10) ou que Cyrano rompt le silence (acte V, scène 5), on parlera de retournement dramatique.

Revirement

Voir « Retournement ».

Scène à faire

Scène très dramatique que le public attend et que le dramaturge doit « obligatoirement » composer. Ainsi la scène du nez, la rencontre des amoureux, la reconnaissance finale.

Séquence

À l'intérieur de l'acte (ou du tableau), on distingue souvent des scènes de longueur variable.

Chaque scène se laisse diviser en séquences que l'acteur, en accord avec le metteur en scène, détermine en fonction de ses actions physiques (ou concrètes). Chaque séquence forme un tout, s'inscrit dans la « *ligne continue de l'action* » (Stanislavski) et constitue ce que ce dernier nomme les « *mouvements* ». Le découpage en séquences révèle une action toujours en progression, une logique des arguments rhétoriques.

Stichomythie

Voir « Réplique ».

Sublime

« *Le sublime est la résonance d'une grande âme : il confère au discours un pouvoir, une force irrésistible qui domine entièrement l'esprit de l'auditeur.* » La pièce de Rostand, par son écriture et ses caractères, confère bien cette « *force irrésistible* ». Malgré l'adversité, l'échec, la maladie et la pauvreté, le héros reste sublime et son évocation pareillement. « *Alors pourquoi laisser ce sublime silence / Se briser aujourd'hui ?* » (v. 2472-2473), demande Roxane. Cyrano y restera fidèle, trahi seulement par sa voix dans l'obscurité. Tout est fait dans la représentation de cette vie pour maintenir ce niveau de pureté et de beauté intérieure.

Synérèse

Mot grec pour « rapprochement » : celui de deux syllabes rapprochées en une seule (contraire de la diérèse, voir ce terme). Dans le vers 763 : « *Qu'au brave jeu d'épée, hier, vous avez fait mat* », pour ne pas dépasser les douze pieds, le mot « *hier* » doit être prononcé, contrairement à l'usage, en une seule syllabe.

Technique théâtrale

Choix par le dramaturge du sujet et de l'orientation donnée à la pièce, des effets recherchés, de l'organisation de l'intrigue, etc.

Telos

Mot grec pour « finalité », « but ». L'œuvre a une certaine visée, elle interpelle les spectateurs qui l'acceptent ou non, lui confèrent ou non sa légitimité. C'est la résultante de l'œuvre tout entière, considérée comme dans la « rhétorique du discours social et de l'inconscient » (voir schéma du texte dramatique, p. 333). Le *telos* de Cyrano, ce pourrait être l'appel au panache, au sublime, à la mort annoncée, en somme.

Théâtralité

Ce qui est la marque du théâtre : visualité, dramaticité, artificialité. Dans le texte, on dispose d'indices sur la manière de jouer et on devine vite s'il faut lire (et jouer) de manière réaliste (en oubliant qu'il s'agit de théâtre) ou bien ludique (en étant sans cesse renvoyé aux ficelles du théâtre). Cyrano a besoin d'une atmosphère ludique et surthéâtralisée.

Thèse

Voir « Idéologie ».

Tirade

Longue réplique d'un personnage qui prend le temps d'imposer ses idées, de faire un numéro d'acteur. Exemple : la tirade du nez, acte I, scène 4.

Topos

Mot grec pour « lieu ». Lieu commun que l'on retrouve dans les textes. La pièce de Rostand en contient une bonne quantité. Exemples : les poètes sont faméliques ; les précieuses sont ridicules ; l'amitié est plus forte que l'amour ; il faut sauver la patrie, etc.

Tragique

Propre à la tragédie. La fatalité, la terreur et la pitié suscitées chez le spectateur, la souffrance et le sublime des actions, sont les marques du tragique. Cyrano pourtant éviterait cette situation sans issue où il s'est lui-même placé, s'il cessait de regarder le bout de son nez et le pointait plutôt dans la direction des autres. Plus que de tragique au sens classique, il faudrait donc parler de mélancolie, de dépression et de morbidité fin de siècle.

Bibliographie

Éditions

- Edmond Rostand, *Cyrano de Bergerac,* édition originale chez Charpentier et Fasquelle, 1898.

- Edmond Rostand, *Œuvres complètes*, Pierre Laffitte et Cie, 1910.

- Edmond Rostand, *Cyrano de Bergerac,* dans *La Petite Illustration*, lors de la création à la Comédie-Française, 1939.

- Edmond Rostand, *Cyrano de Bergerac,* « Bibliothèque Verte », Hachette, 1939.

- Edmond Rostand, *Cyrano de Bergerac,* Le Livre de Poche, 1962.

- Edmond Rostand, *Cyrano de Bergerac,* « Collection du Répertoire de la Comédie-Française », 1976.

- Edmond Rostand, *Cyrano de Bergerac*, par Jacques Truchet, Imprimerie Nationale, 1983.

- Edmond Rostand, *Cyrano de Bergerac*, par Patrice Pavis, Le Livre de Poche, 1983.

- Edmond Rostand, *Cyrano de Bergerac*, par Patrick Besnier, « Folio », Gallimard, 1983.

- Edmond Rostand, *Cyrano de Bergerac*, par Patrice Pavis, « Petits Classiques », Larousse, 1985.

- Edmond Rostand, *Cyrano de Bergerac*, par Pierre Citti, Le Livre de Poche Classique, 1990.

Sur Edmond Rostand et son œuvre

- Marc Andry, *Edmond Rostand. Le Panache et la Gloire*, Plon, 1986.

- Gérard Bauër, « Cyrano de Bergerac », *Historia*, avril 1968.

- Philippe Bisson, *Cyrano de Bergerac*, Nathan, coll. Balises, 1993.

• Maïté Dabadie, *Lettre à ma nièce sur Edmond Rostand*, Privat, 1970.

• Béatrice Dussane, « *Cyrano de Bergerac* » *d'Edmond Rostand*, Les Annales, juin 1955.

• Carole Garcia, Roland Dargeles, *Edmond Rostand. Panache et Tourments*, éd. Jean Curutchet, 1997.

• Rosemonde Gérard, *Edmond Rostand*, Fasquelle, 1935.

• Jules Haraszti, *Edmond Rostand*, Fontemoing, 1913.

• J.-P Hugot, « *La tirade du nez* » *de Cyrano dans* Cyrano de Bergerac *d'Edmond Rostand*, L'École des lettres, 1ᵉʳ mars 1981.

• Francis Huster, *Cyrano. À la recherche du nez perdu*, Ramsay, 1997.

• J. Karsenty, *Edmond Rostand*, 1913.

• Jacqueline Levaillant, « La *N.R.F.* et la fin du théâtre en vers. Edmond Rostand, l'anti-modèle », *Revue d'histoire du théâtre*, n° 2-3.

• Émile Magne, « Les Erreurs de documentation de "Cyrano de Bergerac" », *La Revue de France*, 1898.

• M.-B. Plasse, *La Dramaturgie d'Edmond Rostand*, thèse, Université Paris-III, 1973.

• Jehan Rictus, *Un « bluff » littéraire. Le Cas Edmond Rostand*, Sevin et Rey, 1903.

• A. Schenk, *Études sur la rime dans* Cyrano de Bergerac *de M. Rostand*, Kiel, 1900.

• Émile Ripert, *Edmond Rostand*, Hachette, 1968.

• J. Suberville, *Le Théâtre d'Edmond Rostand. Étude critique*, 1919.

• Paul Vernois, « Architecture et écriture théâtrales dans *Cyrano de Bergerac* », *Travaux de linguistique et de littérature*, IV, 2, 1966.

• Jacques Weber, *À vue de nez*, Mengès, 1985.

Sur le théâtre

- Michel Corvin (sous la direction de) *Dictionnaire encyclopédique du théâtre*, 2 tomes, Bordas, 1995.
- Bernard Dort, *Théâtres*, Seuil, 1986.
- Patrice Pavis, *Dictionnaire du théâtre*, Dunod, 1996.
- Jean-Pierre Ryngaert, *Introduction à l'analyse du théâtre*, Bordas, 1991.
- Jacques Schérer, *La Dramaturgie classique en France*, Nizet, 1950.
- Peter Szondi, *Théorie du drame moderne*, traduction de Patrice Pavis, L'Âge d'homme, 1983.
- Anne Ubersfeld, *Lire le théâtre*, 3 tomes, Belin, 1996.
- Michel Vinaver, *Écritures dramatiques*, Actes Sud, 1993.

Discographie

- 1946, regravure de l'enregistrement sur cylindre de la ballade du duel par Coquelin.
- 1955, trois disques Pathé-Marconi, avec J.-P. Coquelin et J. Boitel.
- 1962, trois disques Véga avec Daniel Sorano et Françoise Christophe.

CRÉDIT PHOTO : 7 Ph.© Edimages/T • 27 Ph.© Bulloz/T • 30 et reprise page 8 : Coll.Archives Larbor/Boyer/DR • 54 Ph.© B.Barbier/Sygma/T • 61;;"Ph.© Bernand/T • 74 Ph.© B.Barbier/Sygma/T • 80 Ph.© Jourdes/Edimages/T • 111 Ph.© P.Lorette/T • 115 Ph.© B.Barbier/Sygma/T • 124 Ph.© B.Barbier/Sygma/T • 152Ph.© Bernand/T • 185 Ph.© Brunault/DR • 191 Ph.© Bernand/T • 202 Ph.© Benoit Barbier/Sygma/T • 238 Ph.© Bernand/T • 265 Ph.© B.Barbier/Sygma/T • 291 Ph.© Lauros-Giraudon/T • 308 Ph.© B.Barbier/Sygma/T • 355 Ph.© M.Enguerand.

Direction de la collection : Pascale MAGNI.
Direction artistique : Emmanuelle BRAINE-BONNAIRE.
Responsable de fabrication : Jean-Philippe DORE.
Édition et révision des textes : Patricia GUÉDOT.

Compogravure : P.P.C. – Impression MAME n° 03022118. Dépôt légal 1re édition : juillet 2000. Dépôt légal : mars 2003. N° de projet : 10103117 (V) 45 (OSB 60°). Imprimé en France (*Printed in France*)